КНИГА ЗОАР

на пять частей Торы
с комментарием «Сулам»

Глава Хукат
Глава Балак

Под редакцией М. Лайтмана,
основателя и главы
Международной академии каббалы

УДК 130.122
ББК 87.3(0)

Все права защищены. Никакая часть данной книги не может быть воспроизведена в какой бы то ни было форме без письменного разрешения владельцев авторских прав.

СЕРИЯ: «ЗОАР ДЛЯ ВСЕХ»

Книга Зоар. Главы Хукат, Балак / Под ред. М. Лайтмана – М.: НФ «Институт перспективных исследований», 2024. – 304 с.

The Book of Zohar. Chapters Hukat, Balak / Edited by M. Laitman – M.: NF «Institute of perspective researches», 2024. – 304 pages.

ISBN 978-5-91072-136-8

Книга Зоар была написанна в середине II века н.э., – это одно из самых таинственных произведений, когда-либо созданных человечеством.

До середины двадцатого века понять или просто прочесть Книгу Зоар могли лишь единицы. И это не случайно – ведь эта древняя книга была изначально предназначена для нашего поколения и является раскрытием Торы.

В середине прошлого века величайший каббалист XX столетия Йегуда Ашлаг (Бааль Сулам) проделал колоссальную работу. Он написал комментарий «Сулам» (лестница) и одновременно перевел арамейский язык Зоара на иврит.

Но сегодня наш современник разительно отличается от человека прошлого века. Международная академия каббалы во главе с М. Лайтманом, всемирно известным ученым-исследователем в области классической каббалы, желая облегчить восприятие книги современному русскоязычному читателю, провела грандиозную работу. Впервые вся Книга Зоар была переведена и обработана в соответствии с правилами современного русского языка.

ISBN 978-5-91072-136-8

© Laitman Kabbalah Publishers, 2024
© НФ «Институт перспективных исследований», 2024

Содержание

ГЛАВА ХУКАТ

Это установление Торы 6
Человек снимал свою сандалию................................. 8
Это установление Торы 12
Красная корова 14
Собираешь источники в реки..................................... 20
Моше, Аарон и Мирьям 25
Кружит, кружит, идет ветер.. 30
Хороша мудрость вместе с наделом...................... 32
Приобщится Аарон к народу своему...................... 34
И стал говорить народ против Всесильного и против Моше...39
Колодец 41
Не страшись его 45

ГЛАВА БАЛАК

Птица (ципор) 50
Сихон и Ог 59
И показал мне Йеошуу, великого коэна................. 64
И собрались члены собрания для обсуждения дела его.... 68
Разгневается на тебя, сатан....................................... 70
Ребенок... 71
И отправил он послов к Биламу 122
И воссиял от Сеира им 124
Земля ужаснулась и притихла 129
Творец Всесильный мой Ты, превознесу я Тебя 131
И Билама, сына Беора, убили мечом 134
Слышащий речи Творца 136
Цалья, который поверг Билама 139
Молитва Моше, молитва Давида, молитва бедного 147
Четыре пути: бедные, преданные, рабы,
    освящающие имя Творца 150
И птица находит дом 157
Если ты не будешь знать сама,
    прекраснейшая из женщин 161
Так сказал Творец... 171

Пойди, прошу, прокляни	174
А ты не бойся, раб Мой Яаков	180
Балак – ба лак, Билам – баль ам	184
Проведите здесь эту ночь	187
Кто эти люди у тебя	189
Того, кто творит великие чудеса один	192
Гимн – захар, песнь – нуква	195
Крики осла, произносящего песнь	197
Источник садов	200
Если осаждать будешь город долгое время	202
И увидел жен и детей	206
Что сделал Я тебе и чем утомил тебя?	214
С высот Я на него взираю, и он сделал шаг наружу	216
Вершина, ствол и тропинка	219
Творец, утром услышь голос мой	222
Сын рабби Йоси из Пкиина	226
Творец умерщвляет и оживляет	230
Наказать наказал меня Творец	232
Отец наш умер в пустыне	233
За одиннадцать вещей насылаются язвы	236
Глаз Давида и глаз Билама	238
Недоброжелатель	243
«И явился Всесильный Биламу» – это был правитель	244
И увидела ослица ангела Творца	249
Аза и Азаэль, «падающий и прорицающий»	250
И увидела ослица ангела Творца	255
И взял Балак Билама	275
Аза и Азаэль	289
Во времена царя Машиаха	292
Информация от издателя	299

Глава Хукат

ГЛАВА ХУКАТ

Это установление Торы

1) «„И говорил Творец Моше и Аарону, сказав: „Это установление Учения (Торы), которое заповедал Творец, сказав..."»[1]. Рабби Йоси провозгласил: „И это Учение (Тора), которое установил Моше пред сынами Исраэля"[2]. Смотри, слова Торы – они святы, они возвышенны, они сладки, как написано: „Они желаннее золота, множества лучшего золота, и слаще меда"[3]. Тот, кто занимается Торой, он как будто каждый день стоит на горе Синай и получает Тору. Это как написано: „Сегодня стал ты народом"[4]. И уже объясняли товарищи"».

2) «„Здесь написано: „Это установление Торы"[1]. И написано: „И это Тора"[2]», – и не написано: «Установление». «„Чем одно отличается от другого?" И отвечает: „Но это высшая тайна, и так мы учили: „И это Тора"[2] – это чтобы указать, что всё в полном единстве, и включить Кнессет Исраэль", Малхут, „в Творца", Зеир Анпин, „чтобы всё стало единым. Поэтому: „И это (ве-зот זאת) Тора"[2]. Зачем добавляется вав (ו)" к зот (זאת)? „Но мы ведь учили, – чтобы показать, что всё едино, без разделения. „Ве-зот (וזאת)"[2] – это общее и частное вместе, то есть захар и нуква" вместе, потому что вав (ו) – это захар, т.е. Зеир Анпин, представляющий собой общее, а зот (זאת) – нуква, т.е. Малхут, представляющая собой частное. И поэтому" написано, „разумеется: „И это (ве-зот וזאת) Тора"[2], – что указывает на Зеир Анпина и Нукву в полном единстве. Но зот (זאת) без добавления вав (ו) – это установление Торы, конечно", т.е. Малхут, называемая установлением, и исходящая от Зеир Анпина, называемого Торой, „но не Тора" сама, т.е. Зеир Анпин, „а лишь суд Торы, постановление Торы"», т.е. Малхут.

---

[1] Тора, Бемидбар, 19:1-2. «И говорил Творец Моше и Аарону, сказав: „Это установление Учения (Торы), которое заповедал Творец, сказав: „Говори сынам Исраэля, чтобы взяли тебе корову красную без порока, у которой нет изъяна, на которой не было ярма"».

[2] Тора, Дварим, 4:44. «И это Учение (Тора), которое установил Моше пред сынами Исраэля».

[3] Писания, Псалмы, 19:10-11. «Страх Творца чист, пребывает вовек, законы Творца истинны, все справедливы. Они желаннее золота, множества лучшего золота, и слаще меда и сотового нектара».

[4] Тора, Дварим, 27:9. «И говорил Моше и коэны, левиты, всему Исраэлю так: „Внимай и слушай, Исраэль! Сегодня стал ты народом Творца Всесильного твоего!"»

3) «„Смотри", написано: „Это (зот זֹאת) – то, что касается левитов"⁵. Но не" написано: „И это (ве-зот וְזֹאת)" с вав (ו), „поскольку со стороны суда они исходят", т.е. с левой стороны, и со стороны Малхут, которая образуется от левой стороны, „а не со стороны милосердия"», т.е. Зеир Анпина. Поэтому написано «зот (זֹאת)» без вав (ו), т.е. Малхут без Зеир Анпина. «Сказал рабби Йегуда: „Ведь написано: „И это (ве-зот וְזֹאת) делайте для них, чтобы они жили"⁶, – то есть зот (זֹאת) с вав (ו), „и это сказано о левитах, а ты говоришь", что левиты это свойство „зот (זֹאת), а не ве-зот (וְזֹאת)". Сказал ему: „Это, безусловно, так", что они являются свойством ве-зот (וְזֹאת), „и это изречение является доказательством, ибо тот, кто держит смертельный яд, если не смешает его с эликсиром жизни, ведь он умрёт, несомненно. И поэтому" написано: „И это (ве-зот וְזֹאת) делайте для них, чтобы они жили"⁶, – то есть, чтобы соединилась зот (זֹאת), т.е. Малхут, называемая Древом смерти, с вав (ו), т.е. Зеир Анпином, который является Древом жизни, „и не умерли"⁶, потому что эликсир жизни примешан к нему". И поэтому: „И это (ве-зот וְזֹאת) делайте для них, чтобы они жили и не умерли"⁶, – ибо они нуждаются в ве-зот (וְזֹאת), а не в зот (זֹאת). Поэтому" изречение: „И это (ве-зот וְזֹאת) Тора"² указывает, что это „по-настоящему в полном единстве, в совершенном единстве, захар и нуква в одном целом, и это вав-хэй (ו"ה)". Однако только „зот (זֹאת)" без вав (ו) – это „хэй (ה) одна", без вав (ו), т.е. Малхут без Зеир Анпина. „И об этом" написано: „Это (зот זֹאת) установление Торы"¹».

---

⁵ Тора, Бемидбар, 8:24. «Это – то, что касается левитов: с двадцатипятилетнего возраста и старше придет для несения службы в служении при шатре собрания».

⁶ Тора, Бемидбар, 4:19. «И это делайте для них, чтобы они жили и не умерли, когда приступать будут к святая святых, – Аарон и его сыновья пусть войдут и поставят их, каждого к его служению и к его ноше».

ГЛАВА ХУКАТ

Человек снимал свою сандалию

4) «Рабби Шимон и рабби Абба, и рабби Эльазар, и рабби Ицхак находились в доме рабби Пинхаса бен Яира. Сказал рабби Пинхас рабби Шимону: „Прошу тебя, ты, которого поставили свыше, и речи твои в раскрытии, – то, что не позволено другому человеку, – произнеси новое изречение об этой главе". Сказал ему: „И это какая?" Сказал ему: „Это установление Торы"¹. Сказал ему: „Ведь остальные товарищи скажут". Сказал рабби Эльазару, своему сыну: „Эльазар, встань на месте своем, и произнеси одно изречение об этой главе, а товарищи скажут после тебя"».

5) «Встал рабби Эльазар и сказал: „И так велось издревле в Исраэле при выкупе и при обмене, чтобы подтвердить всякое дело: человек снимал свою сандалию и отдавал другому, – и это было в Исраэле свидетельством"⁷. Если первые (законодатели) пришли к договоренности всякую вещь покупать посредством сандалии, по закону Торы, но пришли последние и отменили его", следует спросить, „почему они отменили его, – ведь отменяющий слово Торы словно разрушает целый мир. А если это не было законом Торы, а только договоренностью", следует спросить, „почему здесь" именно „сандалия"», а не что-то другое.

6) И отвечает: «„Но это, безусловно, было судом Торы, и вследствие высшей тайны это произошло, и так как первые (законодатели) были благочестивыми праведниками, это было открыто среди них, а когда преумножились грешники в мире, это стало иначе, чтобы скрыть те вещи, которые пребывают в высшем свойстве"».

7) «„Смотри, написано: „И сказал Он: „Не приближайся сюда, сними обувь с ног твоих, ибо место, на котором ты стоишь, – земля святая"⁸. Спрашивает: „Причем же здесь обувь?" И отвечает: „Но мы учили, что Он велел ему (Моше) оставить свою жену и соединиться с другой женщиной, принадлежащей к свету высшей святости, т.е. со Шхиной"».

---

7   Писания, Рут, 4:7. «И так велось издревле в Исраэле при выкупе и при обмене, чтобы подтвердить всякое дело: человек снимал свою сандалию и отдавал другому, – и это было в Исраэле свидетельством».

8   Тора, Шмот, 3:5. «И сказал Он: „Не приближайся сюда, сними обувь с ног твоих, ибо место, на котором ты стоишь, – земля святая"».

8) «„А эта обувь ставит его в другое место", ведь тот, кто берет ее, это „переводит" отдавшего ее „из этого мира, и помещает его в мир иной. И поэтому всё, что умерший дает человеку во сне, это хорошо. Но если взял принадлежность из дома, это плохо, – например, если он взял его обувь. В чем причина? Поскольку" это указывает на то, что „он перенес его ногу, являющуюся опорой человека, из этого мира, и взял его в мир иной, в то место, где пребывает тот умерший". Ведь обувь указывает на ногу человека, т.е. на его опору, „как написано: „Как прекрасны в сандалиях ноги твои, дева благородная!"[9] И тайна этого – между товарищами"».

9) «„И это когда умерший забирает ее", – указывает на то, что он переносит ее в место смерти, „но когда живой снимает свою сандалию и отдает другому человеку, чтобы подтвердить покупку, он поступает согласно высшему решению", то есть когда решено, что покупка перейдет из владения одного во владение другого. „Сандалия освобождения от левиратного брака (халица́[10]) – это другая сандалия, по высшему подобию", то есть как он объясняет нам далее, „и все это является одним целым"».

10) «„Смотри, когда этот умерший уходит из мира, не оставив сыновей, эта благородная дева", т.е. Малхут, „не забирает этого человека к себе, и он ходит и странствует по миру, так как не находит места, и Творец жалеет его и велит его брату, чтобы он спас его, – чтобы тот вернулся и исправился в другом прахе", т.е. чтобы совершил еще кругооборот, „как написано: „И человек вернется в прах"[11]. И это уже объяснялось"».

11) «„А если этот избавитель не хочет оживить своего брата в этом мире", то есть взять в жены его жену, чтобы он снова совершил кругооборот в родившемся сыне, „нужно завязать сандалию на ноге его, и та женщина должна разуть его и забрать эту сандалию себе. И почему сандалию? Но это

---

[9] Писания, Песнь Песней, 7:2. «Как прекрасны в сандалиях ноги твои, дева благородная! Округления бедр твоих как украшение, изделие рук искусника».

[10] Халица́ – обряд разувания вдовой деверя, отказывающегося взять ее в жены, который освобождает его от этой обязанности. Брак между вдовой и братом покойного мужа называется левиратным браком.

[11] Писания, Иов, 34:15. «(То) разом умрет всякая плоть, и человек вернется в прах».

потому, что эта сандалия – для умершего", т.е. считается, что она принадлежит умершему, „и он надевает (ее) на ногу живого брата, а эта женщина", его вдова, „забирает себе эту сандалию, чтобы показать, что умерший снова находится среди живых благодаря этому действию"». Объяснение. Эта сандалия указывает на вдову, т.е. на левиратный брак, связанный с ногой его живого брата, чтобы его умерший брат оказался среди живых, то есть чтобы совершил кругооборот в родившемся сыне.

12) «„И это противоположно той обуви, что умерший забирает у живых" во сне, как мы уже сказали, что забирая обувь, он переводит живого из этого мира в мир иной – (мир) умершего. „А сейчас эту сандалию освобождения от левиратного брака (халицы) живой берет у мертвого, и поэтому благодаря этой сандалии умерший находится среди живых", потому что жена, которая жива, перевела бы умершего из мира иного в этот мир, среди живых, – ведь он проходил бы кругооборот в сыне, родившемся от левиратного брака. А сейчас, поскольку он не желает этого брака, „и жена забирает его к себе, показывая, что та жена, которая является венцом своего мужа", т.е. Шхина, „забирает его и принимает его к себе"».

13) «„И нужно бросить эту сандалию на землю, показывая, что тело того усопшего упокоилось. И Творец в этот час или по прошествии времени сжалится над ним и примет его в мир иной. Кроме того, бросание сандалии из руки жены оземь должно показать, что усопший отстроится из другого праха этого мира", т.е. пройдет кругооборот, „но сейчас он сначала вернется в прах, из которого возник, и тогда эта женщина имеет право произвести другое семя. И это уже объяснялось"».

14) «„Смотри, поэтому желающий совершить покупку берет свою обувь и дает ее другому, чтобы подтвердить сделку с ним. Это смысл сказанного: „И так (ве-зот) велось издревле в Исраэле при выкупе и при обмене, чтобы подтвердить всякое дело"[7]. Что значит „и так (ве-зот)"? „Ве-зот", т.е. Малхут, „была совершенна во всём. „Издревле в Исраэле"[7], – когда они были скромны и святы. „Чтобы подтвердить всякое дело (коль давар)"[7], – то есть действительно всякое (коль) дело (давар)"», что указывает на высший зивуг Есода и Малхут, так как «коль» – это Есод, «давар» – это Малхут. «„Поскольку это является подтверждением. „И это было свидетельством

в Исраэле"⁷, конечно. То есть не говори, что это просто соглашение" совершать сделку с помощью обуви, „и они делали это по своему разумению, – но это высшее подтверждение, что будут действия их" внизу „в подобии высшей тайне"», поскольку это указывает на зивуг Есода и Малхут, т.е. на высшее подтверждение.

15) «„Когда в мире умножились грешники, стали покрывать это иначе", – т.е. совершать покупку, – „полой (досл. крылом) одеяния. И это одеяние представляет собой высшее исправление", т.е. Зеир Анпин, а крыло одеяния – это Малхут, называемая крылом, что тоже указывает на зивуг Зеир Анпина и Малхут, как и обувь. „И тайный смысл этого: „И не откроет полы (досл. крыла) отца своего"¹², – написано"». Таким образом, жена называется крылом.

---

[12] Тора, Дварим, 23:1. «Не возьмет никто жены своего отца и не откроет полы отца своего».

ГЛАВА ХУКАТ

Это установление Торы

16) «„Это (зот) установление Торы"¹³. Зот (досл. эта) – это знак союза, поскольку знак этого союза, называемого зэ (этот), неотделимы друг от друга". Иными словами, в слово зот, т.е. Малхут, включается слово зэ, указывающее на Есод, и это показывает, что Есод и Малхут не отделяются друг от друга. „А от нуквы мы приходим к захару. И поэтому „храни" и „помни", являющиеся захаром и нуквой, „соединены воедино". Спрашивает: „Установление (хука́т חֻקַּת) Торы"¹³, „закон (хок חֹק) Торы", – следовало сказать. Что значит – установление (хука́т חֻקַּת)?"»

17) И отвечает: «„Но Малхут – это установление (хука́т חֻקַּת), конечно. И мы объясняли, что хэй (ה) была далет (ד), и мы уже учили", что означает далет (ד). „Но тав (ת) – это далет (ד) и нун (נ), соединенные вместе. И нун (נ) мы же учили, почему называется так нун (נוּן)", то есть нун-вав-нун (נו"ן). И отвечает: „Но это как сказано: „И не обманывайте (то́ну תּוֹנוּ) друг друга"¹⁴». Ибо нун (נ) происходит от слова «онаа́ (אוֹנָאָה обман)». «„Поскольку сейчас у нее светящийся лик", однако, „и вершит обман над людьми", ибо „потом она бьет, как змей, и уничтожает, и убивает. „И говорит: „Не сделала я худого"¹⁵. И поэтому она называется так, с нун (נו"ן)"», которая от слова «онаа́ (אוֹנָאָה обман)», «„сказанного о ней", о нун (נ). „Тав (ת), всё вместе, – это далет (ד) нун (נ). Далет (ד) нун (נ) похожи на нун (נ) с рейш (ר)", ведь „рейш (ר) и далет (ד) – это то же самое", потому что обе они означают бедность. „А в начертанных буквах" хукат (חֻקַּת установление) – „это" буквы „хок (חֹק) закон) и тав (ת). И всё это – одно целое"».

Объяснение. Он спрашивает, ведь поскольку зот – это Малхут, было достаточно сказать: «Это закон (хок חֹק) Торы», почему же он удлинил, сказав: «Установление (хука́т חֻקַּת) Торы»¹³, с тав (ת)? И отвечает, что тав (ת) – это придание смысла тому, что называется «закон (хок חֹק)». Ведь форма буквы

---

¹³ Тора, Бемидбар, 19:2. «Это установление Учения (Торы), которое заповедал Творец, сказав: „Говори сынам Исраэля, чтобы взяли тебе корову красную без порока, у которой нет изъяна, на которой не было ярма"».

¹⁴ Тора, Ваикра, 25:17. «И не обманывайте друг друга, и бойся Всесильного твоего, ибо Я – Творец Всесильный ваш».

¹⁵ Писания, Притчи, 30:20. «Таков путь жены прелюбодейной: поела, обтерла рот свой, и говорит: „Не сделала я худого"».

тав (ת) – это соединение двух букв далет (ד) и нун (נ), где далет (ד) указывает на суды захара, т.е. притягивающиеся от левой линии, поскольку она является Хохмой без хасадим, а нун (נ) указывает на суды нуквы, т.е. на суды экрана, что в ней. И это означает «Установление (хукáт חֻקַּת)», – т.е. закон (хок חֹק) далет (ד) нун (נ), что она запечатлена в двух этих видах судов.

И это означает сказанное им: «И мы объясняли, что хэй (ה) была далет (ד)», потому что тайна далет (ד) выяснилась в сказанном, что хэй (ה) имени АВАЯ (הויה) раньше была далет (ד), то есть она была левой линией без правой, и тогда она была бедной (далá דלה) и нищей, и потому она называется далет (דָּלֶת). И после того как выяснил, что представляет собой буква далет (ד), говорит: «Но тав (ת) – это далет (ד) и нун (נ), соединенные вместе», поскольку в форме тав (ת) есть две эти буквы, далет (ד) нун (נ). «И нун (נ) мы же учили ... она бьет, как змей, и уничтожает, и убивает. „И говорит: „Не сделала я худого"[15]», – так как она является судами нуквы, в которых удерживается ситра ахра. И жители мира обманываются, будто бы лик Малхут светит, но это не так, а бьет, как змей и т.д. «И поэтому она называется так, с нун (נו"ן)», что означает «онаá (אוֹנָאָה обман)», «сказанного о ней». «Тав (ת), всё вместе, – это далет (ד) нун (נ)», то есть форма тав (ת) – есть в ней далет (ד) нун (נ) вместе, то есть два вида судов – захара и нуквы. А если ты скажешь, что форма тав (ת) – это рейш (ר) нун (נ), на это он говорит: «Далет (ד) нун (נ) похожи на нун (נ) с рейш (ר)», поскольку «рейш (ר) и далет (ד) – это то же самое», так как обе они указывают на бедность и нищету, представляющие собой суды захара, ведь и рейш (ר) тоже означает бедность, от слов «бедность (риш רִישׁ)» и «нищета». И поэтому нет разницы, форма тав (ת) – это далет (ד) нун (נ) или рейш (ר) нун (נ), потому что у них обеих один смысл, и они указывают на суды нуквы и суды захара. И это означает сказанное им: «А в начертанных буквах – это хок (חֹק закон) и тав (ת)», – что буквы «хукат (חֻקַּת установление)» это буквы «хок (חֹק закон) и тав (ת)», что означает – закон судов захара и судов нуквы, включенных в тав. И «хок (חֹק закон)» и «тав (ת)» – это одно слово, так как они указывают на суды Малхут.

ГЛАВА ХУКАТ

Красная корова

18) «„Говори сынам Исраэля, чтобы взяли тебе корову красную без порока"[13]. Эта корова берется для очищения, чтобы очистить оскверненных", т.е. Малхут, „получающая от левой (стороны). И кто слева? Это бык", т.е. Гвура Зеир Анпина, „как сказано: „И лик быка – слева"[16]. „Красную"[13] – т.е. красную, как роза, как написано: „Как роза среди шипов"[17]. „Красная" означает – „приговор суда"», поскольку суды левой линии называются «красный».

19) Спрашивает: Написано: «„Без порока"[13], – что значит „без порока"[13]?» И отвечает: „Это как мы учили: смирный бык и бодливый бык.[18] Смирный бык" означает – „мягкий суд, бодливый бык – суровый суд. Также и здесь: „Без порока" означает – „мягкий суд, являющийся нижней Гвурой", т.е. Малхут. „Высшая Гвура", т.е. Гвура Зеир Анпина, – „это рука сильная и жесткая"».

Объяснение. Левая сторона называется «бык». И известно, что свечение Хохмы притягивается слева, но только снизу вверх, что является светом некевы, т.е. Малхут, и это называется «смирный бык», который является мягким судом, поскольку он снизу вверх. Однако в отношении света захара, который светит сверху вниз, и это левая линия Зеир Анпина, т.е. Гвура Зеир Анпина, притягивать запрещено, поэтому он называется суровым судом, и называется бодливым быком. И эти понятия подробно разъяснялись ранее.[18]

20) «„У которой нет изъяна"[13]. Как сказано: „Вся ты прекрасна, возлюбленная моя, и нет в тебе изъяна"[19]. Ведь поскольку она светит свечением Хохмы, она называется прекрасной, ибо все изъяны исцеляются с помощью свечения Хохмы. „На которой не было ярма"[13]. „Ярмо (оль על)"[13] написано", без вав (ו) – „это как сказано: „Речение мужа, вознесенного высоко (аль

---

[16] Пророки, Йехезкель, 1:10. «И образ их ликов – лик человека, и лик льва – справа у (всех) четырех, и лик быка – слева у (всех) четырех, и лик орла у (всех) четырех».

[17] Писания, Песнь песней, 2:2. «Как роза среди шипов, так возлюбленная моя среди дев».

[18] См. Зоар, главу Шлах, п. 118.

[19] Писания, Песнь песней, 4:7. «Вся ты прекрасна, возлюбленная моя, и нет в тебе изъяна».

עֹל)"²⁰. И какова причина? Поскольку она „из мирных и верных в Исраэле"²¹, и он не над ней, а с ней. „На которой не было ярма"¹³ – т.е. как написано: „Дева Исраэля"²², „Дева, которой не познал мужчина"²³».

Объяснение. Ты уже узнал, что есть два состояния в Малхут:

Первое – какой она была в четвертый день начала творения, в состоянии «два великих светила», когда Зеир Анпин и Малхут облачали две линии Бины: Зеир Анпин облачал правую линию Бины, а Малхут – левую линию Бины. И тогда Малхут была большой, как Зеир Анпин, поскольку получала не от Зеир Анпина, а от Бины, из того же места, откуда получал Зеир Анпин.

И второе состояние – после уменьшения луны, когда она уменьшилась и была ниже Зеир Анпина, и получала от него.²⁴

И есть у первого состояния большее преимущество, чем у второго, поскольку в первом состоянии она пребывает в совершенстве ступени, как и Зеир Анпин, однако есть большой недостаток, поскольку тогда она в состоянии Хохмы без хасадим, но Хохма в ней не может светить без хасадим, и она – тьма, и поэтому пожаловалась.²⁴ И есть преимущество во втором состоянии, поскольку тогда у нее есть Хесед от Зеир Анпина, и свечение Хохмы, которое в ней, облачается в него, и светит в изобилии. Однако есть недостаток – то, что она уменьшилась и стала нижней ступенью для Зеир Анпина, и у нее нет ничего своего, но только то, что она получает от Зеир Анпина.

И вот красная корова – это свойство Малхут в первом состоянии. И это смысл сказанного: «„У которой нет изъяна"¹³. Как

---

[20] Пророки, Шмуэль 2, 23:1. «И вот последующие (пророческие) слова Давида – речение Давида, сына Ишая, речение мужа, вознесенного высоко, помазанника Всесильного Яакова и благозвучного песнопениями Исраэля».

[21] Пророки, Шмуэль 2, 20:19. «Я из мирных и верных (людей) в Исраэле; ты хочешь разрушить один из материнских городов в Исраэле – зачем губить тебе удел Творца?»

[22] Пророки, Амос, 5:2. «Пала, не встанет вновь дева Исраэля; повержена она на землю свою, некому поднять ее».

[23] Тора, Берешит, 24:16. «А девица очень хороша видом, дева, которой не познал мужчина. И сошла она к источнику, и наполнила кувшин свой, и взошла».

[24] См. Зоар, главу Берешит, часть 1, пп. 110-115.

сказано: „Вся ты прекрасна, возлюбленная моя, и нет в тебе изъяна"[19]». Ибо тогда, в первом состоянии, когда она облачает левую линию Бины и получает от нее Хохму, несмотря на то что Хохма не может светить в ней, в отношении себя она все же пребывает в абсолютном совершенстве, и нет в ней изъяна, и вся она прекрасна от свечения Хохмы, которой она питается от левой линии Бины. И это смысл сказанного: «„На которой не было ярма"[13]. „Ярмо (оль עֹל)"[13] написано, – это как сказано: „Речение мужа, вознесенного высоко (аль עָל)"[20]», поскольку «вознесенный высоко»[20] означает Хесед, называемый «высоко». Как сказано в Тикуней Зоар: «И указали на (аль): „С правой стороны, о которой сказано: „Вознесенного высоко (аль עָל)"[20], где все благословения для правой стороны, и это сто благословений, согласно числовому значению „аль (עָ"ל 100)"». Ибо в первом состоянии Малхут еще не получила на себя свет Хесед от Зеир Анпина, называемого «высоко», потому что пребывала в Хохме без Хеседа, как мы уже сказали. И это смысл сказанного: «И какова причина? Поскольку она „из мирных и верных в Исраэле"[21]», – то есть потому, что она находится в первом состоянии, где Малхут, называемая верой, и Зеир Анпин, называемый Исраэль, пребывают в полном единстве, на что указывает имя «мирные и верные в Исраэле»[21]. Ибо в первом состоянии Малхут большая и совершенная, как Зеир Анпин, и поэтому не должна совершать зивуг с Зеир Анпином, а получает от Бины. И это смысл слов: «На которой не было ярма»[13], – т.е. Зеир Анпина. И поэтому сказано: «И он не над ней, а с ней», – потому что Зеир Анпин тогда находится не над Малхут, а на равной ступени с Малхут. И это смысл сказанного: «„На которой не было ярма"[13], – как написано: „Дева Исраэля"[22], „Дева, которой не познал мужчина"[23]», потому что в первом состоянии Малхут – дева, которая не совершает зивуга с Зеир Анпином, а получает все свое изобилие от Бины. И поэтому Малхут – дева, ибо на ней не было ярма, т.е. Зеир Анпина. А смысл сжигания коровы до пепла заключается в том, что первое состояние не может существовать, и она уменьшается до точки, и вновь отстраивается во втором состоянии, и в этом состоянии – всё ее существование.

21) «„И отдайте ее Эльазару"[25], – поскольку заповедана она помощнику", а не главному коэну. „И это уже объяснялось,

---

[25] Тора, Бемидбар, 19:3. «И отдайте ее Эльазару-коэну, и выведет он ее за стан, и зарежет ее перед ним».

почему" Эльазару, а „не Аарону". И отвечает: „Но Аарон является приближенным Царицы", и поэтому он не годится для действия с коровой, являющегося судом. „И кроме того, Аарон исходит не со стороны чистоты, а со стороны святости.[26] А поскольку красная корова предназначена для очищения, поэтому она не передается ему"».

22) «„Всего, что связано с этой коровой", т.е. Малхут, – „по семь: семь отмываний и т.д., и мы уже учили, что это значит.[27] Поскольку" Малхут – „она семь лет шмиты[28]", которая включает в себя семь сфирот ХАГАТ НЕХИМ „и называется Бат-Шева (досл. дочь семи). Поэтому все ее действия – по семь. Смотри, всё, что делается от этой коровы, – для очищения, а не для освящения. И несмотря на то, что она отдана помощнику" от коэнов, Эльазару, „он не зарезает (ее) и не сжигает, чтобы с его стороны не было суда. И тем более Аарон, находящийся на более совершенной ступени", чем Эльазар, „который не должен находиться и появляться там"».

23) «„Эта корова, после того как она превратилась в пепел, нужно бросить на нее кедрового дерева и иссопа, и червленой нити.[29] И их мы уже учили.[30] „И соберет человек чистый"[31], – а не святой. „И положит вне стана на чистое место"[31], – ибо чистым называется только с той стороны, что вначале было нечистым"».

24) «„Тайна всего – это то, что написано: „Для воды очистительной – это жертва грехоочистительная"[31]. Поскольку все нижние суды и все, кто происходит со стороны скверны", получают силу от Малхут, „когда она питается от другой стороны",

---

[26] См. Зоар, главу Тазриа, п. 121, со слов: «Однако у самих Абы ве-Имы нет сеарот вообще, так как сеарот исходят вследствие нехватки Хохмы, а у них это вовсе не считается нехваткой, потому что для себя не получают Хохмы никогда...»

[27] См. Зоар, главу Ахарей мот, п. 355.

[28] Шмита – седьмой год, на который распространяются специальные законы, касающиеся земли, плодов и долгов.

[29] Тора, Бемидбар, 19:6. «И пусть возьмет коэн кедрового дерева, и иссопа, и червленую нить, и бросит на место сожжения коровы».

[30] См. Зоар, главу Мецора, п. 19. «„Смотри, написано: „И возьмет для очищаемого двух птиц, живых чистых"...»

[31] Тора, Бемидбар 19:9. «И соберет человек чистый пепел коровы и положит вне стана на чистое место, дабы было это у общества сынов Исраэля на хранении для воды очистительной, – это жертва грехоочистительная».

т.е. от левой стороны, как это было с ней в первом состоянии, как мы уже объясняли. „И она пребывает в суде, как написано: „Полон крови, тучнеет от тука"³². Тогда все" суды со стороны скверны „пробуждаются и поднимаются, и пребывают в мире, когда производят это действие" сжигания коровы „внизу, и весь этот суд происходит с ней в этом месте, с этой коровой, и на нее бросают кедровое дерево и т.д. Тогда ослабевает их сила", нечистой стороны, „и повсюду, где они пребывают, они разбиваются и слабеют, и убегают оттуда, поскольку сила их представляется им" разбитой и подавленной, как происходит при сжигании коровы, „и тогда они не пребывают в человеке, и он очищается"».

25) «„И поэтому называется очистительной водой (нида́)", что означает – „вода для очищения, когда мир пребывает в суде, и нечистая сторона распространилась в мире", как при нечистоте у женщин (нида́). „Сюда включаются разные виды осквернения и чистоты. И поэтому осквернение и чистота – это высший закон Торы. И это объясняли товарищи". Сказал рабби Шимон: „Эльазар, ты сделал так, что товарищи после тебя ничего не скажут"», потому что из-за большой мудрости и совершенства, что в речах твоих, будут стыдиться говорить свои речи.

Раайа меэмана

26) «„Корову красную без порока"¹³. В субботу запрещено пахать на быках,³³ как написано: „На спине моей пахали пахари"³⁴. А нижняя Шхина", т.е. Малхут, – „это красная корова со стороны Гвуры. И она непорочна со стороны Хеседа, являющегося ступенью Авраама, о котором сказано: „Ходи предо Мною и будь непорочен"³⁵. „У которой нет изъяна"¹³, – она со стороны среднего столпа", т.е. Зеир Анпина, который объединяет ее левую и правую линии. „На которой не было ярма"¹³, – она со

---

[32] Пророки, Йешаяу, 34:6. «Меч, принадлежащий Творцу, полон крови, тучнеет от тука, от крови баранов и козлов, от тука с почек баранов, ибо резня у Творца в Боцре, и заклание великое в земле Эдома».

[33] См. Зоар, главу Пинхас, п. 592.

[34] Писания, Псалмы, 129:3. «На спине моей пахали пахари, длинную борозду провели на ней».

[35] Тора, Берешит, 17:1. «И было Авраму девяносто лет и девять лет, и явил Себя Творец Авраму, и сказал Он ему: „Я Творец Всемогущий. Ходи предо Мною и будь непорочен"».

стороны высшей Шхины, являющейся свободой", т.е. Бины. „В том месте, где она властвует", т.е. Малхут, включающая в себя всё перечисленное, „посторонний же, который приблизится, (предан будет смерти)"[36], – у ситры ахра нет права властвовать: ни у Сатана, ни у губителя, ни у ангела смерти, которые со стороны ада"». (До сих пор Раайа меэмана)[37]

---

[36] Тора, Бемидбар, 3:10. «Аарону же и сыновьям его поручи, чтобы наблюдали они за службой их; посторонний же, который приблизится, предан будет смерти».

[37] Здесь объяснено иным образом, нежели в пп. 18-20.

ГЛАВА ХУКАТ

Собираешь источники в реки

27) «Провозгласил рабби Шимон и сказал: „Собираешь источники в реки"[38]. „Поят они всех зверей полевых"[39]. Эти изречения царь Давид произнес в духе святости, и следует всмотреться в них. Смотри, в час, когда высшая Хохма ударяла в своих высечениях", т.е. когда высшие Хохма и Бина совершали зивуг, „несмотря на то что" высшая Хохма „является самой скрытой из всех скрытых", – потому что в высших Хохме и Бине, т.е. в высших Абе ве-Име, йуд (י) не выходит из воздуха (авир אויר),[40] – „открыл, и вышла от Него одна река, полная высших врат"», и это Бина, т.е. ИШСУТ, в которых йуд (י) выходит из воздуха (авир אויר), и передаются от них Хохма и хасадим.

28) И он приводит сравнение этого действия высших Абы ве-Имы и ИШСУТ: «„Как родник и источник воды, наполняющий большое озеро. И оттуда", из озера, „вытекают родники и ручьи, и реки во все стороны", направо и налево. „Так это", – Аба ве-Има и ИШСУТ, – „благодаря узкой неведомой дорожке", т.е. благодаря зивугу Есодов высших Абы ве-Имы, которые непознаваемы, поскольку в них йуд (י) не выходит из воздуха (авир אויר), „исходит и вытекает та река, которая исходит и вытекает" из Эдена, т.е. Бина, которая вышла из рош Арих Анпина во время катнута и вернулась в рош Арих Анпина во время гадлута,[41] и посредством этого выхода и входа „она наполняет тот глубокий поток", т.е. ИШСУТ, подобно большому озеру, которое наполняется от родника и источника, т.е. от высших Абы ве-Имы. „И оттуда текут ручьи и потоки" в Зеир Анпин и Малхут, „и наполняются от него" Хохмой и хасадим. „Это смысл сказанного: „Собираешь источники в реки"[38], – это святые высшие реки", Зеир Анпина, – „чистого Афарсемона"», потому что он является свойством «чистый воздух (авира дахья)», поскольку ХАГАТ Зеир Анпина получают от высших

---

[38] Писания, Псалмы, 104:10. «Собираешь источники в реки, текущие между гор».
[39] Писания, Псалмы 104:11. «Поят они всех зверей полевых, дикие звери утоляют жажду».
[40] См. Зоар, главу Берешит, часть 1, п. 308.
[41] См. Зоар, главу Ваякель, п. 310, со слов: «Объяснение. Хохма Арих Анпина, скрытая в высших Абе ве-Име мира Ацилут, называется Эденом, и эта Хохма скрылась от нижних, и она совершенно непостижима. А Хохма, которая раскрывается нижним, исходит от Бины, которая вышла за пределы рош Арих Анпина и называется „рекой, вытекающей из Эдена"...»

Абы ве-Имы, и это называется чистым Афарсемоном. То есть: «Текущие между гор»[38], – и это ХАГАТ Зеир Анпина, называемые «горы». А от него получает Малхут. «„И все они", Зеир Анпин и Малхут, „пьют как один из того источника святого высшего потока, который исходит и вытекает"», т.е. ИШСУТ.

29) «„Затем", после того как напоились Зеир Анпин и Малхут, „поят они всех зверей полевых"[39], как написано: „А оттуда разделяется на четыре начала"[42]. Эти четыре начала – это „все звери полевые", и это четыре создания лев-бык-орел-человек, являющиеся строением Малхут, „и они являются общностью всех станов и всех воинств", что в БЕА, „в которых включен Шадай", т.е. Матат, называемый Шадай, являющийся высшим над всеми. „Читай не „садай (שָׂדַי полевые)", с син (שׂ), огласованной камацем, „а Шадай (שַׁדַי)", с шин (שׁ), огласованной патахом, „и это" Матат, „берущий и восполняющий" сам „это имя от основы мира"», так как имя Шадай – оно в Есоде (букв. в основе) Зеир Анпина, а Матат, поскольку он является строением (меркава) Есода Зеир Анпина, берет это имя.

30) «„Дикие звери утоляют жажду"[39] – это те, о которых написано: „И офаним (колеса) поднимались перед ними, ибо дух (руах) этого создания был в офаним"[43]. Кто это создание? Но это – „звери полевые"[39], и их четыре, и каждое из них в одной стороне" из четырех сторон „мира, и оно называется созданием. И офаним" – их четыре, „для каждого" из четырех созданий, и каждый из офаним „движется с помощью духа того существа, которое движется на нем". Каждый из офаним – с помощью духа свойства, соответствующего ему в этих существах. „А когда эти" существа и офаним „напаиваются этим высшим эликсиром, все остальные другие воинства напаиваются и утоляют жажду, и пускают свои корни. И объединяются одни с другими на известных ступенях. Это смысл слов: „Обитают над ними птицы небесные ... Орошает горы из верхних чертогов Своих"[44] – это остальные высшие ступени"».

---

[42] Тора, Берешит, 2:10. «И река выходит из Эдена, чтобы орошать сад, а оттуда разделяется на четыре начала».
[43] Пророки, Йехезкель, 1:20. «Куда направлял их этот дух идти, туда и шли они. Желание (досл. дух) идти и офаним поднимались перед ними, ибо дух этого создания был в офаним».
[44] Писания, Псалмы, 104:12-13. «Обитают над ними птицы небесные, меж ветвей раздается голос их. Орошает горы из верхних чертогов Своих, плодами дел Твоих насытится земля».

31) «„После всего этого", когда все высшие и нижние наполнились изобилием от Абы ве-Имы, сказано: „Плодами дел Твоих насытится земля"⁴⁴, – т.е. святая высшая земля", Малхут. „А когда она благословляется, абсолютно все миры радуются и благословляются. И это в час, когда есть благословения от эликсира потока", – то есть источника, о котором говорилось выше, и это Аба ве-Има, – „который глубже всех"». Объяснение. Потому что свечение Хохмы от левой линии раскрывается в Малхут, т.е. благо, предназначенное ей лишь после того, как высшие и все нижние наполнятся изобилием хасадим от высших Абы ве-Имы. И это смысл сказанного: «После всего этого...»

32) «„А в час, когда нет благословлений, чтобы опуститься в мир", т.е. хасадим, и Малхут получает Хохму от левой линии без хасадим, „тогда мир", т.е. Малхут, „пребывает в суде, а с левой стороны пробуждается дух и распространяется в мире, и многие полчища ангелов-губителей находятся в мире, пребывая над людьми", ибо в тот момент, когда Хохма без хасадим, все суровые суды исходят от нее, „и тот дух оскверняет их, – подобно человеку, который умер, и над ним пребывает дух скверны, так он пребывает с тем, кто приблизится к этому духу"» левой стороны.

33) «„Это смысл сказанного: „Скроешь лик Твой – испугаются"⁴⁵. Это изречение, о чем говорит? Но: „Скроешь лик Твой – испугаются"⁴⁵, – это потому, что не были напоены" эти ступени, „чтобы в мире пребывали благословения"», – ибо «лик Твой» означает «хасадим и благословения». Тогда: «„Заберешь дух их – умрут"⁴⁵, – потому что пробудился другой дух, с левой стороны", без правой, „и дух скверны пребывает над людьми – над теми, кто умер, и теми, кто находился с ними, и над остальными людьми". Иначе говоря, дух скверны распространяется над всем миром. „И что является исцелением их? Это как написано: „И в прах свой возвратятся"⁴⁵. И это сжигание очистительной жертвы, чтобы очиститься через нее. И это тайна: „Всё произошло из праха"⁴⁶, – даже солнечный круг"».

---

⁴⁵ Писания, Псалмы, 104:29. «Скроешь лик Твой – испугаются, заберешь дух их – умрут и в прах свой возвратятся».

⁴⁶ Писания, Коэлет, 3:20. «Все идет в одно место; все произошло из праха, и все возвратится в прах».

Объяснение. В тот момент, когда грехи нижних приводят к тому, что хасадим уходят от Малхут, и возникает разрыв между Зеир Анпином и Малхут, тогда получается, что Малхут питается от левой линии без правой, как в первом состоянии. И тогда левая линия светит сверху вниз, и это свойство нечистого духа, оскверняющего мир. И всякий человек, приближающийся к этому духу, подобен мертвому. И есть три свойства:

1. Притягивающий тот дух, т.е. притягивающий его сверху вниз.

2. Получающий его после того, как он притянут.

3. Не получающий его, но он находится под его воздействием ненамеренно.

И это смысл сказанного: «„Заберешь дух их – умрут"[45], – потому что пробудился другой дух, с левой стороны», который светит сверху вниз, и поэтому: «И дух скверны пребывает над людьми», у которого есть три свойства: первое – «над теми, кто умер», т.е. теми, кто притягивает его; второе – «и теми, кто находился с ними», т.е. находятся с притягивающими этот дух, и они тоже получают его; третье – «и над остальными людьми», которые не притянули его и также не получили его, но находятся под его воздействием не подразумевая этого, из-за его власти над миром.

И это смысл сказанного: «И что является исцелением их? Это как написано: „И в прах свой возвратятся"[45]. И это сжигание очистительной жертвы». Объяснение: потому что выяснился смысл красной коровы, что это притягивание первого состояния Малхут со всеми суровыми судами, которые прошли тогда над Малхут, пока она не уменьшилась из первого состояния, снова обратившись в точку, и это – сжигание коровы, пока она не обратится в пепел. И тогда она получила второе состояние и вошла с Зеир Анпином в состояние «паним бе-паним».[47] И это уменьшение, когда она вновь обратилась в точку, считается как прах, который остается после исчезновения этого строения. И это смысл сказанного: «И это сжигание очистительной жертвы», – т.е. то, что осталось после всех судов, прошедших над первым состоянием. И поэтому, в тот момент, когда дух скверны распространяется по миру из-за грехов нижних, – как мы уже говорили, что является свойством левой линии без правой, так же как Малхут была в первом состоянии, – то

---

[47] См. выше, п. 20.

когда пробуждаются, пепел сжигания очистительной жертвы немедленно изгоняет этот дух скверны и сокрушает его, и сжигает его, пока тот не исчезнет из мира. И это то, что говорит: «Тогда ослабевает их сила, и повсюду, где они пребывают, они разбиваются и слабеют, и убегают оттуда»[48]. Таким образом, всем исцелением является: «И в прах свой возвратятся»[45], то есть, чтобы бросить на него от пепла сжигания очистительной жертвы. И известно, что если бы Малхут не уменьшилась из первого состояния, снова обратившись в точку, мир не мог бы существовать из-за множества судов, которые были в первом состоянии Малхут. И это уменьшение до точки называется прахом. Это смысл сказанного: «И это тайна: „Всё произошло из праха"[49], – даже солнечный круг"», – ведь если бы не это уменьшение, не могло бы осуществиться все действие начала творения.

34) «„После того как они возвращаются в прах, чтобы очиститься через него", как объяснялось в предыдущем пункте, „изгоняется дух скверны, и пробуждается другой дух, святой, и он пребывает в мире. Это смысл сказанного: „Пошлешь дух Твой – создадутся они"[50], – создадутся и излечатся высшим исцелением другого духа. „И обновишь Ты лик земли"[50], – потому что она очистилась, и происходит обновление луны (новолуние), и все миры благословляются". И всё это – второе состояние, как мы уже объясняли в предыдущем пункте. „Счастлив удел Исраэля, ибо Творец дал им совет, который полностью исцеление, чтобы удостоиться жизни мира будущего, и быть чистыми в этом мире и святыми для мира будущего. О них написано: „И окроплю вас водою чистою, и очиститесь вы"[51]».

---

[48] См. выше, п. 24.
[49] Писания, Коэлет, 3:20. «Все идет в одно место; все произошло из праха, и все возвратится в прах».
[50] Писания, Псалмы, 104:30. «Пошлешь дух Твой – создадутся они, и обновишь Ты лик земли».
[51] Пророки, Йехезкель, 36:25. «И окроплю вас водою чистою, и очиститесь вы от всей скверны вашей; и от всех идолов ваших очищу вас».

ГЛАВА ХУКАТ

Моше, Аарон и Мирьям

35) «„И пришли сыны Исраэля, все общество, в пустыню Цин"[52]. Сказал рабби Йегуда: „Почему недельная глава о корове предшествует смерти Мирьям? И это уже объяснялось". И отвечает: „Но после того как был произведен суд над этой коровой, для того чтобы очистить осквернившихся, был произведен суд над Мирьям, для того чтобы очистить мир", – потому что смерть праведников несет искупление миру, – и ушла она из этого мира. Когда ушла Мирьям, исчез и колодец, который шел с Исраэлем в пустыне. И исчез колодец всего"», т.е. Малхут.

36) «Сказал рабби Аба: „Написано: „И ты, сын человеческий, вознеси плач о деве Исраэля"[53], т.е. о Малхут. Спрашивает: „Разве только о ней?" И отвечает: „Нет. Но ведь всё разбилось из-за нее, потому что из-за нее разбилась после нее правая линия" Зеир Анпина, и это состояние исчезновения Хеседа из-за отделения Малхут, „поскольку" Хесед „приближал ее к гуф", т.е. к Зеир Анпину. „А гуф", и это солнце, т.е. Зеир Анпин, дающий наполнение Малхут, „померк из-за нее", поскольку ему некому давать наполнение. „И это смысл того, что написано: „Спаси десницу Твою и ответь мне"[54], т.е. чтобы Он спас Свою правую руку, которая разбилась из-за отделения Малхут. „И" также „гуф (тело), как написано: „Я одеваю небеса мраком"[55], – потому что солнце", т.е. Зеир Анпин, „померкло из-за нее. Подобно этому: „И умерла там Мирьям"[56]», – что указывает на уход Малхут. И это тоже произошло, как мы уже сказали, из-за того, что ослабла правая линия, и померк Зеир Анпин.

---

[52] Тора, Бемидбар, 20:1. «И пришли сыны Исраэля, все общество, в пустыню Цин в первый месяц, и разместился народ в Кадеше. И умерла там Мирьям, и похоронена была там».

[53] Пророки, Йехезкель, 27:2. «И ты, сын человеческий, вознеси плач о Цоре». Пророки, Амос, 5:2. «Пала, не встанет вновь дева Исраэля; повержена она на землю свою, некому поднять ее».

[54] Писания, Псалмы, 108:7. «Чтобы избавлены были любимые Тобой, спаси десницей Твоей (досл. десницу Твою) и ответь мне».

[55] Пророки, Йешаяу, 50:3. «Я одеваю небеса мраком и рубище делаю покровом их».

[56] Тора, Бемидбар, 20:1. «И пришли сыны Исраэля, вся община, в пустыню Цин в первом месяце, и остановился народ в Кадеш. И умерла там Мирьям, и погребена была там».

37) «„И не было воды для общины"⁵⁷, – потому что исчез колодец высший", т.е. Малхут, „и нижний", т.е. Мирьям. „А потом разбилась правая линия, как написано: „Приобщится Аарон к народу своему"⁵⁸, – и это Хесед, являющийся правой линией. „А затем померкло солнце, как написано: „И умри на горе, на которую ты восходишь, и приобщись к народу твоему"⁵⁹, и Моше был строением (мерказа) для Зеир Анпина, называемого солнцем. „Таким образом, правая рука разбилась, а гуф, т.е. солнце, померкло"».

38) «„Смотри, нет такого поколения в мире, как поколение, в котором Моше жил в мире, и Аарон и Мирьям. И если скажешь, что во времена Шломо было тоже такое, – нет. Ибо во времена Шломо господствовала луна", поскольку то поколение получало от луны, т.е. от Малхут. „А солнце исчезло", потому что они не получали от Зеир Анпина, называемого солнцем. „А во времена Моше исчезла луна", потому что они не получали от Малхут, „и господствовало солнце"», потому что они получали от Зеир Анпина, называемого солнцем.

Объяснение. Так же как солнце и луна не властвуют одновременно, – ведь днем не видно луны, а ночью не видно солнца, – и поэтому даже когда Зеир Анпин и Малхут, т.е. солнце и луна, соединены, в их власти все же есть различие, и когда властвует Зеир Анпин, не ощущается власть Нуквы, а когда властвует Нуква, не ощущается власть Зеир Анпина. И потому, поскольку Моше был свойством Зеир Анпина, живущие в его поколении получали от Зеир Анпина, а Шломо был свойством луны, т.е. Малхут, живущие в его поколении получали от луны. Однако нет сомнения, что и там и там происходил зивуг Зеир Анпина с Малхут, и речь идет лишь о превосходстве.

---

⁵⁷ Тора, Бемидбар, 20:2. «И не было воды для общины, и собрались они против Моше и против Аарона».
⁵⁸ Тора, Бемидбар, 20:24. «Приобщится Аарон к народу своему, ибо не придет он на землю, которую Я дал сынам Исраэля, за то, что поступили против слова Моего при водах Меривы (досл. распри)».
⁵⁹ Тора, Дварим, 32:50. «И умри на горе, на которую ты восходишь, и приобщись к народу твоему, как умер Аарон, брат твой, на горе Хор и приобщился к народу своему».

39) «„Трое братьев (и сестер) было – Моше, Аарон и Мирьям, как написано: „И послал пред тобой Моше, Аарона и Мирьям!"⁶⁰ Мирьям – это луна", Малхут. „Моше – это солнце", Зеир Анпин. „Аарон – правая рука", Хесед. „Хур – левая рука", Гвура. „А некоторые говорят – Нахшон бен Аминадав" был левой рукой. „Сначала умерла Мирьям, и исчезла луна, и исчез колодец. Затем разбилась правая рука, которая всегда приближает луну", т.е. Малхут, „в братской дружбе, в радости. И поэтому написано: „И взяла пророчица Мирьям, сестра Аарона"⁶¹, – сестра Аарона, разумеется, так как он является рукой, сближающей ее в единстве и братской дружбе с гуф"», т.е. Зеир Анпином.

40) «„Затем ушло солнце и померкло, как мы объясняли сказанное: „И приобщишься к народу своему также и ты"⁶². Счастливо поколение, в котором в мире пребывали Моше, Аарон и Мирьям. Во времена Шломо господствовала луна", т.е. Малхут, „в своих исправлениях", в полноте своей, „и была видна миру, и поддерживался Шломо мудростью (хохма) ее света", ибо раскрытие света Хохмы может быть только в Малхут,⁶³ „и правил миром. Когда луна опускалась из-за грехов его, она становилась ущербнее с каждым днем, пока не оказалась в западной стороне", т.е. в месте самой Малхут, „и не более того, и тогда лишь одно колено было отдано сыну" Шломо. А остальные – Яроваму. „Счастлив удел Моше, верного пророка"».

41) «„Написано: „И сияет солнце, и заходит солнце, и устремляется к месту своему, там оно сияет"⁶⁴. Мы это изречение объясняли, но: „И сияет солнце"⁶⁴, – то есть, когда вышли Исраэль из Египта, что светило солнце", т.е. Моше, „а не луна", Малхут.

---

⁶⁰ Пророки, Миха, 6:4. «Свидетельствуй против Меня! Ведь Я вывел тебя из земли египетской, и из дома рабства выкупил тебя, и послал пред тобой Моше, Аарона и Мирьям!»

⁶¹ Тора, Шмот, 15:20. «И взяла пророчица Мирьям, сестра Аарона, тимпан в руку свою, и вышли все женщины вслед за нею с тимпанами и в танцах».

⁶² Тора, Бемидбар, 27:13. «И увидишь ее, и приобщишься к народу своему также и ты, как приобщился Аарон, брат твой».

⁶³ См. Зоар, главу Берешит, часть 1, п. 340, со слов: «И, кроме того, так же как высшая Хохма является началом (решит ראשית), так же и нижняя Хохма считается началом (решит ראשית)...»

⁶⁴ Писания, Коэлет, 1:5. «И сияет солнце, и заходит солнце, и к месту своему устремляется, там оно сияет».

„И устремляется к месту своему"⁶⁴. Ибо написано: „И заходит солнце"⁶⁴, потому что Моше ушел „в пустыне вместе с остальными" умершими в пустыне. Когда заходит солнце, в какое место оно уходит? На свое место", то есть для того, „чтобы светить луне. „И к месту своему устремляется, там оно сияет"⁶⁴, – т.е. несмотря на то, что оно уходит, „там оно сияет"⁶⁴, безусловно, поскольку луна не может светить иначе, как от света солнца. И это смысл сказанного: „Вот ты ложишься рядом с твоими отцами, и встанешь"⁶⁵. Несмотря на то, что ты уйдешь, вот ты встанешь, чтобы светить луне. И это Йеошуа"», потому что Йеошуа был строением (мерква) для Малхут.

42) «„И о нем", о Йеошуа, „написано это изречение: „Какая польза человеку от всего труда его, что трудится он под солнцем?"⁶⁶ „Какая польза человеку от всего труда его"⁶⁶ – это Йеошуа, который старался разделить землю Исраэля", т.е. Малхут, „на наделы, но не удостоился довершить луну", Малхут, „как подобает, поскольку он трудился в Исраэле „под солнцем"⁶⁶, т.е. под (властью) Моше, т.е. Зеир Анпина, называемого солнцем. „Смотри, как велик стыд и позор! Ведь он служил" под (властью) Моше, „но по-настоящему не занял его места", т.е. (места) солнца, „а под солнцем, так как не было у него собственного света, но от света" солнца, „который светил ему. Поэтому, в чем же его достоинство, ведь он не восполнил ни здесь, и ни здесь"», – ни солнце, ни луну, поскольку не восполнил себя на ступени солнца, поэтому не мог восполнить луну.

43) «„И всюду, где Шломо говорит „под солнцем", он говорит о своей ступени", т.е. о Малхут. „Видел я под солнцем"⁶⁷. „И еще я видел под солнцем"⁶⁸. „Вновь я видел под солнцем"⁶⁹.

---

⁶⁵ Тора, Дварим, 31:16. «И Творец сказал Моше: „Вот ты ложишься рядом с твоими отцами, и встанет этот народ и будет блудить, следуя за божествами племен земли, в среду которых он входит, и он оставит Меня и нарушит Мой союз, который Я заключил с ним"».

⁶⁶ Писания, Коэлет, 1:3. «Какая польза человеку от всего труда его, что трудится он под солнцем?»

⁶⁷ Писания, Коэлет, 5:12. «Тяжкий недуг видел я под солнцем, – богатство, хранимое на беду своему владельцу!»

⁶⁸ Писания, Коэлет, 3:16. «И еще я видел под солнцем: место суда – там нечестие, и место законности – там нечестие».

⁶⁹ Писания, Коэлет, 9:11. «Вновь я видел под солнцем, что не легко(ногим) бег, и не героям война, и также не мудрым хлеб, и также не разумным богатство, и также не сведущим приязнь, ибо пора и пагуба случится со всеми».

И так всюду. Потому что он говорил от своей ступени. И это, безусловно, является скрытым смыслом этого"».

44) «Рабби Шимон говорит (он не согласен с вышесказанным): „Конечно, тот, кто принимает только смертельный яд", т.е. Малхут без Зеир Анпина, – „о нем написано: „От всего труда его, что трудится он под солнцем"[66]. И кто это – „под солнцем"?"» Он ведь говорит: «Под солнцем» – это луна, т.е. Малхут. «„А кто связан с луной без солнца – нет сомнения, что труд его" оказывается „под солнцем". И это первый в мире грех", т.е. грех Древа познания, когда он притянул свет Хохмы в Малхут сверху вниз, и этим отделил ее от Зеир Анпина, мужа ее, взяв одну лишь Малхут. „И об этом" говорит Писание: „Какая польза человеку (Адаму) от всего труда его"[66], и это сказано „об Адаме Ришоне и также обо всех следующих за ним и совершающих грех в этом месте"».

ГЛАВА ХУКАТ

Кружит, кружит, идет ветер

45) «„Идет к югу и кружит к северу"[70]. Как написано: „От десницы Его пламя Закона им"[71]. „Десница Его"[71] – это юг", Хесед. „Пламя Закона"[71] – это север", Гвура. „И одно включается в другое"». И поэтому написано: «Идет к югу и кружит к северу»[70].

46) «„Кружит, кружит, идет ветер"[70]. Это изречение непонятно, следовало сказать: „Кружит, кружит, идет солнце", что значит: „Идет ветер"[70]?" И отвечает: „Что это за ветер? – Он под солнцем, называемый „дух святости", т.е. Малхут. „И этот ветер (руах)", т.е. Малхут, „все время кружит по этим двум сторонам", югу и северу, т.е. правой линии и левой линии, „чтобы соединиться с гуф", т.е. Зеир Анпином, называемым солнцем. „И поэтому написано „а-руах (הָרוּחַ)", с указывающей хэй (ה), – указывает на того, „который известен. И это часть Исраэля"», т.е. Малхут, являющаяся частью Зеир Анпина, называемого Исраэль. Также и нижний Исраэль ведет счет по луне, являющейся его частью. Но она – вместе с Зеир Анпином.

47) «„И на круги свои возвращается ветер (руах)"[70]. Спрашивает: „Что такое „круги свои"[70]? И отвечает: „Это праотцы, представляющие собой святое строение, и их трое, и Давид – это руах, и он четвертый, который соединился с ними. Таким образом, они представляют собой совершенное святое строение (мерькава). И об этом", о Давиде, который поднялся и включился в высшее строение (мерькава), „написано: „Камень, отвергнутый строителями, стал краеугольным"[72]».

Объяснение. Руах – это Малхут, как мы уже сказали в предыдущем пункте. И когда этот руах поднимается в ХАГАТ Зеир Анпина, соединяясь с ними, чтобы быть четырьмя опорами для высшего строения (мерькава), для Бины, о нем написано: «И на круги свои возвращается руах»[70]. И это смысл сказанного: «Что такое „круги свои"? Это праотцы, представляющие собой

---

[70] Писания, Коэлет, 1:6. «Идет к югу и кружит к северу, кружит, кружит, идет ветер, и на круги свои возвращается ветер».
[71] Тора, Дварим, 33:2. «И сказал он: „Творец от Синая выступил и воссиял от Сеира им, озарил от горы Паран, и явился из среды мириадов святых; от десницы Его пламя Закона им"».
[72] Писания, Псалмы, 118:22. «Камень, отвергнутый строителями, стал краеугольным».

святое строение, и их трое», – т.е. ХАГАТ, называемые праотцами, и это три опоры престола. И о них говорит Писание: «Круги свои»[70], поскольку этот руах возвращается, и соединяется с ними, чтобы быть четвертой опорой. И это смысл сказанного: «И Давид – это руах», Давид, являющийся свойством Малхут, «четвертый, который соединился с ними», и он является четвертой опорой строения (меркава), соединившейся с ХАГАТ, называемыми «круги его»[70]. И это смысл сказанного: «И на круги свои возвращается ветер (руах)»[70].

48) «„Ведь абсолютно все слова царя Шломо скрыты в мудрости (хохма), и все они" сказаны „о самом сокровенном в святом чертоге. И люди не всматриваются в них, а смотрят на его слова, как на слова (любого) другого человека. А тогда в чем же превосходство царя Шломо в мудрости его над всеми остальными людьми? Но, безусловно, каждое слово царя Шломо скрыто в мудрости (хохме)"».

ГЛАВА ХУКАТ

Хороша мудрость вместе с наделом

49) «Провозгласил и сказал: „Хороша мудрость вместе с наделом, но более – для видящих солнце"[73]. Если бы" мне „это не раскрылось, я не знал бы, о чем он говорит. „Хороша мудрость (хохма)"[73], – т.е. Хохма, что под солнцем, являющаяся престолом, поддерживающим" солнце, Зеир Анпин, и это Хохма в Малхут, нижняя Хохма, называемая «под солнцем» и называемая «престол». „"Хороша мудрость вместе с наделом"[73], – т.е. „приятно и хорошо, когда" Хохма, т.е. Малхут, „пребывает с Исраэлем, чтобы соединяться с ним, поскольку они являются наделом и долей"» Малхут.

50) «„Но большее восхваление – это для „видящих солнце"[73], поскольку они удостоились объединиться с солнцем", т.е. Зеир Анпином, „и соединиться с ним. Ведь оно связано с Древом жизни, а тот, кто связан с Древом жизни, связан со всем – связан с жизнью этого мира", т.е. Малхут, „и с жизнью будущего мира", Бины, поскольку Зеир Анпин связан с Малхут и с Биной. „И это смысл сказанного: „А преимущество знания – мудрость (хохма) оживляет владеющего ею"[74]. Что такое: „А преимущество знания (даат)"[74]? – Это Древо жизни", т.е. Даат Зеир Анпина. „Что такое его преимущество? Конечно, это мудрость (хохма), поскольку Тора", т.е. Зеир Анпин, „разумеется, вышла из высшей мудрости (хохма)"», т.е. Абы ве-Имы.

51) «„Еще" объяснение: „Хороша мудрость вместе с наделом"[73]. „Хороша мудрость (хохма)"[73], и это нижняя Хохма, „конечно, „вместе с наделом"[73], и это праведник мира", т.е. Есод Зеир Анпина, „являющийся светом солнца", потому что Есод Зеир Анпина – это свет Зеир Анпина, называемого солнцем. „Ибо две эти ступени", Есод и Малхут, „пребывают вместе, и в этом их красота. Однако: „Но более – для видящих солнце"[73], – для тех, кто соединяется с" самим „солнцем", т.е. с Зеир Анпином, „являющимся силой всех и восхвалением всех"».

52) «„И это" солнце – „это знание (даат)" Зеир Анпина, „являющееся Древом жизни, и ведь уже объяснялось: „Но и без

---

[73] Писания, Коэлет, 7:11. «Хороша мудрость вместе с наделом, но более – для видящих солнце».

[74] Писания, Коэлет, 7:12. «Потому что под сенью мудрости – (как) под сенью богатства, а преимущество знания – мудрость оживляет владеющего ею».

знания (даат) душа не хороша"⁷⁵. Что это за душа (нефеш)? – Это добрая душа (нефеш) царя Давида", т.е. Малхут. „И это мудрость (хохма), как мы сказали", что в тот момент, когда нефеш, т.е. Малхут, соединена с Даатом Зеир Анпина, тогда она называется нижней Хохмой. „И поэтому: „Преимущество знания – мудрость"⁷⁴, поскольку оттуда", т.е. от Даата, „исходит корень дерева", т.е. Малхут, „распространяя побеги во все стороны" – вправо и влево. „И также для всех, кто держится за это дерево. И поэтому царь Шломо пребывает только на своей ступени", т.е. Малхут, „и оттуда он знал всё, и говорил: „И еще я видел под солнцем"⁶⁸». И это Малхут, называемая «под солнцем».⁷⁶ И также: «„Вновь я видел под солнцем"⁶⁹. И так – все. Счастливы праведники, занимающиеся Торой и знающие пути святого Царя, и высшие тайны, скрытые в Торе. Как написано: „Ведь прямы пути Творца"⁷⁷».

---

[75] Писания, Притчи, 19:2. «Но и без знания душа не хороша, и скорый на ногу грешит».
[76] См. выше, п. 43.
[77] Пророки, Ошеа, 14:10. «Кто мудр, да разумеет это, благоразумный пусть поймет это: ведь прямы пути Творца – праведники пройдут по ним, а грешники споткнутся на них».

ГЛАВА ХУКАТ

Приобщится Аарон к народу своему

53) «„Приобщится Аарон к народу своему"⁷⁸. Рабби Хия провозгласил: „И восхвалил я мертвых, что уже умерли, больше, чем живых, которые живы"⁷⁹. Мы это изречение учили, и оно уже объяснялось. Смотри, все деяния Творца – они путем суда и истины, и нет того, кто задаст Ему" вопрос „и возмутится, говоря Ему: „Что делаешь Ты?" И по желанию Своему сделал всё"».

54) «„И восхвалил я мертвых"⁷⁹. Спрашивает: „Неужели царь Шломо восхваляет мертвых больше, чем живых? Но ведь живым называется лишь тот, кто на пути истины в этом мире, как сказано: „И Бнайяу бен Йеояды, сын мужа живого"⁸⁰. И это объясняли товарищи. А грешник, не идущий путем истины, называется мертвым. Неужели" царь Шломо „восхваляет мертвых больше, чем живых?"»

55) «„Но, несомненно, все речения царя Шломо были произнесены в мудрости (хохма). И мы ведь учили: „И восхвалил я мертвых"⁷⁹, – если бы не было написано более, я бы так и сказал", что он восхваляет мертвых больше, чем живых, „но поскольку написано: „Что уже умерли"⁷⁹, содержится в этом другая вещь в мудрости"». «Что уже умерли»⁷⁹ означает: «„Что уже умерли в другое время, что ушли из мира и исправились во прахе, т.е. что снова совершили кругооборот и вернулись в этот мир. Тем более, если они получили наказание раз или два", поскольку были дважды в этом мире, „и тут нет сомнения, что место его исправилось более достойно, чем у тех живых, которые еще не получали наказания"», кругооборота.

56) «„И поэтому написано: „И восхвалил я мертвых, что уже умерли"⁷⁹». «Что уже умерли»⁷⁹, – «„именно так, то есть те, что живы, но называются мертвыми. В чем причина того, что называются мертвыми? Это потому, что ощутили вкус смерти

---

⁷⁸ Тора, Бемидбар, 20:24. «Приобщится Аарон к народу своему, ибо не придет он на землю, которую Я дал сынам Исраэля, за то, что поступили против слова Моего при водах Меривы (досл. распри)».

⁷⁹ Писания, Коэлет, 4:2. «И восхвалил я мертвых, что уже умерли, больше, чем живых, которые живы еще».

⁸⁰ Пророки, Шмуэль 2, 23:20. «И Бнайяу, сын Йеояды бен Иш Хай (досл. сын мужа живого), величественный в деяниях, из Кавцеэля. И он сразил двух доблестных воинов Моава, и сошел он, и поразил льва во рву в снежный день».

и, хотя они пребывают в этом мире, они мертвы и из мертвых были возвращены. И еще, потому что они должны произвести исправление над своими прежними деяниями", совершенными до своей смерти, – поэтому „называются мертвыми", так как исправляют деяния тех, кто умер. „Больше, чем живых, которые живы"[79], – так как они еще не ощутили вкуса смерти и не получили своего наказания, и не знают достойны они того мира или нет"».

57) «„Смотри, праведники, которые удостаиваются соединения с вечной жизнью", т.е. с Есодом Зеир Анпина, „они удостаиваются увидеть славу святого высшего Царя, как сказано: „Созерцать милость Творца и посещать чертог Его"[81]. И они – обитель их выше всех святых ангелов и всех ступеней их, поскольку этого высшего места не удостаиваются увидеть ни высшие, ни нижние. Как написано: „Глаз, который не видел иных божеств, но лишь Тебя"[82]». И это высший Эден.

58) «„А для тех, кто не удостаивается настолько подняться, как эти, есть место для них внизу, соответствующее путям их, и они не удостаиваются того места, и видеть так, как видят те, что наверху", но „эти находятся в месте нижнего Эдена, и не более. И если скажешь: что такое нижний Эден? Но это Эден, называемый нижней Хохмой", т.е. Малхут, „и она находится над садом, что на земле. И наблюдение этого Эдена – за ним", за этим садом. „И эти" праведники „находятся в этом Эденском саду", что на земле, „и наслаждаются этим Эденом (досл. блаженством)"», т.е. нижней Хохмой.

59) «„В чем разница между нижним Эденом и высшим Эденом? Это как преимущество света из тьмы. Нижний Эден называется Эдна, т.е. некева, высший Эден называется Эден, т.е. захар.[83] О нем написано: „Глаз, который не видел иных божеств, но лишь Тебя"[82]. Нижний Эден называется садом

---

[81] Писания, Псалмы, 27:4. «Об одном я просил у Творца, этого искать буду, – пребывать в доме Творца все дни жизни моей, созерцать милость Творца и посещать чертог Его».

[82] Пророки, Йешаяу, 64:3. «И никогда не слышали, не внимали; глаз, который не видел иных божеств, но лишь Тебя, даст Он уповающему на Него».

[83] См. Зоар, главу Шлах леха, п. 245. «Еще провозгласил глава собрания: „Сара вновь стала молодой, потому что ее ступень", т.е. некева, „привела к этому"...»

по отношению к Эдену, что наверху, и Эденом – по отношению к саду, что внизу. И те, кто пребывает в саду, что внизу", т.е. в земном Эденском саду, "наслаждаются от того Эдена, что над ними", т.е. от нижней Хохмы, "каждую субботу и каждый месяц. Это означает: „И будет: в каждое новомесячье и в каждую субботу"[84]».

60) «„И о них сказал Шломо: „Больше, чем живых, которые живы еще"[79]. Ведь эти – они на более высокой ступени, чем те. Кто это – эти? Эти – это те, что уже умерли и получили свое наказание дважды.[85] И эти называются очищенным серебром, которое вошло в печь раз и два, и из него вышла нечистота, и оно прояснилось и стало чистым. „А лучше их обоих тот, кто еще не был"[86], – т.е. тот дух (руах), который стоит наверху, медля спускаться вниз, ведь он пребывает в своем существовании", т.е. еще не грешил, „и не должен быть наказан, и он питается от высшей пищи, которая высоко-высоко"».

61) «„Лучший из всех – тот, кто" является в этот мир, и „не отделяется" от Творца, „и он не раскрыт, и все слова его скрыты. Это удостоившийся праведник, соблюдавший заповеди Торы и исполнявший их, занимавшийся Торой денно и нощно. Такой соединяется и наслаждается на ступени выше всех остальных людей, и все они сгорают", глядя „на его свадебный полог"».

62) «„Смотри, в час, когда Творец сказал Моше: „Приобщится Аарон к народу своему"[87], – ослабла сила его, и узнал он, что разбилась его правая рука", т.е. Хесед, „и сотряслось все тело его. Когда сказал: „Возьми Аарона и Эльазара, сына его"[88], – сказал ему Творец: „Моше, но ведь Я одолжил тебя

---

[84] Пророки, Йешаяу, 66:23. «И будет: в каждое новомесячье и в каждую субботу приходить будет всякая плоть, чтобы преклониться предо Мной, – сказал Творец».

[85] См. выше, п. 55.

[86] Писания, Коэлет, 4:3. «А лучше их обоих тот, кто еще не был, кто еще не видел того дурного дела, которое вершится под солнцем».

[87] Тора, Бемидбар, 20:24. «Приобщится Аарон к народу своему, ибо не придет он на землю, которую Я дал сынам Исраэля, за то, что поступили против слова Моего при водах Меривы (досл. распри)».

[88] Тора, Бемидбар, 20:25. «Возьми Аарона и Эльазара, сына его, и возведи их на гору Хор».

другой рукой". „И сними с Аарона ... а Аарон приобщится"[89], – таким образом Эльазар будет у тебя той правой рукой" вместо отца его. И всё же тот не занял в то время это место, как отец его, ведь облака славы исчезли и вернулись лишь благодаря Моше, а не благодаря Эльазару"».

63) «„И сделал Моше, как повелел ему Творец ... на глазах у всей общины"[90]. Спрашивает: „Почему „на глазах у всей общины"[90]?" И отвечает: „Потому что Аарон был любимцем народа больше всех, и не сказали бы, что он умер от руки Моше. И Моше увлекал Аарона речами, пока они не поднялись на гору, и весь Исраэль видел в час, когда Моше снял облачения Аарона и надел их на Эльазара"».

64) Спрашивает: «„Почему Моше" снял одежды Аарона? И отвечает: „Но Моше одевал Аарона, когда он вступил в священство. Как написано: „И облачил его в верхнее одеяние"[91]. Поэтому „теперь Моше снял с него то, что дал ему, и Творец снял с него то, что дал ему", т.е. его душу. „И вдвоем они сняли с Аарона всё. Моше снял то, что снаружи, а Творец – то, что внутри. И пока не снимал Моше, не снимал и Творец. Счастлив удел Моше"».

65) «„Счастлив удел праведников, славы которых желает Творец, ведь Творец устроил Аарону ложе и золотой светильник, который светит, и взял Он его от Своего собственного, от того светильника, который зажигал дважды каждый день". А после этого „закрыл Он вход в пещеру, и сошли они"».

66) «Рабби Йегуда сказал: „Вход в пещеру был открыт, и весь Исраэль видел умершего Аарона, и свеча светильника горела перед ним, а ложе его выходило и входило", чтобы Исраэль увидели, что умер он. „И облако стояло" над этим ложем. „И узнали тогда Исраэль, что умер Аарон. И увидели, что ушли облака славы" от Исраэля. Это означает сказанное: „И увидели

---

[89] Тора, Бемидбар 20:26. «И сними с Аарона его одеяния, и облачи в них Эльазара, сына его; а Аарон приобщится, и умрет он там».
[90] Тора, Бемидбар, 20:27. «И сделал Моше, как повелел Творец, и взошли они на гору Хор на глазах у всей общины».
[91] Тора, Ваикра, 8:7. «И надел на него хитон, и препоясал его поясом, и облачил его в меиль (верхнее одеяние), и надел эфод поверх нее, и завязал тесемки эфода, укрепив ими эфод на ней».

они, вся община, что скончался Аарон"⁹², И это уже объяснялось. И потому оплакивал Аарона весь дом Исраэля: мужчины, женщины и дети, – ведь был он всеобщим любимцем"».

67) «Рабби Шимон сказал: „Эти три высших брата – почему не были захоронены в одном месте, но были рассеяны члены семьи по одному: один тут, второй здесь, а третий в другом месте? Однако некоторые говорят, что каждый из них умер в месте, где Исраэлю было суждено подвергнуться опасности, – умер каждый в отдельности, чтобы защитить Исраэль, и были спасены. Однако" объяснение такое, что "каждый умер как подобает ему. Мирьям умерла в Кадеше. И была между севером и югом". Поскольку Мирьям была строением (меркава) для Малхут, которая находится между правой и левой сторонами Зеир Анпина, называемые югом и севером. „Аарон", который был строением (меркава) для Хеседа и умер на горе Хор, „был правой стороной. Моше", который умер на горе Аварим, „был" посередине, „как подобает ему", поскольку Моше был строением (меркава) для средней линии, т.е. Тиферет. „Соединилась эта гора" Моше „с горой Аарона и присоединила могилу Мирьям к этой горе" Моше, „ибо соединялась с двух сторон", с правой и с левой. Ведь средняя линия включает правую и левую. „И поэтому она называется „гора Аварим (הָעֲבָרִים)", из-за перехода (маавар מַעֲבָר), существующего между „двумя сторонами горы, – переходами, и" этот переход „включен в эту сторону и в эту сторону"», в правую и в левую.

68) «„Счастлива доля праведников в этом мире и в мире будущем. И несмотря на то, что они пребывают в ином месте, в другом, высшем мире, заслуга их пребывает в этом мире в поколения. И в час, когда Исраэль совершают возвращение пред Творцом, и выносится им приговор, Творец призывает праведников, которые предстают пред Ним наверху, и сообщает им, и они отменяют тот приговор, и Творец проявляет милосердие к Исраэлю. Счастливы праведники, о которых написано: „И Творец будет направлять тебя всегда"⁹³».

---

⁹² Тора, Бемидбар, 20:29. «И увидели они, вся община, что скончался Аарон, и оплакивали они Аарона тридцать дней, весь дом Исраэля».
⁹³ Пророки, Йешаяу, 58:11. «И Творец будет направлять тебя всегда, и насыщать в чистоте душу твою, и кости твои укрепит, и будешь ты, как сад орошенный и как источник, воды которого не иссякают».

ГЛАВА ХУКАТ

И стал говорить народ против Всесильного и против Моше

69) «„И стал говорить народ против Всесильного и против Моше"⁹⁴ – смысл этих слов выяснился в другом месте, с" этими изречениями „вод Меривы (досл. распри) Моше и Аарона"».

70/1) «Рабби Ицхак провозгласил: „И было: на третий день облачила Эстер Малхут"⁹⁵. Мегилат Эстер была сказана в духе святости, и поэтому записана среди Писаний. „И было: на третий день"⁹⁵, – когда ослабла сила тела" из-за поста, „и она пребывала в духе без тела, тогда: „Облачила Эстер Малхут"⁹⁵. Что такое Малхут? Если скажешь, что дорогие одежды и пурпур, – они не называются так", именем Малхут. Но „облачила Эстер Малхут"⁹⁵ означает, „что облачилась в святую высшую Малхут, – разумеется, что она облачила дух святости"», поскольку Малхут называется духом святости.

70/2) «„Какова причина того, что она удостоилась этого места", т.е. Малхут? „Это потому, что стерегла уста свои, чтобы не сказать ничего. Это смысл сказанного: „Эстер не рассказала о происхождении своем"⁹⁶. И мы учили, что каждый, кто стережет уста свои и язык свой, удостаивается облачиться в святой дух. А всякий, склоняющий уста свои к злому слову, – нет сомнения, что это злое слово повредило ему". Иначе говоря, если он злословит подобно первородному змею, то этот змей властвует над ним. И поэтому за то, что Исраэль говорили против Всесильного и против Моше, наслал Он на них ядовитых змей. „А иначе язвы и проказа, жалящие, как змея, приходят на него. И мы уже это объясняли"».

71) «„И стал говорить народ против Всесильного и против Моше"⁹⁴, – т.е. они говорили плохое о Творце, и это

---

⁹⁴ Тора, Бемидбар, 21:5. «И стал говорить народ против Всесильного и против Моше: „Зачем вы вывели нас из Египта, чтобы умереть в пустыне? Ибо нет хлеба и нет воды, и душе нашей опротивела негодная пища"».

⁹⁵ Писания, Мегилат Эстер, 5:1. «И было: на третий день оделась Эстер по-царски (досл. облачила Эстер Малхут) и стала во внутреннем дворе царского дома против дома царя; а царь сидел на царском престоле своем в царском доме против входа в дом».

⁹⁶ Писания, Мегилат Эстер, 2:20. «Эстер не рассказала о происхождении своем и о народе своем, как велел ей Мордехай. А слово Мордехая Эстер выполняла так же, как тогда, когда была у него на воспитании».

соответствует таргуму"», где: «И стал говорить народ против Всесильного»[94], он переводит – «роптал». «„И с Моше спорили: „Зачем вы вывели нас?"[94], – поставили их на одном уровне"», т.е. уравняли Всесильного с Моше, сказав им: «Зачем вы вывели нас?»[94]. «„Поэтому были насланы на них змеи, жалящие их, как огонь, и входил этот огонь в их утробу, и падали они замертво. Как написано: „И наслал Творец на народ змей ядовитых"[97]».

72) «Рабби Хия сказал: „Змеи являлись, и уста их шипели, и жалили, и умирали они. Как написано: „Разве ужалит змея без шипения?"[98] Огонь горел в устах их. И жалили они, посылая огонь внутрь их, и сгорала утроба их, и умирали они. Однако эти вещи выяснены в другом месте"».

---

[97] Тора, Бемидбар, 21: 6. «И наслал Творец на народ змей ядовитых, и они кусали народ, и умерло много народа из Исраэля».
[98] Писания, Коэлет, 10:11. «Разве ужалит змея без шипения? И нет преимущества (перед нею) у языкастого».

ГЛАВА ХУКАТ

Колодец

73) «„А оттуда – к колодцу (беэ́ра בְּאֵרָה). Он – тот колодец (а-беэ́р הַבְּאֵר)"[99]. Спрашивает: „Что представляет собой это отличие, что тут написано: „К колодцу (беэра בְּאֵרָה)"[99], а затем написано: „Колодец (беэр בְּאֵר)"[99]? И отвечает: „Колодец (беэра בְּאֵרָה)" называется Малхут, „после того как воды уже собрались в море и опустились вниз", в место Малхут. „Колодец" – называется Малхут „в час, когда Ицхак", то есть левая линия Зеир Анпина, „наполняет его". И поскольку этот колодец (בְּאֵר) еще находится в действии Зеир Анпина, поэтому называется колодец (беэр בְּאֵר), без хэй (ה), в мужском роде. И поэтому: „Она (הִיא) – тот колодец", – написано" он: „Он (הוּא) – тот колодец"[99], с вав (ו), а это мужской род. И эта тайна – она как написано: „А служение левита – он"[100]», потому что «он» указывает на левую сторону Зеир Анпина.[101]

74) «Рабби Аба сказал: „В любом месте", где написано: „Он (הוּא)", а читается: „Она (הִיא)", как здесь с колодцем, это указывает на то, что „захар и нуква вместе", а три буквы хэй-вав-алеф (הוא) – „это высшая совокупность: хэй (ה) – это нуква", Малхут; „вав (ו) – это захар", Зеир Анпин; „алеф (א)" – это Бина, „совокупность всего", так как Зеир Анпин и Нуква выходят из нее. „Ибо алеф (א)", т.е. Бина, – „это совершенство всего", ведь все мохин выходят из нее. „Счастливы Исраэль – несмотря на то, что они внизу, они включены в высшую совокупность всего", т.е. в три буквы хэй-вав-алеф (הוא). „И поэтому написано: „Он (הוּא) сотворил нас, и Ему мы"[102]. „И Ему (ве-ло וְלֹא)"[102] написано с алеф (א), и она указывает на то, что алеф (א) (принадлежим) мы, „которая является совокупностью вав (ו) хэй (ה)", т.е. ЗОН, „и алеф (א) является совокупностью всего"».

---

[99] Тора, Бемидбар, 21:16. «А оттуда (двинулись сыны Исраэля) к колодцу. Он – тот колодец, о котором Творец сказал Моше: „Собери народ, и Я дам им воды"».

[100] Тора, Бемидбар, 18:23. «А служение левита – он должен совершать служение при Шатре собрания, и они понесут их вину. Закон вечный для поколений ваших, и среди сынов Исраэля не получат они удела».

[101] См. Зоар, главу Корах, п. 40. «Еще. „А служение левита – он". „Он", это как ты говоришь: „Поскольку Творец (АВАЯ) – Он Всесильный (Элоким)", – так как с Его помощью осуществляется это единство...»

[102] Писания, Псалмы 100:3 «Узнайте, что Творец – Он Всесильный (Элоким), Он сотворил нас, и Ему мы, народ Его и паства Его».

75) «Рабби Шимон сказал: „Тот ветер, что в воде, – это дух святости", т.е. тот дух, что в Малхут, называемый духом святости, – „который дует вначале, как написано: „Повей на сад мой"¹⁰³, – т.е. поднимающий МАН (воды нуквы), „а затем текут воды", т.е. высшие воды захара, „чтобы наполнить ее. Это смысл сказанного: „Дует ветром Своим – текут воды"¹⁰⁴. Вначале „дует ветром Своим"¹⁰⁴, а затем „текут воды"¹⁰⁴. А пока этот ветер не дует, воды не текут. Что он дает нам этим понять? Отсюда следует, что нужно во всем пробуждать слово" снизу, т.е. в качестве МАН, „в действии или в речи, или нужно продемонстрировать как бы действие", а затем происходит пробуждение свыше. И поэтому „здесь, пока ветер не дует, воды", т.е. благо, „не текут к этому ветру"», т.е. к Малхут.

76) «„Он (הוּא) – тот колодец"⁹⁹, – написано, „Она (הִיא) – тот колодец"⁹⁹, – мы читаем. И также, что представляет собой то отличие, когда написано вначале: „К колодцу (беэра בְּאֵרָה)"⁹⁹, а теперь: „Колодец (беэр בְּאֵר)"⁹⁹?" И отвечает: „Но сначала была эта нуква", т.е. Малхут, „одна"», и поэтому было сказано «беэра (בְּאֵרָה)», в женском роде, а теперь, когда говорит: «„Он (הוּא)"⁹⁹, что указывает на сочетание захара и нуквы,¹⁰⁵ она называется „колодец (беэр בְּאֵר)", в мужском роде. И хотя включает также и нукву, написано в мужском роде, „поскольку в том месте, где есть захар, даже если" есть вместе с ним "сто некевот, называют их всех в мужском роде"».

77) Написано: «„(Он – тот колодец), о котором Творец сказал Моше: „Собери народ"⁹⁹. Это потому, что этот колодец не исчезал у них. И если скажешь: „Как могли все они черпать из него?" Но дело в том, что он расходился на тринадцать ручьев", так как Малхут делится на тринадцать, в тайне двенадцати, поскольку получает от двенадцати пределов, что в Зеир Анпине, и один включает их все. „И родник, что в колодце, наполняется и вытекает на все стороны. И тогда в час, когда пели Исраэль и желали воды, стояли" Исраэль „над ним", над этим колодцем, „и произносили песнь. И что говорили: „Взойди,

---

¹⁰³ Писания, Песнь Песней, 4:16. «Проснись, (ветер) северный, и приходи, (ветер) южный, повей на сад мой! Пусть разольются ароматы его! Пусть войдет мой друг в свой сад и пусть ест его плоды драгоценные!»
¹⁰⁴ Писания, Псалмы, 147:17-18. «Бросает град Свой, как крошки, – перед холодом Его кто устоит? Посылает Он слово Свое и заставляет их таять, дует ветром Своим – текут воды».
¹⁰⁵ См. выше, п. 74.

колодец!"¹⁰⁶, – подними воды свои, чтобы излить воду для всех и оросить из тебя. И также произносят восхваление этого колодца: „Колодец, выкопанный старейшинами"¹⁰⁷. Истинное слово произносили, и это так"».

78) «„Отсюда мы учили, что каждый, кто желает пробудить высшие вещи, будь то в действии или в речи, – если это действие или эта речь не производятся как подобает, ничего не пробудится. Все живущие в мире ходят в дом молитвы, чтобы пробудить то, что наверху, но немногочисленны те, которые умеют пробуждать. И Творец близок ко всем, умеющим призывать Его и пробуждать это подобающим образом, но если люди не умеют призывать Его, Он не близок, как написано: „Близок Творец ко всем призывающим Его, ко всем, которые призывают Его в истине"¹⁰⁸. Что значит: „В истине"¹⁰⁸? – То есть, когда умеют пробуждать слово истины как подобает. И так – с каждым"» словом.

79) «„Также и здесь", над колодцем, „произносили Исраэль эти слова, являющиеся словами истины, чтобы пробудить этот колодец", т.е. Малхут, „и насытить влагой Исраэль. Но пока они не произносили этих слов, не пробуждался колодец. И так даже с теми колдунами мира, которые пользуются нечистыми, пока не делают для них истинных дел. А если бы они не произносили слов истины, чтобы привлечь их в тех видах, в которых они хотят, они не пробудились бы для них. И даже если бы они кричали целый день другими словами или другими делами, не привлекли бы их к себе никогда, и они не пробуждались бы соответственно им"».

80) «„Смотри, написано: „И взывали именем Баала"¹⁰⁹. Какова причина", что не получили ответа? И отвечает: „Во-первых потому, что не были правом того Баала в этом", – чтобы низвергнуть огонь с небес. „И еще из-за того, что эти слова не

---

¹⁰⁶ Тора, Бемидбар, 21:17. «Тогда воспел Исраэль эту песнь: „Взойди, источник (досл. колодец)! Возгласите ему!"»
¹⁰⁷ Тора, Бемидбар, 21:18. «„Колодец, выкопанный старейшинами, вырытый вождями народа жезлом, посохами своими". А из пустыни – в Матану».
¹⁰⁸ Писания, Псалмы, 145:18. «Близок Творец ко всем призывающим Его, ко всем, которые призывают Его в истине».
¹⁰⁹ Пророки, Мелахим 1, 18:26. «И взяли они тельца, которого он дал им, и приготовили, и взывали именем Баала с утра до полудня, говоря: „О, Баал, ответь нам!" Но не было голоса, и не было ответа. И скакали они у жертвенника, который сделали».

были искренними среди них, и Творец стёр их из их памяти. Это смысл сказанного: „И Ты обратишь сердце их назад"[110]. Счастливы праведники, умеющие призывать Господина своего как подобает"».

81) «Сказал рабби Шимон: „Здесь я хочу кое-что раскрыть. Смотри, каждый, кто умеет выстроить действие, как подобает, и выстроить речи, как подобает, без сомнения пробуждают Творца простереть прямые высшие слова. А в противном случае Он не благоволит к ним. В таком случае, выходит, что все жители мира умеют выстроить действие и выстроить речи, и в чем же тогда важность праведников, знающих корень речи и действия, и умеющих направить сердце и желание больше, чем те другие, которые не очень-то умеют?"»

82) И отвечает: «„Однако те, которые не очень-то знают корень этого действия, а только лишь его построение и не более, привлекают на себя воздействие, находящееся за плечами Творца, ибо молитва их не воспаряет в воздухе,[111] называемом „управление"". Иными словами, это управление «паним (лика)», а они достойны лишь свойства «за плечами».

83) «„А те, которые знают и направляют сердце и желание, извлекают благословения из места мысли", т.е. Хохмы, „и они выходят во всех стволах и корнях ступеней прямым путем, как подобает, пока не благословятся высшие и нижние, и высшее святое имя не благословится благодаря им. Счастлива доля их, ведь Творец близок к ним, и пребывает в готовности соответственно им, и в час, когда они призывают Его, Он обращен к ним, и в час, когда они в беде, Он с ними, Он прославляет их в этом мире и в мире будущем. Это смысл сказанного: „Ведь Меня он жаждал, и Я избавлю его, укреплю его, ибо узнал он имя Мое"[112]».

---

[110] Пророки, Мелахим 1, 18:37. «Ответь мне, Творец, ответь мне! И будет знать народ этот, что Ты – Творец Всесильный, и Ты обратишь сердце их назад».

[111] См. выше, главу Ваякель, п. 130. «Тогда воспаряют буквы, находящиеся в воздухе, принадлежащие святому двенадцатибуквенному имени, и имя это властвует в воздухе...»

[112] Писания, Псалмы, 91:14-16. «Ведь Меня он жаждал, и Я избавлю его, укреплю его, ибо узнал он имя Мое. Он воззовет ко Мне, и Я отвечу ему, с ним Я в бедствии, спасу его и прославлю его. Долголетием насыщу его и дам ему увидеть спасение Мое».

ГЛАВА ХУКАТ

Не страшись его

84) «„И сказал Творец Моше: „Не страшись его"[113]. Рабби Йегуда провозгласил: „Не будет бояться за дом свой при снеге, ибо весь дом ее облачен в багрянец"[114]. Смотри, Кнессет Исраэль питается от двух сторон, один раз – милосердием, другой раз – судом. Когда она желает питаться милосердием, находится место, в котором установится милосердие. Когда желает питаться судом, находится место, в котором установится суд и будет пребывать над ним. Ведь так с любым местом – ничего не пребывает свыше, пока не найдется место, над которым оно пребудет. И поэтому Кнессет Исраэль „не будет бояться за дом свой при снеге"[114]. И в чем причина? Это потому, что „весь дом ее облачен в багрянец"[114]. Одно пребывает лишь в другом, белое в красном, а красное в белом. И это ведь уже объяснялось"».

Объяснение. Правая линия, Хесед, не совершенна без левой, суда, и также наоборот. Ибо правая линия – это точка холам, в которой йуд (י) не выходит из воздуха (אויר), и это ВАК без ГАР. И поэтому она нуждается в левой, от которой притягивается Хохма, и тогда у нее, у правой линии, есть ГАР. А левая линия – это точка шурук,[115] в которой йуд (י) выходит из воздуха (אויר), и у нее есть Хохма. Однако Хохма без хасадим – это суровые суды, и она не может светить.[115] Поэтому Малхут не притягивает хасадим, т.е. правую линию и милосердие, пока не будет у нее прежде свечения Хохмы, и тогда свечение Хохмы становится местом и сосудом получения света милосердия и хасадим, которые становятся в нем свойством ГАР. И также Малхут не притягивает Хохму из левой линии, являющуюся судом, но только если у нее есть прежде хасадим и милосердие, и тогда Хохма облачается в хасадим и светит. А до тех пор, пока у нее нет хасадим, Хохма, которую она получает, – это

---

[113] Тора, Бемидбар, 21:34. «И сказал Творец Моше: „Не страшись его, ибо в руки твои отдал Я его и весь его народ, и землю его, и поступи с ним, как поступил с Сихоном, царем Эмореи, обитавшим в Хешбоне"».
[114] Писания, Притчи, 31:21. «Не будет бояться за дом свой при снеге, ибо весь дом ее облачен в багрянец».
[115] См. Зоар, главу Берешит, часть 1, п. 9. «Высшая точка, Арих Анпин, посеяла внутри чертога ИШСУТ три точки: холам, шурук, хирик...»

тьма, а не свет.¹¹⁶ Получается, что хасадим – это место и сосуд получения Хохмы.

И это смысл сказанного: «Кнессет Исраэль питается от двух сторон, один раз – милосердием, другой раз – судом», милосердием – от правой линии, а Хохмой – от левой, потому что Хохма светит только с судами.¹¹⁷ «Когда она желает питаться милосердием», то есть от правой линии, являющейся свойством Хесед и милосердием, «находится место, в котором установится милосердие», то есть находится в ней готовое свечение левой линии, являющееся Хохмой, и это место, в котором устанавливается свечение правой, и довершается свойством ГАР с помощью этого, как уже объяснялось. «Когда желает питаться судом», т.е. свечением Хохмы от левой, приходящим с суровыми судами, «находится место, в котором установится суд и будет пребывать над ним», т.е. Хесед, что в правой, находящийся в ней, и это место, в котором устанавливается и облачается свечение Хохмы, что в левой. «Ничего не пребывает свыше, пока не найдется место, над которым оно пребудет», – то есть не сможет пребывать совершенство свыше, прежде чем есть у него место, в которое можно включиться и облачиться: если это наполнение правой, нуждается в месте от левой, а если это наполнение левой, нуждается в месте от правой, как уже объяснялось.

И известно, что если Хохма светит одна в Малхут, не будучи помещенной в хасадим, Малхут застывает.¹¹⁸ «И поэтому Кнессет Исраэль „не будет бояться за дом свой при снеге"¹¹⁴», т.е. не боится застывания. «И в чем причина? Это потому, что „весь дом ее облачен в багрянец (шаним שָׁנִים)"¹¹⁴». Следует читать не «шани́м (שָׁנִים багрянец)», а «шна́им (שְׁנַיִם двое)», где шин (שְ) с огласовкой шва, а нун (נַ) – с огласовкой патах, т.е. два света – Хохма и хасадим вместе, и тогда света не застывают.¹¹⁸ «Одно пребывает лишь в другом, белое в красном», – т.е. Хесед, что в правой линии, свойство белого, пребывает

---

¹¹⁶ См. Зоар, главу Берешит, часть 1, п. 34, со слов: «Затем вышла тьма, и вышли в ней семь других букв алфавита...»

¹¹⁷ См. Зоар, главу Пкудей, п. 376. «Провозгласил и сказал: „В тот день возведу Я падающий шалаш Давида". Спрашивает: „Что значит: „В тот день"?" И отвечает: „Это в день, когда Творец будет вершить суд в мире и воздаст грешникам мира по деяниям их"».

¹¹⁸ См. Зоар, главу Берешит, часть 1, п. 301. «Воды застывшего моря, т.е. Малхут, вбирают все воды мира и собирают их в себе...»

в Хохме, что в левой, в свойстве красного, и также «красное в белом», – т.е. Хохма, что в левой, свойство красного, пребывает в хасадим, что в правой, свойстве белого.

85) «„И сказал Творец Моше: „Не страшись его"»[113]. Два" раза в Торе находятся „его (ото אותו)" в полном написании, с двумя вав (ו). (Так было в их книге Торы), один – здесь, а другой: „Пока не затребует брат твой его (ото אותו)"[119]. В чем причина? Это потому, что" значение их – „знак (от אות)" на самом деле"», а не происходят от этого слова, «эт». «Пока не затребует брат твой его"[119], – следует истолковывать, как" свидетельство и „знак той потери"».

86) «„Также и здесь этот „его (ото אותו)"[119] – это Ог, прилепившийся к Аврааму, и был он из домочадцев его, а когда Авраам совершил обрезание, что написано: „И все домочадцы его ... обрезались вместе с ним"[120]. И это Ог, который обрезался вместе с ним и получил этот святой знак. Когда увидел Ог, что Исраэль приближаются к нему, сказал: „Ведь нет сомнения, что я прежде них совершил эту заповедь, которая защищает их", поскольку совершил обрезание раньше праотца Ицхака. „И это он поставил перед собой"», чтобы полагаться на это.

87) «„В этот самый момент испугался Моше – как может он уничтожить знак, оставленный Авраамом. Сказал: „Конечно, ведь правая моя", т.е. Аарон, „умерла. Ибо нужна правая, чтобы" победить „этого. А если скажут, что есть Эльазар, – он правая луны", т.е. Малхут, „а не моя", – т.е. он не правая Зеир Анпина, правая Моше, как Аарон. „А этот знак Ога" – „он с правой стороны" Зеир Анпина, „потому что Авраам – правая сторона"» Зеир Анпина.

88) «„Тотчас же сказал Творец: „Не страшись его"[113], – из-за знака его, и даже в правой (стороне) не нуждается он. „Ибо в руки твои (досл. в руку твою) отдал Я (его)"[113], – левая твоя искоренит его из мира. Ибо он", Ог, „нарушил знак союза своего. А тот, кто нарушил знак этот, подлежит искоренению из

---

[119] Тора, Дварим, 22:2. «А если не близок твой брат к тебе или ты не знаешь его, то возьми это в свой дом, и будет оно у тебя, пока не затребует брат твой его; и возвратишь это ему».

[120] Тора, Берешит, 17:27. «И все домочадцы его, – и те, кто родился в доме, и те, кто был куплен за деньги из другого народа, – обрезались вместе с ним».

мира" сам по себе. „Тем более левая твоя, и это „рука твоя"[113], искоренит его из мира. И поэтому был искорен из мира. И хотя он силач из рода богатырского, но" из-за того что „хотел уничтожить Исраэль, пал в руки Моше и был уничтожен"».

89) «„Поэтому уничтожили Исраэль всё – сынов его и весь народ его, и все, что у него. Как написано: „И поразили его и сынов его, и весь народ его"[121]. И написано: „И мы разбили его и его сынов"[122]. „Сынов (בנו)" написано без йуд (י), указывающей на множественное число, но следует читать „сынов (банав בָּנָיו)". И товарищи уже объясняли это"».[123]

90) «„Счастливы Исраэль, ибо среди них был пророк Моше, ради которого Творец произвел все эти знаки. И это уже объяснялось. И Творец не заключал союза с другими народами, соединившись с ними, а заключил его только с Исраэлем, т.е. с сынами Авраама, о котором написано: „И между потомством твоим после тебя, во всех поколениях их, вечный союз"[124]. И написано: „И Я – вот союз Мой с ними, – сказал Творец, – дух Мой, который на тебе, и слова Мои, которые вложил Я в уста твои, не отступят от уст твоих"[125]. Благословен Творец навеки! Амен и амен"».

---

[121] Тора, Бемидбар, 21:35. «И поразили его и сынов его, и весь народ его, не оставив ему уцелевшего, и овладели они его землей».

[122] Тора, Дварим, 2:33. «И предал его нам Творец Всесильный наш, и мы разбили его и его сынов, и весь его народ».

[123] См. Мидраш Танхума, главу Хукат, 25.

[124] Тора, Берешит, 17:7. «И заключу Я союз Мой между Мною и между тобою и между потомством твоим после тебя, во всех поколениях их, вечный союз, чтобы быть Всесильным тебе и потомству твоему после тебя».

[125] Пророки, Йешаяу, 59:21. «И Я – вот союз Мой с ними, – сказал Творец, – дух Мой, который на тебе, и слова Мои, которые вложил Я в уста твои, не отступят от уст твоих, и от уст потомков твоих, и от уст потомков потомков твоих, – сказал Творец, – отныне и вовеки"».

Глава Балак

ГЛАВА БАЛАК

Птица (ципор)

1) «„И увидел Балак, сын Ципора, всё, что сделал Исраэль эморею"¹. Рабби Шимон сказал: „И увидел"¹ – с помощью какого зрения увидел?" И отвечает: „Увидел с помощью созерцания мудрости, и увидел глазами своими", т.е. глазами мудрости (хохма). „Увидел с помощью созерцания мудрости, как написано: „И выглянул Авимелех, царь плиштим, в окно"². Что значит: „В окно"²? Это как сказано: „В окно выглядывала и причитала мать Сисры"³. Но это, конечно, окно мудрости окончания границы звезд". И это – окно матери Сисры и Авимелеха. „И это окна мудрости (хохмы)" – иначе говоря, есть много окон, „но есть одно окно, в котором пребывает вся мудрость, и видит через него тот, кто зрит в корень мудрости (хохмы). Так же и здесь: „И увидел Балак"¹ – с помощью своей мудрости"», т.е. через личное окно.

Объяснение. Луна – это Малхут, называемая нижней Хохмой, и от нее – основная Хохма. А есть звезды, которые светят и сверкают Хохмой, и это – части Малхут и ее воинств. И в окончании границы их свечения – там эти свойства «окна», от которых внешние (свойства) получают Хохму, и это тонкое свечение, но не более.

И это смысл сказанного: «„И увидел"¹ – с помощью какого зрения увидел? Увидел с помощью созерцания мудрости, и увидел глазами своими. Увидел с помощью созерцания мудрости – как написано: „И выглянул Авимелех, царь плиштим, в окно"²». То есть: «И увидел Балак»¹ – означает, что увидел с помощью созерцания мудрости, подобно Авимелеху и матери Сисры. «Это, конечно, окно мудрости окончания границы звезд» – т.е. окончания границ звезд установились в виде окон из-за внешних свойств. «Но есть одно окно, в котором пребывает вся мудрость, и видит через него тот, кто зрит в корень мудрости (хохмы)», – окно Хохмы, окно Малхут. И туда никто чужой не подойдет.

---

[1] Тора, Бемидбар, 22:2. «И увидел Балак, сын Ципора, всё, что сделал Исраэль эморею».
[2] Тора, Берешит, 26:8. «И было, когда минуло ему там много дней, и выглянул Авимелех, царь плиштим, в окно и увидел, что Ицхак играет со своей женой Ривкой».
[3] Пророки, Шофтим, 5:28. «В окно выглядывала и причитала мать Сисры: „Отчего долго не приходит колесница его, отчего медлят колеса колесниц его?"»

ГЛАВА БАЛАК Птица (ципор)

2) «„Сын Ципора"¹ – это как сказали", что он – один из потомков Итро, который звался Ципором.⁴ „Однако, именно сын Ципора (досл. птицы)", – это значит, что все его занятия были связаны с птицей, „так как колдовства его совершались с многочисленными видами той самой птицы (ципор). Он брал эту птицу, бил ее травой и подбрасывал в воздух. Он совершал свои действия и шептал заклинания, и эта птица являлась с травой в клюве своем, и щебетала ему. И он помещал ее в одну клетку, и совершал перед ней воскурение, а она сообщала ему множество вещей. Он совершал колдовства, и птица", ципор, „с щебетом взлетала и отправлялась к прорицателю, и он сообщал ей, и она прилетала. И все его действия совершались с помощью той птицы"».

Объяснение. «Птица (ципор)» означает идолопоклонство, и это свойство ГАР клипы. И колдуны, желающие получить от нее мудрость (хохму) и знания, должны притянуть для нее два мохин, Хохмы и Бины, т.е. правую и левую линии. И тогда эта птица сообщает им всё, что они хотят. Однако внешние (свойства) – нет у них удержания, но только в мануле, которая является экраном Малхут свойства суда. И как же они могут притянуть к этой птице моах правой линии, являющийся свойством ВАК Бины, называемый Хохмой? Поэтому они вначале пробуждают суды манулы, дающей им силы удерживаться только в Малхут. А затем выпускают эту манулу в воздух Бины, по примеру святости, и суды удерживаются в Бине, и эти суды уменьшают Бину до ВАК без рош. И тогда они тоже могут удерживаться и притягивать света от ВАК Бины, которые становятся моахом правой линии этой птицы, и он является Хохмой этой клипы. А затем они притягивают моах левой линии к птице, когда с помощью колдовства и заклинания они соединяют эту птицу с Азаэлем, который называется прорицателем, и это свечение ГАР Хохмы левой линии, упавшее в горы тьмы.⁵ И оттуда притягивается к этой птице моах левой линии, которым они пользуются сверху вниз, как это присуще внешним (свойствам). И после того, как они притянули к этой птице два этих (вида) мохин, тогда птица раскрывает им всё, что хотят.

И это смысл сказанного: «Именно сын Ципора (досл. птицы), так как колдовства его совершались с многочисленными

---

⁴ См. далее, п. 287.
⁵ См. далее, п. 422.

Птица (ципор) — ГЛАВА БАЛАК

видами той самой птицы (ципор)», – как с видами моаха правой линии, так и с видами моаха левой. И объясняет: «Он брал эту птицу, бил ее травой». «Трава» означает – суды манулы, которые дают им удержание только в свойстве Малхут. И он, бормоча заклинания, бил ее этой травой, чтобы пробудить суд в Малхут. А затем «подбрасывал в воздух», – т.е. подбрасывал эту траву в воздух Бины, чтобы умалить Бину с помощью этой травы. И для того, чтобы действия его были успешными, он «совершал свои действа и шептал заклинания», – так как даже колдовством, без пробуждения снизу, он никоим образом не может действовать наверху, так же как и в святости,[6] а пробуждение снизу должно совершаться с помощью действия и речи. И это смысл сказанного: «Он совершал свои действа и шептал заклинания» – то есть с помощью этого птица доставала эту траву из воздуха Бины, и тогда удерживалась в ВАК Бины, и это смысл сказанного: «И эта птица являлась с травой в клюве своем» – т.е. добывала эту траву из воздуха Бины, принимая таким образом питание в свой клюв, и удерживалась в ВАК Бины. И это смысл слов: «И щебетала ему», – т.е. радовалась ее получению, однако из-за нехватки ГАР, которую он вызывал у нее, считается, что «он помещал ее в одну клетку», – что с помощью своих деяний он помещал ее в границы, словно в клетку, и она не может направляться по своему желанию, «И совершал перед ней воскурение, а она сообщала ему множество вещей», – т.е. это воскурение поднимало ее дух, и птица раскрывала ему множество вещей, которые относились к этим мохин де-ВАК.

И чтобы восполнить ее свойством ГАР, надо привлечь к ней моах левой линии. И поскольку левая линия святости не светит сверху вниз, а всем стремлением внешних является притяжение левой линии сверху вниз, поэтому он посылает птицу к Азаэлю, обитающему в горах тьмы, и Хохма у него притягивается сверху вниз.[5] И это означает: «Совершал колдовства», – то есть он совершает свои колдовства, и это пробуждение снизу, и тогда «птица с щебетом взлетала и отправлялась к прорицателю», – т.е. к Азаэлю, обитающему в горах тьмы. «И он сообщал ей», – и эта птица, после того как получила моах левой линии от Азаэля, возвращается и является к Балаку, и он пользуется

---

[6] См. Зоар, главу Хукат, п. 79. «„Также и здесь", над колодцем, „произносили Исраэль эти слова, являющиеся словами истины, чтобы пробудить этот колодец", т.е. Малхут».

ею и получает от нее всё, что желает. И это смысл сказанного: «И все его действия совершались с помощью той птицы» – т.е. он пользовался ею всегда.

3) «"В один из дней он совершал свои действия и взял ту птицу, и она воспарила и улетела, и задержалась, и не являлась" к нему. Балак "сам сожалел, и, прежде чем она явилась, увидел одно огненное пламя, которое устремилось вслед за ней", за птицей, "И опалило ей крылья. Тогда увидел он то, что увидел, и испытал страх пред Исраэлем. Как имя этой птицы? – Ядуа.[7] И все те, кто пользуются и умеют пользоваться той птицей, не знали колдовства ее так, как знал Балак"».

Объяснение. Ты уже узнал, что вместе со свечением Хохмы в левой линии нисходят суровые суды на голову грешников, а также внешних, желающих притянуть свечение Хохмы сверху вниз.[8] И есть в них два вида судов:

1. Суды захара, исходящие от свечения самой Хохмы.
2. Суды нуквы, т.е. от сил экрана, которые раскрываются в конце судов захара, в тайне сказанного: «У входа грех лежит».[9]

И знай, что с помощью этих двух видов судов Моше поразил двух эморейских царей. Ибо в это время притянул Моше свечение Хохмы, что в левой линии, и раскрылись вместе с ней два вида судов, упомянутых выше. И поскольку эти два царя притягивали Хохму сверху вниз, как свойственно царям эморейским, то были убиты и уничтожены этими судами: Сихон, царь Хешбона, был уничтожен судами захара, а Ог, царь Башана, был уничтожен судами нуквы.

И в этот час Балак тоже занимался своей птицей, желая притянуть Хохму сверху вниз, и поэтому пострадал как он сам, так и птица его, от этих двух видов судов. И это смысл сказанного: «В один из дней он совершал свои действия и взял ту птицу», – и это было в то время, когда Моше уничтожал Сихона, царя Хешбона, и его народ. Вследствие притяжения Хохмы

---

[7] Вавилонский Талмуд, трактат Санедрин, лист 65:2. «"Ядуа" – прозвище птицы, с помощью которой чародеи вызывали дух мертвых».
[8] См. Зоар, главу Пкудей, п. 376. «Провозгласил и сказал: "В тот день возведу Я падающий шалаш Давида"...»
[9] Тора, Берешит, 4:7. «Ведь если исправишься, прощен будешь, а если не исправишься, у входа грех лежит, и к тебе его влечение, – но ты властвуй над ним!»

с помощью левой линии святости он уничтожил всех тех, кто притягивает Хохму сверху вниз, и благодаря этому уничтожил Сихона, царя Хешбона, и из-за этого «она воспарила и улетела, и задержалась, и не являлась», потому что напал страх и ужас на эту птицу, и она, вспорхнув, улетела, и не возвращалась к нему как обычно. И поэтому он «сам сожалел», – то есть сожалел о случившемся. «И прежде чем она явилась, увидел одно огненное пламя, которое устремилось вслед за ней и опалило ей крылья», – и это было в то время, когда Моше уничтожил Ога, царя Башана, с помощью судов нуквы, называемых огненным пламенем. И поэтому это огненное пламя преследовало также и птицу, в которой содержится сила притяжения Хохмы сверху вниз, и опалило крылья ее, но не уничтожило ее окончательно, потому что она исчезла и скрылась от Балака, и тогда он не пользовался ею сверху вниз. Однако опаливание крыльев – это сжигание ее ГАР, и она не может больше взлетать в воздух и притягивать Хохму. И это смысл сказанного: «Тогда увидел он то, что увидел», то есть то, что написано: «И увидел Балак, сын Ципора, всё, что сделал Исраэль эморею»[1], – так как видел всё это по птице своей, которая тоже пострадала от этих двух видов судов, которыми уничтожили Исраэль царей эморейских, и поэтому: «И испытал страх пред Исраэлем», как написано: «И очень испугался Моав этого народа»[10]. «Как имя этой птицы? – Ядуа», и это потому, что всю имеющуюся у нее Хохму она получила от ангела Азаэля, падшего с небес на землю, в горы тьмы, и после того как он пал в горы тьмы, он больше не может никак притягивать Хохму, и вся Хохма, что в нем, – это та, которая воспринята им с того времени, когда он был на небесах. И поэтому птица, получающая от него, зовется Ядуа (досл. известное), что указывает на прошедшее время, т.е. когда он находился на небесах, а не Даат (знание), что указывает на настоящее время. Потому что теперь он – в горах тьмы, закованный в железные цепи.[11]

4) «„И всю мудрость, которую он знал, он узнавал от этой птицы. И он действовал так: склонялся перед" этой птицей „И совершал воскурение, покрывал голову свою, и наклонялся, и говорил. Он произносил: „Народ", а птица отзывалась: „Исраэль". Он говорил: „Очень", а птица откликалась: „Велик".

---

[10] Тора, Бемидбар, 22:3. «И очень испугался Моав этого народа, ибо велик он, и стало невмочь Моаву из-за сынов Исраэля».
[11] См. ниже, пп.421–422, 494–496

ГЛАВА БАЛАК   Птица (ципор)

Из-за высшего величия, пребывавшего среди них. Семьдесят раз щебетали, один и другой", – Балак и эта птица. „Он сказал: „Обездоленный", а птица сказала: „Великий". Тогда испугался он, как сказано: „И очень испугался Моав этого народа, ибо велик он"[10] – „велик он"[10], несомненно"».

Объяснение. В этой главе есть четыре различительные особенности в страхе Балака и Моава.

1. «И очень испугался Моав этого народа»[10]. Поскольку «этот народ» – указывает на малочисленность этого народа, т.е. перед простыми людьми из народа он испытывал основной страх.

2. «Ибо велик он, и стало невмочь Моаву из-за сынов Исраэля»[10]. Поскольку Исраэль указывает на великих из этого народа, потому что слово «Исраэль (ישראל)» состоит из слов «ли рош (לי ראש мне главенство)». И так же слова «ибо велик он» означают, что он боялся, главным образом, великих из народа, а не простого народа.

3. То, что он послал старейшинам Мидьяна: «Теперь объест это общество все, что вокруг нас, как объедает бык полевую зелень»[12]. И здесь не упоминается ни народ, ни Исраэль, а общество, и используется сравнение – «как объедает бык».

4. То, что он послал Биламу: «Вот, народ вышел из Египта, и вот, покрыл он лик земли»[13]. И это новое значение, которого он до сих пор не упоминал.

И на эти различия обращает внимание Зоар. И отвечает, что двое говорили здесь и в два разных времени, и это – Балак и птица, во время их пребывания в ВАК, и во время пребывания их в ГАР. И вот после того случая, как пламя опалило крылья птицы, т.е. когда сгорело свойство ГАР этой птицы, остались оба они, Балак и птица, в свойстве ВАК без рош. Ведь всю свою мудрость Балак получил только от этой птицы, и как только от этой птицы ушли ГАР, они ушли также и от Балака. И это смысл сказанного: «И всю мудрость, которую он знал, он узнавал от этой птицы», и поэтому после того как птица упала в свойство ВАК, Балак тоже упал в свойство ВАК. И это

---

[12] Тора, Бемидбар, 22:4. «И сказал Моав старейшинам Мидьяна: „Теперь объест это общество все, что вокруг нас, как объедает бык полевую зелень". А Балак, сын Ципора, в то время был царем Моава».

[13] Тора, Бемидбар, 22:5. «И отправил он послов к Биламу, сыну Беора, в Птор, что на реке, в землю сынов народа его, чтобы позвать его, сказав: „Вот, народ вышел из Египта, и вот, покрыл он лик земли и расположился напротив меня"».

смысл сказанного: «И он действовал так: склонялся перед ней, и совершал воскурение, покрывал голову свою», – т.е. теперь он работал с этой птицей, склоняя тело и покрывая голову, что указывает на его падение со ступени ГАР, которые называются рош (голова), и они также являются выпрямленной ступенью, а не склоненной. И также обращение к ней с речью происходило в состоянии склоненной ступени, и это смысл сказанного: «И наклонялся и говорил».

И вот носители судов нуквы называются «народ», и они являются свойством ВАК без рош. А носители судов захара называются «Исраэль (ישראל)», и это буквы «ли рош (לי ראש мне главенство)», потому что нет в них судов нуквы, вызывающих исчезновение ГАР, а только суды захара, исходящие от Хохмы без хасадим, действующие также и во время ГАР. И это смысл сказанного: «Он произносил: „Народ"», как сказано: «И очень испугался Моав этого народа»[10], ибо после того как упал под воздействием силы Исраэля в ВАК, он думал, что основной страх – перед судами нуквы, носителями которых является народ. Однако: «А птица отзывалась: „Исраэль"», – птица сообщала ему, что основной страх – перед судами захара, так как они являются прямым притягиванием от левой линии святости, падающим на внешних, однако суды нуквы приходят после них, пользуясь подходящим случаем, как сказано: «У входа грех лежит»[9]. И к тому же, суды захара никогда не отменяются, однако суды нуквы отменяются и убывают, пока не исчезнут окончательно, в тайне сказанного: «Уничтожит Он смерть навеки»[14]. И также: «Он говорил: „Очень"», где «очень» означает – суды нуквы, как сказали мудрецы: «„Очень" – это ангел смерти»[15]. А птица отвечала: «Ибо велик он», то есть всё изречение: «Ибо велик (רָב) он, и стало невмочь Моаву из-за сынов Исраэля»[10]. Птица сказала это, потому что левая линия называется великой (рав רָב), в тайне слов: «Есть у меня много (рав רָב)»[16], чем гордился грешник Эсав. И это смысл сказанного:

---

[14] Пророки, Йешаяу, 25:8. «Уничтожит Он смерть навеки, и отрет Всемогущий Творец слезы со всех лиц, и позор народа Своего устранит Он на всей земле, ибо (так) сказал Творец».

[15] Мидраш раба, книга Берешит, глава Берешит, раздел 9:10. «Сказал рабби Шмуэль бар Аба: „Вот „хорошо очень" – это ангел жизни, и вот „хорошо очень" – это ангел смерти. Разве ангел смерти – это „хорошо очень"? – Удивительно..."»

[16] Тора, Берешит, 33:9. «И сказал Эсав: „Есть у меня много, брат мой, – пусть у тебя будет то, что твое"».

«Из-за высшего величия, пребывавшего среди них», – т.е. из-за свечения Хохмы левой линии, которое было среди них, называемого великим. На него намекала птица словами: «Ибо велик он» – т.е. что надо бояться свечения левой линии, которое в Исраэле. Однако затем укрепился Балак в колдовствах своих, и снова притянул левую линию к птице – от прорицателя, который в горах тьмы. И это намек: «Семьдесят раз щебетали, один и другой», – семьдесят (аин עַיִן) указывает на Хохму, называемую «глаза (эйна́им עֵינַיִם)»[17]. Однако суды захара еще довлели над свечением левой линии, и он чувствовал нужду и обездоленность вместе с этой Хохмой, что в левой линии, потому что обездоленность исходит от судов левой линии. И тогда: «Он сказал: „Обездоленный"» – т.е. намекнул птице на суды захара, которые властвуют в нем, называемые «обездоленный». И это то, что сказал Балак старейшинам Мидьяна: «Теперь объест это общество все, что вокруг нас»[11], – то есть левая линия Исраэля сделает его неимущими и пустыми, и это сравнение: «Как объедает бык полевую зелень»[11], – потому что быком называется левая линия святости, как известно. Но птица сказала: «Великий», потому что левая линия Исраэля является многочисленной и великой, и нет совета против нее. И это то, что послал Балак Биламу: «Вот, народ вышел из Египта, и вот, покрыл он лик земли»[12], – потому что свечение Хохмы называется ликом (аин עַיִן) земли, и это означает, что нельзя больше притягивать Хохму, которая называется «аин (עַיִן глаз)», к земле сверху вниз из-за власти Исраэля.

Таким образом, выяснились четыре высказывания Балака, которые были произнесены двумя и в два разных времени:

1. «И очень испугался Моав этого народа»[10] – сказал это Балак.

2. «Ибо велик он, и стало невмочь Моаву из-за сынов Исраэля»[10] – сказала птица.

3. «Теперь объест это общество все, что вокруг нас, как объедает бык полевую зелень»[11] – сказал Балак в то время, когда он снова притянул свечение Хохмы.

4. «Вот, народ вышел из Египта, и вот, покрыл он лик земли»[12] – сказала птица, или Балак из уст этой птицы.

---

[17] Эйнаим (עֵינַיִם) – это форма множественного числа слова «аин (עַיִן глаз)», имеющего числовое значение семьдесят.

5) «„И в различных видах колдовства (ангела) Касдиэля Ришона мы обнаружили, что эту птицу делали в известные времена из серебра, смешанного с золотом". Серебро – это правая линия, хасадим, золото – это левая линия, Хохма. И делали, и собирали эту птицу, чтобы стать подобными святости, как обезьяна (в сравнении) с людьми. И так же как в святости Хохма левой линии смешана с хасадим правой, хотели привлечь так, но поскольку у них нет силы единства средней линии, всё у них оказывается в качестве отходов. „Голова" – ГАР этой птицы, „из золота" – т.е. из отходов золота. „Клюв – из серебра", т.е. из отходов серебра. „Крылья" – Хесед и Гвура, „из бронзы" – левой линии, „смешанной с серебром" – с правой линией, потому что „каждое" состоит из правой и левой. „Тело – из золота, крапинки серебра в пере ее. Лапки ее" – т.е. НЕХИ, „из золота. И в клюв ее вкладывают язычок той самой птицы, которая зовется Ядуа"». Потому что язык указывает на знание (даат), и поскольку у клипот нет знания (даат), есть у них вместо этого уже известное (ядуа).[18]

6) «„И они выставляют эту птицу в одном из окон", упоминаемых выше.[19] „И" днем „открывают окно напротив солнца", т.е. власти дня. „А ночью открывают окно напротив луны", т.е. власти ночи. „И они воскуряют благовония и совершают колдовства. И днем они заклинают солнце, чтобы давало наполнение, а ночью заклинают луну. И так они делают семь дней. С этого момента и далее язычок уже начинает трепетать в клюве этой птицы, но она еще не может говорить. После этого прокалывают язычок золотой иглой, и он начинает сам произносить величественные речи. И всё узнавал Балак с помощью этой птицы. Поэтому" звался „сын Ципора (досл. птицы)". И поэтому он видел то, чего другой человек не может знать и не может видеть"».

Объяснение. Сначала к ней притягивают ВАК, посредством заклинания солнца и луны, т.е. Тиферет и Малхут, в течение всех семи дней. И она еще не может говорить, потому что речь – от Хохмы. И поэтому для того, чтобы получить Хохму, ей прокалывают язычок, чтобы сделать его местом получения Хохмы, золотой иглой, т.е. с помощью силы левой линии их Бины, называемой «золотая игла». И тогда она получает Хохму, и язычок становится произносящим величественные речи, т.е. Хохму.

---

[18] См. п.3, в конце комментария Сулам.
[19] См. выше, п. 1.

ГЛАВА БАЛАК

Сихон и Ог

7) «„Написано: „Сказал Творец: „Из Башана возвращу, возвращу из глубин морских"[20]. Мы должны направить свое сердце на веру Творца, ибо все Его речения – речения истины и великой веры, и если произносит речение, оно полностью воплощается. И если жалкий человек говорит, что что-то сбудется через многие годы и по прошествии долгого времени, и так происходит, то нечего и говорить о том, что сбудется изреченное Творцом, который правит всем, и все миры наполнены величием Его. Речи человека незначительны, и все они переменчивы, и сам он непостоянен", подобно исчезающей тени. „Однако благодаря раскаянию и молитве, и добрым деяниям, и многочисленным слезам, он становится преисполненным святости, потому что Величественный и Возвышенный над всем миром озаряет его светом Своим, и принижает святость Свою по отношению к человеку, чтобы выполнять желания его"».

8) Теперь выясняет изречение: «„Сказал Творец"[19], – т.е. в грядущем будущем Творец должен будет пробудить и возвратить из Башана всех тех, кого растерзали полевые звери и сожрали их"». Потому что «из Башана (мибашан מִבָּשָׁן)»[19] – это начальные буквы слов «между зубами (мибейн шиней מבין שיני)» зверей.[21] «„Поскольку есть в мире место поселения, где находятся все большие звери и множество высоких гор, и одни скрываются в других", т.е. звери скрываются в горах, и это место называется Башан. „И там мощный онагр пустыни, – т.е. Ог, который находился между онаграми пустыни, – и там пребывает сила его, потому что был царем Башана", т.е. был царем этого места. „И все цари мира не могли воевать с ним из-за силы этого Башана, но пришел Моше и вел с ним войну"». Онагр – это животное, похожее на осла.

9) «„Сихон, пустынным кустарником был Сихон, и безопасность Моава лежала на нем, „ибо Арнон – граница Моава, между Моавом и Эмореем"[22], – т.е. Сихон располагался по соседству с ним и защищал границу его. „Смотри, в час когда Исраэль

---

[20] Писания, Псалмы, 68:23. «Сказал Творец: „Из Башана возвращу, возвращу из глубин морских"».
[21] См. Вавилонский талмуд, трактат Гитин, лист 57:2.
[22] Тора, Бемидбар, 21:13. «Отправились оттуда и остановились в пустыне по ту сторону Арнона, который выходит из пределов Эмореи; ибо Арнон – граница Моава, между Моавом и Эмореем».

разрушили город Сихон, разнеслась эта весть по царству небесному", – т.е. между семидесятью правителями семидесяти народов. „Собрались воители, правящие остальными народами, и показали царству эморея, как разрушается царство его"».

10) «„В этот час все те властители, которые были назначены над семью народами, собрались и захотели вернуть царство" Сихона „к прежнему состоянию, но после того как убедились в доблести Моше, повернули вспять. Это смысл слов: „Поэтому говорят сказатели: „Приходите в Хешбон"[23]. Это властители, поставленные над народами, которые собрались и говорили: „Приходите в Хешбон, кто он – тот, что разрушил его? Будет отстроен и укреплен, как и вначале, и вернется царство в прежнее состояние"».

11) «„Когда увидели они доблесть Моше и пламя его правления (малхут), сказали: „Ибо огонь вышел из Хешбона, пламя – из города Сихона"[24]. Спрашивает: „Если уже написано: „Из Хешбона"[23], зачем добавляют: „Из города Сихона"[23], ведь Хешбон был городом Сихона, как написано: „Ибо Хешбон был городом Сихона, царя Эморейского"[25]?"»

12) И отвечает: «„Но пламя Царя небесного вышло и уничтожило всё. И в час, когда они произносили: „Будет отстроен и укреплен город Сихона"[22], без уточнения, и не сказали: „Хешбон", поскольку думали, что из-за этого он будет отстроен как поселение эмореев, тогда ответили, сказав: „Мы не можем". В чем причина? – Это потому, что все пути и тропинки были перекрыты силой их высшего правителя. И если мы снова скажем и упомянем о том, что Хешбон будет отстроен, то ведь „огонь вышел из Хешбона"[23]. И если мы снова упомянем город Сихона, то ведь как раз пламя вышло из города Сихона.[23] Поскольку это пламя огня пребывает там над ним, нет того, кто смог бы вернуть его к прежнему состоянию, потому что ни с какой стороны нет у нас позволения"».

---

[23] Тора, Бемидбар, 21:27. «Поэтому говорят сказатели: „Приходите в Хешбон. Будет отстроен и укреплен город Сихона"».
[24] Тора, Бемидбар, 21:28. «Ибо огонь вышел из Хешбона, пламя – из города Сихона, пожрал он Ар-Моав, жителей высот Арнона».
[25] Тора, Бемидбар, 21:26. «Ибо Хешбон был городом Сихона, царя Эморейского; и он воевал с прежним царем Моава, и взял из руки его всю землю его до Арнона».

Объяснение. Выше выяснилось,²⁶ что Моше уничтожил царей эморейских посредством пробуждения Хохмы левой линии святости, вместе с которой нисходят два вида судов на головы грешников и внешних, притягивающих Хохму сверху вниз:

1. Суды захара.
2. Суды нуквы.²⁵

И ты уже узнал, что притяжение Хохмы называется Хешбон (досл. расчет).²⁷ И в этом заключается власть Сихона в Хешбоне, т.е. в том, что он притягивал Хохму, называемую Хешбон, сверху вниз, и поэтому вышли суды от левой линии святости и разрушили царство (малхут) Хешбона клипы. И когда увидели это цари остальных народов, думали, что сам город Хешбон невозможно спасти от судов левой линии святости, но возможно, чтобы он снова отстроился в качестве города просто для поселения эмореев, т.е. чтобы не притягивали больше Хохму, называемую Хешбон, а довольствовались той Хохмой, которая уже была воспринята ими в прошлом. И думали, что такой населенный город можно отстроить. И поэтому сказали: «И в час, когда они произносили: „Будет отстроен и укреплен город Сихона"²², без уточнения, и не сказали: „Хешбон"», – сказали так, «поскольку думали, что из-за этого он будет отстроен как поселение эмореев», т.е. поселение для эмореев, а не Хешбон, т.е. что не притянут они больше Хохму сверху вниз. И думали, что тогда не будут властвовать над ними суды левой линии. Но «тогда ответили, сказав: „Мы не можем"», – так как рассмотрели это и сказали, что даже как населенный город они не могут его отстроить. «В чем причина? – Это потому, что все пути и тропинки были перекрыты силой их высшего правителя». «Правитель» – означает свечение Хохмы левой линии, в тайне слов: «Есть у меня много (рав רָב)»¹⁵.²⁸ И известно, что вследствие свечения наверху левой линии без правой, перекрываются все света и застывают. И после того как перекрылись все света и застыли,²⁹ они больше не смогли отстроить его даже как простой населенный город, и это смысл сказанного:

---

[26] См. выше, п. 3.
[27] См. Зоар, глава Пкудей, п. 28. «„И покой этого „корня Ишая", Малхут, „называемый славой Творца, не будет исчислен, и никогда в нем не будет производиться расчет..."»
[28] См. выше, п. 4.
[29] См. Зоар, главу Берешит, часть 1, п. 367. «Сказано: „Запертый сад – сестра моя, невеста, источник запертый, родник запечатанный"...»

«Что все пути и тропинки были перекрыты», – так как застыли и перекрылись все пути и тропинки настолько, что они не могут делать ничего из-за силы судов левой линии их высшего, т.е. силы левой линии без правой, откуда притягивают наполнение внешние. И после того как увидели это застывание, сказали: «И если мы снова скажем и упомянем о том, что Хешбон будет отстроен, то ведь "огонь вышел из Хешбона"[23], где основа неживого огня, как уже говорилось. «И если мы снова упомянем город Сихона», то есть как просто поселение, без расчета (хешбон), «то как раз пламя вышло из города Сихона», – ведь также и в простом поселении властвуют суды и разрушения. И это смысл сказанного: «Поскольку это пламя огня пребывает там над ним, нет того, кто смог бы вернуть его к прежнему состоянию, потому что ни с какой стороны нет у нас позволения», – ни город Хешбон (вернуть), ни просто город Сихона.

13) «"Отныне и впредь – горе тебе, Моав, ибо тот, кто был твоим защитником, сокрушен. И поэтому, когда увидел Моав, что сокрушен защитник их, тогда: "И очень испугался Моав этого народа"[30]. Что значит: "Очень"? – То есть больше смерти"». Потому что «очень» указывает на ангела смерти.[27]

14) «"Ибо велик он"[29] – так как прежде он", Эсав, "был велик, а великий – он мал, как написано о нем: "Вот, малым сделал Я тебя среди народов"[31]. И Исраэль стали великим вместо Эсава, как написано о нем: "И больший"[32]», то есть: «И больший будет служить меньшему»[31]. «"Какова причина" того, что они считали Исраэль великим? "Это потому, что видели, что Исраэль властвовали наверху и внизу, – ведь написано: "Всё, что сделал Исраэль эморею"[33]. Следовало сказать: "Что сделал Исраэль", что значит "всё"? Но это, чтобы включить сюда то, что наверху и внизу. Наверху – т.е. они повергли власть" их "управляющих и властителей наверху, а также повергли власть управляющих и властителей внизу", в этом мире. "И поэтому" написано: "Всё,

---

[30] Тора, Бемидбар, 22:3. «И очень испугался Моав этого народа, ибо велик он, и стало невмочь Моаву из-за сынов Исраэля».
[31] Пророки, Овадья, 1:2. «Вот, малым сделал Я тебя среди народов – презираем ты очень».
[32] Тора, Берешит, 25:23. «И сказал ей Творец: "Два народа в чреве твоем, и два народа из утробы твоей разойдутся; и народ народа сильнее будет, и больший будет служить меньшему"».
[33] Тора, Бемидбар, 22:2. «И увидел Балак, сын Ципора, всё, что сделал Исраэль эморею».

что сделал"³². И поэтому" сказали: „Ибо велик он" – вместо „великий", т.е. святой первенец", – вместо первенства Эсава, „как написано: „Сын Мой, первенец Мой, Исраэль"³⁴».

15) «„А если скажешь, что Творец пожелал так", дать первенство Исраэлю, – „И это беззаконно. Смотри Эсав являлся свойством клипы и ситры ахра". И известно, что клипа (оболочка) предшествует мозгу, поэтому он вышел первым. „Когда вышла клипа и была устранена, то обнаружился разум. Первая крайняя плоть", т.е. Эсав, „находится снаружи", и поэтому он вышел первым. „Союз обрезания, который дороже всего", т.е. Яаков, „раскрылся затем"». И поэтому выход Эсава первым не считается первенством, так как он является клипой и крайней плотью, и не идет ни в какое сравнение с разумом и союзом обрезания. Но и первым он вышел по той же причине – так как клипа предшествует плоду.

---

34 Тора, Шмот, 4:22. «И передай Фараону, что так сказал Творец: „Сын Мой, первенец Мой, Исраэль"».

ГЛАВА БАЛАК

И показал мне Йеошуу, великого коэна

16) «„И сказал Моав старейшинам Мидьяна: „Теперь объест это общество все"³⁵. Провозгласил рабби Хия: „И показал мне Йеошуу, великого коэна, стоящего перед ангелом Творца"³⁶. Насколько же человек должен оберегать пути свои в этом мире и идти путем истины. Потому что все деяния человека в этом мире записываются пред Царем и отмечены пред Ним, и все они учитываются. И стражи ворот встают и свидетельствуют, встают и требуют справедливых судов. И судья встает, чтобы принять это свидетельство. А приводящие разные доводы" в свое оправдание, „говорят и не знают, отклонятся они вправо, или это уведет их в левую сторону"».

17) «„Ведь когда дух людей уходит из этого мира, выступают против них многочисленные обвинители, и выносятся приговоры, как оправдательные, так и обвинительные, согласно решению суда. Мы же учили сколько судов совершается над человеком в этом мире, как при жизни его, так и после, потому что все содеянное им предается суду. Но Творец всегда относится с милосердием, и милосердие Его пребывает над всем, и не желает Он судить людей по их деяниям. И так сказал Давид: „Если грехи хранить будешь, Владыка, Господин наш, кто устоит?!"³⁷ Здесь следует вглядеться: после того как сказал: „Если грехи хранить будешь, Владыка"³⁶, зачем добавил еще „Господин наш"³⁶?» Достаточно ведь было сказать: «Если грехи хранить будешь, Владыка, кто устоит?!»

18) «„Но три ступени милосердия упомянул здесь Давид: „Владыка (йуд-хэй יָהּ)", „Господин наш (Адни אֲדֹנָי)" и „Кто (МИ מִי)". „Если грехи хранить будешь, Владыка (йуд-хэй יָהּ)"³⁶, – т.е. Аба ве-Има, называемые йуд-хэй (י"ה). Иными словами: „Если грехи многочисленны настолько, что поднимаются наверх,

---

³⁵ Тора, Бемидбар, 22:4. «И сказал Моав старейшинам Мидьяна: „Теперь объест это общество все, что вокруг нас, как объедает бык полевую зелень". А Балак, сын Ципора, в то время был царем Моава».
³⁶ Пророки, Зехария, 3:1. «И показал мне Йеошуу, великого коэна, стоящего перед ангелом Творца, и сатана, стоящего справа от него, чтобы обвинять его».
³⁷ Писания, Псалмы, 130:3. «Если грехи хранить будешь, Владыка, Господин наш, кто устоит?!»

к Абе ве-Име, то ведь Господин наш (Адни אדני) – это милосердие. И если это имя" Адни (אדני), "хотя оно и является милосердием, пробудится в свойстве суда, и все ступени перекроются этим судом, то имеется одна ступень, к которой мы вернемся, от которой исходят все исцеления, оно смилуется над нами. И кто это? – Это МИ (מִי)", т.е. Бина. "МИ (מִי) устоит"[36] для нас, "конечно. Как сказано: "Кто (מִי) исцелит тебя"[38], и поэтому, йуд-хэй (יָה) Адни (אדני), если два этих имени скроются от него, "МИ (מִי) устоит"[36], так как все пути возвращения раскрываются от него"».

Объяснение. Высшие Аба ве-Има, и это йуд-хэй (י"ה), являются абсолютным милосердием, и хасадим, исходящие от них, – они важнее Хохмы, и это свойство «чистый воздух». И это сносится именно к ним самим, так как они являются свойством «ибо склонен к милости (хафец хесед) Он»[39], и не нуждаются в Хохме. Но если нижние, которые нуждаются в Хохме, не восполняются прежде Хохмой, то становятся у них хасадим, которые они получают от Абы ве-Имы, свойством ВАК без рош. И поэтому, если нижние портят свои деяния, доходящие до ЗОН, то они наносят ущерб мохин свечения Хохмы, и тогда даже хасадим, которые получают от Абы ве-Имы, становятся скрытыми, т.е. в свойстве ВАК без рош. И поэтому сказано: «Если грехи многочисленны настолько, что поднимаются наверх, к Абе ве-Име», – т.е. они наносят ущерб хасадим, получаемым от Абы ве-Имы, которые называются йуд-хэй (י"ה), делая их свойством ВАК без рош. Но самих Абы ве-Имы никоим образом не касается ущерб нижних, и несмотря на то, что те грешат, всегда нисходят к ним хасадим Абы ве-Имы, называемые абсолютным милосердием. И тогда следует совершить возвращение и пробудить имя Адни (אדני), нижнюю Хохму, и снова притянуть свечение Хохмы от имени Адни (אדני). И это смысл сказанного: «То ведь Господин наш (Адни אדני) – это милосердие», – т.е. если они притянут свечение Хохмы от Адни (אדני), то вернутся хасадим Абы ве-Имы в состояние ГАР. Однако если причиненный ими ущерб велик настолько, что не смогут пробудить

---

[38] Писания, Мегилат Эйха, 2:13. «Какое приведу тебе свидетельство и чему уподоблю тебя, дочь Йерушалаима? С чем тебя сравню, чтобы утешить тебя, дева, дочь Циона? Ибо, как море, велико разрушение твое. Кто исцелит тебя?»

[39] Пророки, Миха, 7:18. «Кто Творец, как Ты, который прощает грех и проявляет снисходительность к вине остатка наследия Своего, не держит вечно гнева Своего, ибо склонен к милости Он».

больше имя Адни (אדני), так как грех их привел к раскрытию манулы, являющейся свойством Малхут меры суда, то она не может получить никакого света, как сказано: «Если не удостоился – то (стало) злом»⁴⁰. И это смысл сказанного: «И если это имя, хотя оно и является милосердием», – то есть всё то время, пока они не создают ущерб в ней, скрыта мера суда в ней, а открыта только мера милосердия, в свойстве: «Если удостоился – стало добром»⁴¹. А если создали в ней ущерб, «пробудится в свойстве суда», т.е. раскрывается в ней Малхут меры суда, тогда «И все ступени перекроются этим судом», потому что с раскрытием точки суда, перекрываются из-за нее все ступени и уже не способны получить никакой свет.⁴⁰ И тогда следует совершить возвращение и пробудить МАН, пока Малхут меры суда не поднимется и не подсластится в Бине, вернувшись там к мере милосердия. И поэтому сказано: «Имеется одна ступень, к которой мы вернемся, от которой исходят все исцеления, оно смилуется над нами. И кто это? – Это МИ (מִי) „МИ (מִי) устоит"³⁶, конечно. Как сказано: „Кто (МИ מִי) исцелит тебя"³⁷» – потому что с помощью подъема Малхут в Бину снова устанавливается Малхут меры милосердия, а мера суда скрывается. И это уподобляется исцелению, когда она исцеляется от раскрытия точки меры суда и возвращается к мере милосердия, снова становясь способной получить все света.

И все это происходит благодаря Бине, которая называется МИ, во внутреннем значении сказанного: «Кто (МИ) исцелит тебя»³⁷. И тогда Малхут снова наполнит его свойством мохин свечения Хохмы, и снова установятся большие хасадим Абы ве-Имы, чтобы быть в нем в состоянии ГАР. И это смысл сказанного: «Если грехи хранить будешь, Владыка (йуд-хэй יָהּ)»³⁶, – т.е. эти грехи поднимаются к имени йуд-хэй (יָהּ), и это означает, что хасадим, получаемые от йуд-хэй (יָהּ), становятся свойством ВАК без рош. Тогда они пробуждают имя Адни (אדני), чтобы восполнить его свойством мохин свечения Хохмы. А если он своими грехами вызвал превращение имени Адни в меру суда, т.е. вследствие его грехов раскрылась Малхут меры суда, то «МИ устоит»³⁶, – т.е. должен поднять МАН,

---

⁴⁰ См. Зоар, главу Ваеце, п. 23. «„От силы света Ицхака" – святости, „И осадков вина" – клипот, из них обоих „выходит одна сложная форма", состоящая из добра и зла...»

⁴¹ См. «Предисловие книги Зоар», п. 123, «Малхут – это Древо познания добра и зла, если удостоился человек – стало добром, а если не удостоился – то злом».

и тогда поднимется Малхут к Бине, и вернется там к мере милосердия, и даст ему мохин свечения Хохмы, и они восполнят хасадим Абы ве-Имы до ГАР.

ГЛАВА БАЛАК

И собрались члены собрания для обсуждения дела его

19) «„Смотри, Йеошуа бен Йеоцадак был совершенным праведником, мужем, который входил в святая святых, и подняли его в небесное собрание. И собрались все члены собрания, чтобы рассмотреть его дело в суде. И так принято в этом небесном собрании – когда приводят" дух этого человека „к суду, выходит вестник и провозглашает: „Войдите, все члены собрания, в тайную комнату". И они собираются для ведения суда"».

20) «„И этот дух человека поднимается двумя правителями. Когда он входит, то приближается к одному столбу пылающего пламени, стоящему там, и облачается в дух воздуха, веющий от этого столба. И сколько их, поднимающихся туда, (здесь отсутствует текст) ибо занимающиеся Торой и совершающие открытия в ней, – сразу же записываются членами этого собрания эти речения. Тогда все члены собрания приходят, чтобы увидеть его. И эти два правителя", упомянутые выше, „выходят и поднимают его в это небесное собрание, и он сразу же приближается к тому столбу", о котором говорилось, „облачаясь там в то одеяние", о котором говорилось».

21) После того как облачается, «„он входит в собрание, и" члены собрания „видят его. Если речения", в которых открыл новое, – „они как подобает, счастлив он, ибо множеством сверкающих венцов украшают его все члены собрания. Но если это иное речение", то есть не соответствующее путям святости, „горе ему из-за того стыда, – выталкивают его наружу, и стоит он у того" самого „столба, пока не приводят его на суд. Да спасет его Милосердный"».

22) «„И есть другие, которых поднимают туда в час, когда Творец не согласен с членами собрания" по поводу дозволенного и запрещенного. „И спрашивают: „Кто может истолковать истинный смысл" этого закона? „Пусть такой-то", владеющий мудростью в этом мире, явится и „истолкует это" – каким образом действует этот закон. „Тогда поднимают туда этого" мудреца, „И он истолковывает закон, вызвавший разногласие между Творцом и членами собрания.[42] А есть другие, которых

---

[42] См. Вавилонский Талмуд, трактат Бава меция, лист 86:1.

поднимают туда на суд, и судят их там, чтобы выяснить их дело и снять с них вину"».

23) «Сказал ему рабби Йоси: „Но выходит тогда, что человек умирает и уходит из мира без суда. А если он уходит в результате суда", которым уже судили его наверху, „почему он предается суду вторично"» в небесном собрании? «Сказал ему: „Так я учил и так слышал. Ведь, разумеется, человек уходит из этого мира в результате суда, но прежде чем он входит на половину праведников, поднимают его на суд" повторно, „И он предается там суду этого небесного собрания"».

24) «„А там", в небесном собрании, „стоит тот самый правитель преисподней, чтобы вынести обвинение. Счастлив тот, кто оправдывается судом, но если нет, то хватает его этот правитель преисподней в час, когда он отдается в его руки, и бросает его, подобно пращевому камню, как написано: „А душу врагов твоих выбросит Он, как из пращи"[43]. И отправляет его в преисподнюю, и он получает наказание согласно приговору"».

25) «Смотри: „И показал мне Йеошуу, великого коэна, стоящего перед ангелом Творца"[35], – потому что подняли его на суд в это небесное собрание в тот момент, когда он покинул мир. „Стоящего перед ангелом Творца" – это тот самый юноша", то есть ангел Матат, называемый юношей, „который является главой собрания" в небесном собрании, „И он выносит всему окончательный приговор"».

---

[43] Пророки, Шмуэль 1, 25:29. «И если поднимется человек преследовать тебя и искать души твоей, да будет душа господина моего завязана в узле жизни Творца Всесильного твоего, а душу врагов твоих выбросит Он, как из пращи».

ГЛАВА БАЛАК

Разгневается на тебя, сатан

26) Спрашивает: «Говорит: „И показал мне Йеошуу, великого коэна, стоящего перед ангелом Творца, и сатана, стоящего справа от него, чтобы обвинять его"³⁵». «„Сатан"³⁵. Что представляет собой „сатан"³⁵?» И отвечает: „Это тот самый, кто поставлен над душами в преисподней, желание которого забрать его в преисподнюю, и он стоит всегда, приговаривая: „Давай, давай! Давайте грешников в преисподнюю". „Чтобы обвинять его"³⁵ – то есть напоминать о грехах его. Тогда: „И сказал Творец сатану: „Разгневается Творец на тебя, сатан, разгневается на тебя Творец"⁴⁴. Спрашивает: „Почему „разгневается" дважды?" И отвечает: „Одно" относится „к (ангелу) Думе", который является правителем ада, „а другое – к тому, кто выходит из преисподней, всегда готовый обвинять"», т.е. к сатану.

27) «„Смотри, тот высший сатан нисходит, как мы уже объясняли, облачаясь в образ быка. И все те плохие души (рухот), которые осуждены на пребывание в аду, – он заглатывает их в одно мгновение, завладевая ими, и спустившись, передает их Думе, после того как поглотил их. Как написано: „И сказал Моав старейшинам Мидьяна: „Теперь объест это общество все, что вокруг нас, как объедает бык полевую зелень"⁴⁵. „Бык"⁴⁴ – это известный бык", т.е. сатан, „пребывающий над всеми жителями мира, чтобы нести зло. „Полевую зелень" – это души (рухот) людей. „Поле"⁴⁴ – то самое поле, известное"», т.е. Малхут.

28) «Сказал рабби Йоси: „В таком случае, мудрым был Балак"», – поскольку знал, что сатан облачился в быка и т.д. «Сказал ему: „Разумеется", был мудрым. „И так ему нужно было знать все пути этого быка, и если бы он не знал их, то не мог бы совершать свои колдовства и чары. И силу этот бык получает, когда провозглашают об урожае (здесь отсутствует текст) ... все те дни, когда провозглашают, и также все дни, когда провозглашают о душах (рухот) людей. И это – дни месяца Нисана и дни месяца Тишрея. И мы это уже учили"».

---

⁴⁴ Пророки, Зехария, 3:2. «И сказал Творец сатану: „Разгневается Творец на тебя, сатан, разгневается на тебя Творец, избравший Йерушалаим! Ведь он головня, спасенная из огня"».

⁴⁵ Тора, Бемидбар, 22:4. «И сказал Моав старейшинам Мидьяна: „Теперь объест это общество все, что вокруг нас, как объедает бык полевую зелень". А Балак, сын Ципора, в то время был царем Моава».

ГЛАВА БАЛАК

Ребенок

29) «Рабби Ицхак и рабби Йегуда пребывали в пути, и достигли они места деревни Сахнин, где находился рав Амнуна Сава. Приняла гостей жена его, у которой был маленький сын. Он каждый день проводил в школе, в этот день он пришел из школы домой. Увидел этих мудрецов. Сказала ему мать: „Приблизься к этим возвышенным людям и получишь их благословения". Начав приближаться к ним, он повернул назад. Сказал матери: „Я не хочу к ним приближаться, потому что сегодня они не произнесли воззвания „Шма", а меня учили, что каждый, кто не провозгласил в свое время „Шма", пребывает весь этот день в отлучении"».

30) «Они поразились, услышав это. Вознесли руки свои и благословили его. Сказали: „Это действительно так", что не произнесли Шма, „потому что мы были заняты сегодня женихом и невестой, которым недоставало всего необходимого, и те опаздывали с бракосочетанием, и не было никого, кто бы позаботился о них, и мы заботились о них, и" потому „не провозгласили вовремя Шма. А тот, кто занимается одной заповедью, освобожден от другой". Сказали ему: „Как же ты узнал об этом, сынок?" Сказал им: „По запаху вашей одежды определил я, когда приближался к вам". Изумились они. Сели. Совершили омовение рук и стали есть хлеб».

31) «Руки рабби Йегуды были испачканы, и он, совершив омовение рук, произнес благословение. Прежде, чем он совершил омовение рук, сказал им (ребенок): „Если вы ученики рава Шмаи-хасида, не пристало вам произносить благословение с грязными руками. И тот, кто произносит благословение с грязными руками, подлежит смерти"».

32) «Заговорил этот ребенок, провозгласив: „При входе своем в Шатер собрания омоют они их водою и не умрут"[46]. Из этого высказывания мы учили, что тот, кто об этом не заботится и предстает пред Царем с нечистыми руками, подлежит смерти. Какова причина? Это потому, что руки человека вознесены

---

[46] Тора, Шмот, 30:19-20. «И омывать будут Аарон и его сыны из него руки свои и ноги свои. При входе своем в Шатер собрания омоют они их водою и не умрут, либо приступая к жертвеннику, чтобы служить, воскурить огнепалимую жертву Творцу».

к вершине мира. На руке человека есть один палец, и это тот палец, который поднял Моше"», – т.е. средний палец, который соответствует свойству Моше, средней линии, как мы это выясним далее.

33) «„Написано: „И сделай засовы из дерева шиттим; пять – для брусьев одной стороны Скинии, и пять засовов – для брусьев другой стороны Скинии"[47]. И сказано: „А средний засов, внутри брусьев, проходит от края до края"[48]. И если скажешь, что средний засов – он другой, и не входит в совокупность этих пяти" засовов, „это не так. Но этот средний засов был из (числа) пяти: два" засова „были с одной стороны, и два – с другой, и один – посередине, это был средний засов, столп Яакова, свойство Моше", т.е. Тиферет, когда два засова перед ним, и это Хесед и Гвура, и два засова после него, и это Нецах и Ход. „Соответственно этому есть пять пальцев на руке человека, и средний засов", т.е. средний палец, называемый амá, „расположен посередине, – он больше и выше всех остальных, относительно него расположены остальные"» пальцы, так как Тиферет включает весь ВАК.

34) «„И эти пять засовов называются „пятьсот лет", т.е. ХАГАТ Нецах Ход Зеир Анпина, „И Древо жизни", Зеир Анпин, „находится в них. И союз святости пробуждается пятью пальцами руки". Потому что Есод содержит в себе ХАГАТ Нецах Ход. „И это скрытый смысл, о котором я говорил. И потому все благословения коэна зависят от пальцев. И простирание рук Моше"», о котором сказано: «И простер руки свои к Творцу»[49], «„связано с этим"».

35) «„Если всё это имеется" в пальцах, „не надо говорить о том, насколько они должны быть чистыми, когда возносят с их помощью благословения Творцу, потому что благодаря им, и в соответствии с их примером", высших ХАГАТ Нецах Ход, на

---

[47] Тора, Шмот, 26:26-27. «И сделай засовы из дерева шиттим; пять – для брусьев одной стороны Скинии, и пять засовов – для брусьев другой стороны Скинии, и пять засовов – для брусьев задней стороны Скинии, к западу».

[48] Тора, Шмот, 26:28. «А средний засов, внутри брусьев, проходит от края до края».

[49] Тора, Шмот, 9:33. «И вышел Моше от Фараона из города, и простер руки свои к Творцу; и прекратились громы и град, и дождь уже не лился на землю».

которые они указывают, „благословляется святое имя. И поэтому вы, обретшие много мудрости, как не уследили за этим? И вы не выполнили указания рава Шмая-хасида, сказавшего, что вся грязь и вся нечистота поднимаются к ситре ахра, ибо ситра ахра питается от этой грязи и нечистоты, и потому „последняя вода"[50] является обязательным и непреложным требованием"».

36) «Изумились и не могли говорить. Сказал рабби Йегуда: „Сын мой, как зовут твоего отца?" Ребенок на мгновение замолчал, встал» и, подойдя «к матери, поцеловал ее. Обратился к ней: „Мама! Об отце моем спросили меня эти мудрецы. Должен ли я говорить им?" Сказала ему мать: „Сын мой! Проверил ли ты их"», достойны ли они? «Сказал: „Я ведь проверил их, и не нахожу их достойными". Мать ответила ему шепотом. И он вернулся к ним. Сказал: „Вы спросили о моем отце. Он уже ушел из мира, но каждый день, когда святые праведники проходят по дороге, он погоняет ослов за ними. И если вы – высшие праведники, как вы не обнаружили, что он идет и погоняет ослов за вами?"»

37) «„Но вначале я видел по вам", что вы не прочитали воззвания Шма, „И теперь я вижу по вам", что вы не являетесь высшими праведниками, „так как мой отец не видел" праведника, восседающего на „осле, поскольку не погонял за ним осла, чтобы тот мог выдержать бремя Торы. И поскольку вы не удостоились, чтобы мой отец погонял ослов за вами, я не могу вам сказать, кто мой отец". Сказал рабби Йегуда рабби Ицхаку: „Похоже, что этот ребенок не просто человек". Стали есть. А этот ребенок произносил речения Торы и новые толкования Торы. Сказали: „Давайте благословим". Сказал им: „Очень хорошо вы сказали, поскольку святое имя благословляется при этом благословении только посредством приглашения"».

38) «Провозгласил и сказал: „Благословлять буду Творца во всякое время"[51]. Спрашивает: „Так что же усмотрел Давид, сказав: „Благословлять буду Творца"[50]?" И отвечает: „Но Давид увидел, что необходимо приглашение, и сказал: „Благословлять буду"[50]. Ибо в час, когда человек сидит за своим столом, там присутствует Шхина и там присутствует ситра ахра. И когда

---

[50] Вода, используемая для омовения рук после трапезы.
[51] Писания, Псалмы, 34:2. «Благословлять буду Творца во всякое время; хвала Ему непрестанно в устах моих».

человек приглашает благословить Творца, Шхина устанавливается относительно высшего", Зеир Анпина, "чтобы получить благословения, и ситра ахра смиряется. А если человек не приглашает благословить Творца, ситра ахра слышит это и радуется, что ей достанется доля в этом благословении"».

39) «„А если скажешь: в остальных благословениях, почему нет приглашения?" И отвечает: "Однако то, на что произносится благословение, и является приглашением. И убедись сам, что это так: благословляющий на плод – сам плод является приглашением, и на него произносится благословение. И в нем нет доли для ситры ахра. Однако до этого, когда этот плод еще находился в распоряжении ситры ахра, не благословляют на него, как написано: „Нельзя есть"[52], – так как это в распоряжении ситры ахра, „поскольку не благословляют на этот плод, чтобы не благословилась ситра ахра. Когда вышел из-под ее власти", ситры ахра, после тех лет, когда нельзя срезать, „его можно есть, и на него произносят благословение. И сам плод является приглашением на благословение. И так же все вещи в мире, на которые произносят благословение, – все они являются приглашением к благословению, и нет в них доли для ситры ахра"».

40) «„И если скажешь, что так же и при благословении на пищу, когда сам бокал для благословения является приглашением, – то почему произносят: „Давайте благословим" в качестве приглашения? И отвечает: „Но дело в том, что вначале, когда выпил, он сказал: „Сотворивший плод виноградной лозы", то есть" вино уже "использовалось как приглашение, а сейчас, при благословении на пищу, нужно перейти на иной вид приглашения, ведь этот бокал – для Творца, а не для пищи, и потому приглашение должно быть произнесено устами"».

41) «„А если скажешь: „Благословим за то, что мы ели данное Им", – это приглашение. „Благословен за то, что мы ели", – это благословение. И если так, почему нужно говорить перед этим: „Давайте благословим"?" И отвечает: „Разумеется, это так, однако „благословим (за то, что мы ели данное Им)", – это другое приглашение, приглашение к благословению „сотворивший плод виноградной лозы". Ведь вначале"», когда говорят:

---

[52] Тора, Ваикра, 19:23. «И когда вступите вы на землю и посадите всякое дерево плодовое, то необрезанными считайте его плоды. Три года будут дня вас необрезанными, нельзя есть».

«Давайте благословим», «"это приглашение просто к чаше благословения", т.е. Малхут, "но эта чаша, после того как взяли ее, – в слове "благословим" содержится иное приглашение, к высшему миру", Зеир Анпину, "так как вся пища и благословения исходят оттуда. И поэтому здесь необходимо скрытие"», т.е. (благословляющий) не упоминает в благословении имени Творца, а говорит: «Благословим за то, что мы ели данное Им», – «"так как высший мир скрыт, и нет в нем приглашения в открытом виде, но" только "на ступени этой чаши благословения"» есть приглашение в открытом виде. «Сказал рабби Йегуда: "Счастлива наша участь, ибо с того дня, когда я в мире, и до этого момента не слышал я этих речений. Несомненно, это так, как я сказал, – что это не человек"».

42) «Сказал ему: "Сын, ангел Творца, любимый Им! То, что сказал ты: "И сделай засовы из дерева шиттим; пять – для брусьев одной стороны Скинии, и пять засовов – для брусьев другой стороны Скинии"⁴⁶, – ведь тут есть много засовов, а рук всего лишь две"», и на них только два раза по пять пальцев? «Сказал ему (ребенок): "Потому и говорят, что (по исходящему) из уст человека, можно сказать, кто он. Но поскольку вы не старались" понять, "я говорю"».

43) «Провозгласил и сказал: "Глаза мудреца – в его голове"⁵³. Спрашивает, говоря: "Но, "в его голове"⁵², – а в каком же месте глаза человека, может быть в теле его или в руке его, что мудрец дает нам понять это более всех остальных в мире? Но это изречение – так оно, безусловно. Ведь мы учили, что не должен человек проходить более четырех ама (локтей) с непокрытой головой. И в чем причина? Это потому, что Шхина пребывает над его головой. И у каждого мудреца глаза и речения в его голове – то есть в той, которая пребывает и стоит над его головой"», в Шхине.

44) «"И когда глаза его там, в голове", т.е. Шхине, "он знает, что тот свет, который горит над его головой, нуждается в масле, потому что тело (гуф) человека – это фитиль, а свет горит наверху", в фитиле. "И царь Шломо возгласил, сказав:

---

⁵³ Писания, Коэлет, 2:14. «Глаза мудреца – в его голове, а глупый ходит во тьме. Но узнал я и то, что всех постигнет одна участь».

„И елей на голове твоей не оскудеет"⁵⁴. Ибо свет в его голове (рош) нуждается в масле, которым являются хорошие деяния. И об этом" говорит: „Глаза мудреца – в его голове"⁵² , а не в ином месте"».

45) «„Вы, конечно, мудрецы, и Шхина пребывает над вашими головами, как же вы не углубились в то, что написано: „И сделай засовы ... пять – для брусьев одной стороны Скинии, и пять засовов – для брусьев другой стороны Скинии"⁴⁶? О первой и второй сторонах сказало Писание, а третья и четвертая не упомянуты, потому что первая и вторая являются счетом этих двух сторон", правой и левой, т.е. Хеседом и Гвурой, называемые двумя руками. А третью, западную, не учитывает, потому что она только получает от этих двух сторон. „И поэтому делает расчет только в этих двух"», которые называются двумя руками.

46) «Они подошли и поцеловали его. Заплакал рабби Йегуда и сказал: „Рабби Шимон, счастлива твоя участь, счастливо поколение" твое, „поскольку благодаря тебе даже дети в школе – это высокие крепкие горы". Подошла мать его, сказала им: „Уважаемые, я прошу вас смотреть на моего сына только доброжелательно (букв. только добрым глазом)". Сказали ей: „Счастлива участь твоя, достойная женщина, женщина, избранная из всех остальных женщин, так как Творец избрал твою участь и превознес знамя твое над всеми остальными женщинами в мире"».

47) «Сказал ребенок: „Я не боюсь сглаза, потому что являюсь потомком огромной и величественной рыбы, а рыба не боится дурного глаза, как сказано: „И подобно рыбам расплодятся во множестве среди земли"⁵⁵. Что значит „во множестве"⁵⁴? Это, чтобы включить также и этот глаз", – т.е. что не будет властен над ними дурной глаз. „И мы учили: „Как рыбы в море, которых укрывает вода, и нет дурного глаза, (чтобы был властен над ними, так и над этими не властен дурной глаз)"⁵⁶. И поэтому „во множестве"⁵⁴, разумеется. „Среди земли"⁵⁴ – то есть среди

---

⁵⁴ Писания, Коэлет, 9:8. «Во всякое время пусть будут белы одежды твои, и елей на голове твоей не оскудеет».

⁵⁵ Тора, Берешит, 48:16. «Ангел, избавляющий меня от всякого зла, да благословит этих отроков, и будет наречено в них имя мое и имя отцов моих, Авраама и Ицхака, и подобно рыбам расплодятся во множестве среди земли».

⁵⁶ См. Вавилонский Талмуд, трактат Брахот, лист 20:1.

людей, живущих на земле"». Иначе говоря, не будет властен над ними дурной глаз, хотя они и не укрыты, как рыбы. «Сказали (ему): "Потомок ангела Творца, нет среди нас дурного глаза, и мы пришли не со стороны дурного глаза. И Творец укрывает тебя крыльями Своими"».

48) «Провозгласил и сказал: "Ангел, избавляющий меня от всякого зла, благословит отроков, и будет наречено в них имя мое и имя отцов моих"[54], – это изречение Яаков произнес в духе святости. И если в духе святости сказал ему, есть в нем тайна мудрости (хохма). "Ангел"[54], – спрашивает: "Называет" Малхут "ангелом, и называет ее другими именами. А здесь, почему называется" Малхут "ангелом?" И отвечает: "Но когда она", Малхут, "является высшим посланником и получает сияние от высшего зеркала, и тогда благословляют ее Аба ве-Има, и говорят ей: "Дочь наша, отправляйся и береги дом свой", т.е. мир, "наведи дом свой, и вот что сделай для дома своего: пойди и дай пищу им. Ступай, ибо тот мир, что внизу, ждет тебя, домочадцы твои ждут пищи от тебя, – вот тебе всё, что ты должна дать им". Тогда" Малхут называется "ангелом"».

49) «"И если скажешь, что ведь во многих местах" Малхут "называется ангелом, хотя и не приходит, чтобы давать пищу мирам. И еще, ведь не от этого имени", ангел, "она питает миры, а от имени АВАЯ?" И отвечает: "Это так, безусловно. Когда она является посланцем Абы ве-Имы, то называется ангелом. А когда она пребывает на своем месте, на двух херувимах, – Адни имя Его"».

Объяснение. Есть два зивуга в высших Абе ве-Име:
Первый зивуг – для оживления миров, который не прекращается, и даже когда жители мира грешат и нарушают зивуг ЗОН, все-таки зивуг Абы ве-Имы не прекращается. Ведь если бы он прекратился, страшно подумать, произошло бы разрушение миров. Однако от этого зивуга мир берет только необходимое, а не в изобилии.

И есть второй зивуг в высших Абе ве-Име, который дает мохин для зивуга ЗОН. И тогда происходит зивуг ЗОН. И от этого зивуга мир берет лишь необходимое и требуемое для существования, чтобы мир не был разрушен, и он прекращается в Абе ве-Име, если жители мира недостойны. И как наполнение от зивуга, оживляющего миры, так и наполнение от зивуга ЗОН, дающего дополнительный свет и благословения, мир может получить только от Малхут. И поэтому, когда Малхут наполняет мир от зивуга Абы ве-Имы, оживляющего миры, она называется ангелом, т.е. посланцем Абы ве-Имы, дающим миру пищу, лишь необходимую и требуемую для его существования, чтобы мир не разрушился. Однако от собственного свойства она не дает им ничего, ибо тогда нет зивуга Зеир Анпина и Малхут, и поэтому она здесь вообще не восходит в имени. Тогда как во втором зивуге Абы ве-Имы, в котором Зеир Анпин и Малхут получают мохин для зивуга, и они совершают зивуг, чтобы дать дополнительное наполнение и благословение, тогда Малхут дает наполнение миру от собственного свойства, от ее зивуга с Зеир Анпином, и тогда называется собственным именем, т.е. Адни.

И это то, что говорит: «Но когда она является высшим посланником ... – вот тебе всё, что ты должна дать им»[57], – то есть первый вид зивуга Абы ве-Имы, который совершается только в мере, требуемой для миров, чтобы не разрушились. И то, что говорит: «Когда она является посланцем Абы ве-Имы» – то есть от свойства зивуга, несущего оживление мирам, при котором у Зеир Анпина и Малхут нет зивуга, «то называется ангелом», так как не восходит тогда в собственном имени, поскольку не дает ничего от своего собственного свойства. «А когда она пребывает на своем месте, на двух херувимах», – т.е. когда есть зивуг Зеир Анпина и Малхут на их собственном месте, поскольку получают от второго вида зивуга Абы ве-Имы, «Адни имя Его» – она называется своим именем, Адни, так как дает им тогда от своего собственного свойства.

50) «„Когда" Шхина „открывается Моше вначале, она называется ангелом"», как сказано: «И открылся ему ангел Творца в пламени огня»[58]. «„Яакову она открылась не так, а в виде образа", – в виде Рахели внизу, которая является образом высшей Рахели, Малхут. „Как написано: „А Рахель пришла с овцами, которые у ее отца, ибо пастушка она"[59], – это образ другой Рахели", что наверху, т.е. Малхут, „как написано: „Так сказал

---

[57] См. выше, п. 48.
[58] Тора, Шмот, 3:2. «И открылся ему ангел Творца в пламени огня из куста терновника. И увидел он – вот терновник горит огнем, но терновник не сгорает».
[59] Тора, Берешит, 29:9. «Он еще говорит с ними, а Рахель пришла с овцами, которые у ее отца, ибо пастушка она».

Творец: „Слышится голос в Раме, вопль и горькое рыдание: Рахель оплакивает сыновей своих"[60] – т.е. эта Рахель является свойством Малхут. Так же и здесь: „А Рахель пришла"[58], просто", – указание на Малхут, „с овцами"[58] – то есть ступени Малхут, „которые у ее отца"[58], конечно", – потому что отец, т.е. Хохма, дал основу дочери, Малхут. „И все они", т.е. все миры, „были предназначены и переданы ей. „Ибо пастушка она"[58] – она направляет их и поставлена над ними"».

51) «„И так написано о Моше: „И открылся ему ангел Творца в пламени огня"[57] – потому что Малхут открывается ему сначала в виде ангела, и это важнее, чем видение Яакова, которое было лишь образом. И если скажешь, что слава Авраама больше, чем его, – ведь в случае Авраама не говорится об ангеле, а написано: „И явился к нему Творец в Элоней Мамрэ"[61]?" И отвечает: „Однако там Аврааму являлось имя Адни (אדני), через алеф (אלף) далет (דלת) нун (נון) йуд (יוד)"». Как сказано: «Господин мой (Адни), не пройди мимо раба Твоего!»[62] – «„потому что в это время он принял союз обрезания. И то, что было скрыто от него до сих пор, раскрыл ему" теперь „Владыка и Властитель", т.е. имя Адни, „И так он стал достойным Его, ибо тогда он соединился с той ступенью", Малхут, „но не более. И поэтому" раскрылся ему Творец „в имени Господина и Владыки над ним"», т.е. в имени Адни. Объяснение. И то, что написано: «И явился к нему Творец (АВАЯ)», – это потому, что имя АВАЯ облачалось по отношению к нему в имя Адни. Как сказано: «Но именем Моим АВАЯ Я не был известен им»[63].

52) «„Однако с Моше не было разделения, как сказано: „Моше Моше (מֹשֶׁה מֹשֶׁה)"[64] – без прекращающего таама (разделяющего знака)" между словами, „как написано: „Авраам,

---

[60] Пророки, Йермияу, 31:14. «Так сказал Творец: „Слышится голос в Раме, вопль и горькое рыдание: Рахель оплакивает сыновей своих; не хочет она утешиться из-за детей своих, ибо не стало их"».

[61] Тора, Берешит, 18:1. «И явился ему Творец в Элоней Мамрэ, а он сидел у входа в шатер в самый разгар дня».

[62] Тора, Берешит, 18:3. «И сказал он: „Господин мой! Если обрел я милость в Твоих глазах, то не пройди мимо раба Твоего"».

[63] Тора, Шмот, 6:2-3. «И говорил Всесильный с Моше и сказал ему: „Я Творец (АВАЯ). И являлся Я Аврааму, Ицхаку и Яакову как Владыка Всемогущий (Эль Шадай), но именем Моим Творец (АВАЯ) Я не был известен им"».

[64] Тора, Шмот, 3:4. «И увидел Творец, что Моше свернул посмотреть, и позвал его Всесильный из куста ежевики: „Моше Моше!" И сказал он: „Вот я"».

Авраам (אַבְרָהָם ׀ אַבְרָהָם)"⁶⁵, – когда между словами есть прекращающий таам".⁶⁶ Ибо" прерывание этого таама указывает на то, что второй Авраам, – "теперь он совершенен, чего не было в таком виде" с первым Авраамом "до этого, и есть различие между Авраамом теперь и Авраамом, который до этого. Однако с Моше сразу же при рождении было светящее зеркало", т.е. свет Зеир Анпина, "как написано: "И увидела, что он хорош"⁶⁷. И написано: "И увидел Всесильный свет, что он хорош"⁶⁸, – и это указывает на Зеир Анпина. И также" здесь: "Что он хорош"⁶⁶ – указывает на Зеир Анпина, "так как Моше сразу же соединился со своей ступенью", Зеир Анпином, "И поэтому "Моше Моше (מֹשֶׁה מֹשֶׁה)"⁶³ – без прекращающего таама"» между Моше и Моше.

53) «"И поэтому по отношению к Моше", который всегда был на ступени Зеир Анпина, "уменьшила себя" Малхут, "как написано: "Ангел Творца"⁶⁴, – но не (называется) своим именем, так как эта Малхут получает от Зеир Анпина. "Яаков назвал" эту Малхут "в час, когда уходил из мира, именем "ангел", как и Моше. "В чем причина? Поскольку в этот час он унаследовал ее для правления", как и Моше. Ибо "Моше" соединился с этой Малхут "при жизни своей, Яаков" соединился с ней лишь "после того как ушел из мира. Моше" был с этой Малхут, еще пребывая "в теле, Яаков" – только "духом", после того как покинул тело.⁶⁹ "Счастлив удел Моше"».

54) «"Избавляющий меня от всякого зла"⁷⁰ – то есть, "что Яаков никогда не приближался к стороне зла, и зло не может властвовать над ним. "Да благословит этих отроков"⁶⁹ – тогда",

---

⁶⁵ Тора, Берешит, 22:11. «И воззвал к нему ангел Творца с небес и сказал: "Авраам, Авраам!" И сказал он: "Вот я"».

⁶⁶ См. Зоар, главу Насо, Идра раба, п. 231. «"И это тайна, которую мы учили: "Творец – Творец (АВАЯ-АВАЯ יְהֹוָה ׀ יְהֹוָה)"...»

⁶⁷ Тора, Шмот, 2:2. «И зачала жена, и родила сына, и увидела, что он хорош, и скрывала его три месяца».

⁶⁸ Тора, Берешит, 1:4. «И увидел Всесильный свет, что он хорош, и разделил Всесильный между светом и тьмой».

⁶⁹ См. Зоар, главу Берешит, часть 1, п. 153. «Моше удостоился в своей жизни того, чего Яаков не удостоился при жизни своей...»

⁷⁰ Тора, Берешит, 48:15-16. «И благословил Йосефа, и сказал: "Всесильный, пред которым ходили отцы мои, Авраам и Ицхак, Всесильный, направляющий меня с тех пор, как я существую, до сего дня, ангел, избавляющий меня от всякого зла, да благословит этих отроков, и будет наречено в них имя мое и имя отцов моих, Авраама и Ицхака, и подобно рыбам, расплодятся во множестве среди земли"».

перед кончиной, „Яаков исправлял свой дом", т.е. Малхут, „как человек, который входит в новый дом, и совершает в нем исправления и отделывает его украшениями. „Да благословит этих отроков"[69] – то есть известных отроков, тех, что поставлены над миром, чтобы притягивать от них благословения, и это два херувима", Матат и Сандал. „И будет наречено в них имя мое"[69] – т.е. Тиферет, свойство Яакова. „Теперь установил свой дом", Малхут, „И он поднялся на свою ступень", в Тиферет, „потому что соединение" Малхут – „оно в Яакове", т.е. в Тиферет, „тело", т.е. Тиферет, „сливается с нужным местом", т.е. с Малхут. „И две руки с ним"», – то есть: «И имя отцов моих»[69], и это Хесед и Гвура.

55) «„После того как эти отроки", Матат и Сандал, „благословляются как подобает, тогда: „И подобно рыбам, расплодятся во множестве среди земли"[69] – потому что рыбам свойственно плодиться" и размножаться „в воде, и если они из воды попадают на сушу, то сразу же умирают. Эти не так, но они – из великого моря", Малхут, „И размножение их – плодиться и размножаться „среди живущих на земле (досл. среди земли)"[69], т.е. в нижних мирах, нисходящих вниз от Малхут. „А у всех рыб в мире это не так"».

56) «„Что написано выше: „И благословил Йосефа и сказал"[69] – и мы не находим здесь благословений для него, потому что благословил он его затем, как сказано: „Росток плодоносный Йосеф"[71]. И отвечает: „Но поскольку он благословил этих отроков, благословил Йосефа, так как они не могут благословиться иначе как от Йосефа". Ведь у самой Малхут нет ничего, но только то, что Йосеф, Есод Зеир Анпина, дает ей. И поэтому он благословил Йосефа, а тот передал Малхут, а Малхут – отрокам, т.е. Матату и Сандалу. „И поскольку" Есод – „он в скрытии и не подобает открывать его", из-за страха, что крайняя плоть приблизится получать питание от него, поэтому о нем „написано в скрытом виде: „И будет наречено в них имя мое и имя отцов моих"[69] – потому что от отцов", ХАГАТ, „они благословляются, а не от другого места. „Среди земли"[69] – это покрытие, чтобы скрыть то, что нужно"», то есть Есод, потому что Малхут, называемая землей, скрывает его. И поэтому Йосеф тоже подразумевается в этом отрывке, но

---

[71] Тора, Берешит, 49:22. «Росток плодоносный Йосеф, росток плодоносный над источником. Дочери – приходила (каждая), чтобы увидеть».

в скрытии. И это объяснение, отличающееся от приведенного выше, в предыдущем пункте.

57) «Подошли и поцеловали его, как и раньше. Сказали: „Давайте благословим". Сказал он (ребенок): „Я произнесу благословение, потому что всё, что вы услышали до сих пор, – от меня" вы услышали, „И воплощу я в себе: „Щедрый (досл. доброжелательный) будет благословен"[72]. Провозгласил о себе: „Благословит. В чем причина? Потому что дал от хлеба своего бедному. И вкушали вы от хлеба и от пищи Торы моей". Сказал рабби Йегуда: „Любимый сын Творца, мы ведь учили: „Хозяин выполняет, а гость благословляет". Сказал им: „Я не хозяин, а вы не гости. Но нашел я изречение и воплощу его, поскольку я, несомненно, доброжелателен, ведь без вашей просьбы я рассказывал до сих пор" об открытиях Торы, „И мой хлеб и пищу вкушали вы"».

58) «Взял он чашу благословения и благословил. И руки его не могли удержать эту чашу и дрожали. Когда он дошел до (слов) „за землю и за пищу", произнес: „Чашу спасения вознесу, и имя Творца призову"[73]. Он поставил чашу как должно, и она установилась в его правой руке, и благословил. В конце добавил: „Да будет благоволение, чтобы к одному из них", т.е. к рабби Ицхаку, „низошла жизнь от Древа жизни, от которого зависит вся жизнь, и Творец был поручителем за него, и нашелся у него поручитель внизу", т.е. рабби Шимон, „который согласится быть поручителем вместе со святым Царем"». Как уже было сказано об этом,[74] что рабби Ицхак собрался умирать, но рабби Шимон удержал его и поручился за него, и жизнь вернулась к нему. И вдумайся.[75]

59) «После того как благословил, он закрыл на мгновение глаза и затем снова открыл их. Сказал: „Друзья, мир вам от доброго Владыки, которому принадлежит весь мир". Поразились

---

[72] Писания, Притчи, 22:9. «Щедрый (досл. доброжелательный) будет благословен за то, что дает от хлеба своего бедному».
[73] Писания, Псалмы, 116:13. «Чашу спасения вознесу, и имя Творца призову».
[74] См. Зоар, главу Ваехи, п. 151. «Между тем встал рабби Шимон и сказал: „Владыка мира, известен у нас рабби Ицхак, и из числа семи глаз он здесь", – т.е. из семи учеников, которые остались в живых при выходе из Идры раба, – „вот, я держу его, дай же его мне"...»
[75] См. Зоар, главу Ваехи, п. 149. «Посмотрел рабби Шимон и увидел, что до сих пор еще не пришло время его умирать...»

и заплакали, и благословили его. Заночевали в эту ночь, а рано утром двинулись дальше. Когда пришли они к рабби Шимону, то рассказали ему о случившемся. Удивился рабби Шимон, сказал: „Это сын могучей скалы, и он достоин этого, и даже более, чем человек может представить себе. Сын рава Амнуна Савы он. Вздрогнул рабби Эльазар, сказал: „Я должен пойти, посмотреть на ту самую свечу, что горит". Сказал рабби Шимон: „Этот не достигнет имени в мире" – т.е. не проживет долгие дни, „так как высшее слово есть в нем, и горение масла отца его светит над ним. И тайна эта не распространяется среди товарищей"».

60) «Однажды сидели товарищи, сталкиваясь друг с другом», т.е. спорили друг с другом. «И были там рабби Эльазар и рабби Аба, и рабби Хия, и рабби Йоси, и остальные товарищи. Сказали: „Ведь написано: „Не враждуй с Моавом и не затевай с ними войны"[76] – и это из-за Рут и Наоми, которые в будущем произойдут от них". Но ведь, в таком случае, „Ципора, жена Моше, которая была из Мидьяна, и Итро с сыновьями своими, вышедший из Мидьяна, – все они были истинными праведниками, тем более" должны были защитить Мидьян. „И кроме того, Моше рос в Мидьяне, а Творец сказал ему: „Отомсти за сынов Исраэля мидьянитянам"[77]. И заслуга Моше не защитила их. „Получается, что здесь есть какое-то предпочтение, ведь жители Мидьяна больше заслуживали спасения, чем Моав?"»

61) «Сказал рабби Шимон: „Нельзя сравнить того, кому предстоит собрать инжир, с тем, кто уже собрал его"». Ибо Рут и Наоми еще не вышли из Амона и Моава, тогда как Ципора уже вышла из среды Мидьяна. «Сказал ему рабби Эльазар: „Ведь, хотя уже и собрал" инжир, „это хвала"», и разве не должны были они быть спасены благодаря их заслугам? «Сказал ему: „Тот, кто еще не собрал инжир, всегда оберегает смоковницу, чтобы ей не был нанесен вред, ради того инжира, который должно принести это дерево. Но после того как собрал инжир, он оставляет это дерево и не оберегает его"».

62) «„Так и Моав, который должен был в будущем принести эти плоды инжира", Рут и потомство ее, – „оберегал его

---

[76] Тора, Дварим, 2:9. «И сказал Творец мне: „Не враждуй с Моавом и не затевай с ними войны, ибо не дам Я тебе от земли его никакого владения, так как сынам Лота отдал Я Ар во владение"».

[77] Тора, Бемидбар, 31:1-2. «И говорил Творец Моше так: „Отомсти за сынов Исраэля мидьянитянам; затем приобщишься к народу твоему"».

Творец, как написано: „Не враждуй с Моавом"⁷⁵. О Мидьяне, когда они уже дали плоды инжира, и собрали их, написано: „Враждуй с мидьянитянами"⁷⁸, ибо отныне и впредь эта смоковница не принесет больше плодов, и потому ее следует предать огню". Провозгласил и сказал: „И сказал Моав старейшинам Мидьяна"⁷⁹. Моав – они те, кто начали" враждовать с Исраэлем, „но благодаря этим плодам инжира", Рут и потомству ее, „которых Моав должен будет дать миру, они были спасены от наказания"».

63) «Рабби Эльазар захотел повидать рабби Йоси, сына рабби Шимона бен Лакуньи, тестя своего. А рабби Аба и рабби Йоси шли с ним. Они шли по дороге и произносили речения Торы в течение всего пути».

64) «Сказал рабби Аба: „То, что написано: „И сказал мне Творец: „Не враждуй с Моавом и не затевай с ними войны"⁷⁵, и написано: „И приблизишься ты к сынам Амона – не враждуй с ними и не задевай их"⁸⁰. Одно здесь", то, что касается жителей Амона, „как и другое", что касается жителей Моава, „в чем же различие между теми и другими? Ведь кажется, что они равносильны. И мы учили, что когда" Исраэль „приближались к жителям Моава, Исраэль показывали себя им со всем военным оружием, словно хотели напасть на них. Однако по отношению к жителям Амона они пытались скрыть свои истинные намерения, и вообще не показывали своего военного оружия. Но эти изречения показывают, что они равны между собой"».

65) «Сказал рабби Эльазар: „Конечно, это так. И мы учили, что та, которая была дерзкой и сказала: „Моав", как написано: „И нарекла ему имя Моав"⁸¹. И Исраэль грубо обходились с ними, так же как она была дерзкой, сказав: „Моав", – дескать, от отца (ми-ав) был этот сын. Однако младшая, которая сказала:

---

⁷⁸ Тора, Бемидбар, 25:17. «Враждуй с мидьянитянами, и поражайте их».
⁷⁹ Тора, Бемидбар, 22:4. «И сказал Моав старейшинам Мидьяна: „Теперь объест это общество все, что вокруг нас, как объедает бык полевую зелень". А Балак, сын Ципора, в то время был царем Моава».
⁸⁰ Тора, Дварим, 2:19. «И приблизишься ты к сынам Амона – не враждуй с ними и не задевай их, ибо Я не дам от земли сынов Амона тебе во владение; ибо сынам Лота дал Я ее в наследие».
⁸¹ Тора, Берешит, 19:37. «И родила старшая сына, и нарекла ему имя Моав. Он отец Моава по сей день».

„Бен Ами (сын народа моего)"⁸², скрыла пути свои. И так же Исраэль скрывали свои пути по отношению к ним и, облачаясь в талит, держали себя внешне словно настоящие братья. И мы уже это учили"».

66) «Когда они находились в пути, рабби Эльазар вспомнил об этом ребенке. Отклонились они от пути на три парсы и пришли туда. Временно остановились в этом доме, зашли и увидели этого ребенка сидящим, и перед ним накрывали стол. Когда он увидел их, приблизился к ним, сказал им: "Заходите, святые праведники, заходите, саженцы мира, те, кого восславляют наверху и внизу, те, навстречу которым выходят даже рыбы великого моря на сушу"», – т.е. он определил по ним, что рав Амнуна, отец его, раскрылся им. «Подошел рабби Эльазар и поцеловал его в голову, затем еще раз, так же как и вначале, и поцеловал его в уста. Сказал рабби Эльазар: "Первый поцелуй был за рыб, которые оставили море и пошли по суше"», – т.е. за то, что рав Амнуна, отец его, раскрылся им. „А второй поцелуй за икру этой рыбы, принесшую хорошие плоды миру"», – т.е. за самого ребенка, сына рава Амнуна.

67) «Сказал этот ребенок: "По запаху ваших одежд я вижу, что Амон и Моав враждовали с вами, как же вы спаслись от них? Оружия не было у вас в руках, и как в таком случае вы шли уверенно, без всякого страха?" Удивились рабби Эльазар и рабби Аба, и товарищи. Сказал рабби Аба: "Счастлив этот путь, и счастлива наша участь, что удостоились мы видеть это". Накрыли стол, как и раньше».

68) «Сказал (ребенок): "Праведные мудрецы, хотите ли вы лакомый хлеб без войны, и стол оружия, или также хлеб войны? Или захотите благословить Царя всеми видами оружия, потому что стол этот не поднимается без войны?" Сказал рабби Эльазар: "Сын любимый, дорогой и преисполненный святости, мы хотим вот чего – усердно овладевали мы всеми этими видами оружия, и владеем в войне мечом, луком, копьем и пращевыми камнями. И ты, дитя, еще не видел, как могучие воины мира ведут войну"».

---

⁸² Тора, Берешит, 19:38. «И младшая тоже родила сына, и нарекла ему имя Бен-Ами. Он отец сынов Амона по сей день».

Объяснение. Так же, как необходимо оружие в этом мире, для того чтобы изгонять и побеждать врагов, чтобы не разрушали эту землю, точно так же и в высших мирах необходимо множество всяких судов, называемых военным оружием, для того чтобы изгонять внешних, чтобы не перетягивали они наполнение святости на свою сторону и не разрушали источники наполнения. И источник всего этого оружия войны берет начало на самих ступенях святости, и оттуда они нисходят вниз, для того чтобы побеждать и прогонять внешние свойства и клипот от наполнения святости. Однако существует такое притяжение наполнения, для которого не нужно никаких войн, и это потому, что внешние не могут удерживаться в нем вообще, и это наполнение от зивуга высших Абы ве-Имы, предназначенного для оживления миров.[83] И об этом спросил ребенок: «Хотите ли вы лакомый хлеб без войны?» – т.е. наполнение Абы ве-Имы, которое нисходит без войны, так как в нем нет никакого удержания внешних (свойств). И нужно, чтобы ты знал, что вместе с открытиями в Торе, которые произносили, они притягивали наполнение от той ступени, на которой совершали открытия в Торе. И поэтому спросил он их, с какой ступени они хотят услышать новые открытия в Торе? Однако всё, исходящее от свойства Малхут, требует войны, чтобы удалить и подчинить внешних, дабы не удерживались они в ее наполнении. И поэтому сказал: «И стол, на котором оружие», – потому что стол, Малхут, безусловно, нуждается в оружии для войны с внешними, чтобы прогонять их. И если они желают наполнения от зивуга ЗОН, в которых есть удержание внешних, они должны воевать с ними и изгонять их. И это означает: «Или также хлеб войны?» – т.е. наполнение от ЗОН. И он также спросил их, хотят ли они, чтобы рассказал он им новое в Торе, и тогда они могут притянуть наполнение со всех ступеней, требующих оружия, сказав: «Или захотите благословить Царя всеми видами оружия» – чтобы не было у них недостатка ни в чем, «потому что стол этот не поднимается без войны?» – потому что Малхут, называемая столом Царя, не поднимется, чтобы дать что-нибудь, без войны, как уже объяснялось.

И ответил ему рабби Эльазар, что он желает открытий в Торе, которые в свойстве войны, и перечислил четыре вида оружия, – меч, лук, копье и пращевые камни, – которыми нужно воевать до полной уверенности в том, что никто чужой не

---

[83] См. выше, п. 49.

ГЛАВА БАЛАК   Ребенок

прикоснется к святости. Меч – это суды, имеющиеся в экране точки хирик, и средняя линия используется в нем для того, чтобы уменьшить ГАР левой линии и соединить ее с правой.[84] И это то, что сказали далее: «Меч Творца, йуд (י), – это острие (рош) меча», и это тропинка высших Абы ве-Имы, т.е. йуд (י) имени АВАЯ, где находится корень всего. Вав (ו) – это тело (гуф) меча, средняя линия, содержащая в себе экран де-хирик, в котором действует единство двух линий, правой и левой. Хэй (ה) хэй (ה) – это два лезвия меча, так как экран де-хирик включает в себя Малхут и Бину, мифтеху и манулу, две силы, действующие в этом единстве.[83]

Лук (кешет) – это пробуждение суровых (кашим) судов Нуквы, как сказано: «Радугу (кешет) Мою дал Я в облаке»[85]. И это Малхут, внутри которой находятся три цвета радуги, т.е. три линии.

Копье – оно напоминает меч, и это свойство средней линии с экраном де-хирик. Однако различие между ними в том, что у меча есть два лезвия, как мы уже сказали, а у копья – только одно, т.е. мифтехи.

Пращевые камни – это Малхут свойства суда, которую запускают наверх, в Бину, уменьшая Бину от ГАР до ВАК для того, чтобы повергнуть этим всех внешних, удерживающихся при распространении свечения Хохмы в левой линии Бины. И существуют для этого многочисленные виды пращи.

69) «Обрадовался этот ребенок. Сказал: „Конечно, я не видел" как воины мира ведут войну. „Но написано: „Пусть не хвалится опоясывающийся оружием, как тот, кто уже снимает"[86]». Вначале выслушайте слово, а затем уже восхваляйте себя. «Подали на стол хлеб и всё, что нужно. Сказал рабби Эльазар: „Какая радость у меня в сердце за этого ребенка, и сколько открытий сделано за этим столом!" И поэтому сказал:

---

[84] См. Зоар, главу Лех леха, п. 22, со слов: «Экран де-хирик, на который выходит средняя линия, происходит от свойства суда, имеющегося в Малхут...»

[85] Тора, Берешит, 9:13. «Радугу Мою дал Я в облаке, и будет она знаком союза между Мною и между землей».

[86] Пророки, Мелахим 1, 20:11. «И отвечал царь Исраэля, и сказал: „Скажите (ему): „Пусть не хвалится опоясывающийся оружием, как тот, кто уже снимает "».

„Знаю я, что „колокольчики с язычками"[87] от духа святости находятся в нем"», этом ребенке.

70) «Сказал этот ребенок: „Тот, кто желает хлеба, будет есть его на острие меча". Обрадовался рабби Эльазар и снова приблизил к себе ребенка. Сказал ему ребенок: „Раз ты восхвалил себя, ты должен сначала сразиться в войне. И сначала сказал я, что война будет после трапезы, однако теперь тот, кто желает муку" в чистом виде, без отрубей, т.е. клипот, „должен взять в руки оружие". Сказал рабби Эльазар: „Тебе следует показать, какое оружие у тебя в руках"».

71) «Провозгласил этот ребенок и сказал: „И когда будете есть от хлеба той земли, совершайте возношение Творцу"[88], – это изречение", хотя и говорит о хале, „сказано об „омере (снопе) взмахивания"[89]. Что значит „взмахивания"? Но поскольку коэн взмахивал им вверх, это взмахивание. Каким образом это относится к нам – взмахивал он им вверх или вниз?"»

72) И отвечает: «„Но он должен был, безусловно, поднимать его кверху, и это является возношением, и поэтому он должен был называться возношением, что указывает на возвышение, а не на взмахивание. И хотя объяснялось", что возношение (трума תְּרוּמָה) состоит из из тех же букв, что и „два из ста (трей ми меа תְּרֵי מִמְּאָה)", и это так", вместе с тем, главное значение возношения (трума תְּרוּמָה) – оно из-за возвышения (арама הֲרָמָה) наверх. „Но почему" называется „взмахиванием, ведь это является возвышением", и должно было называться возношением (трума)? И отвечает: „Здесь заключена тайна мудрости. Ага, святые праведники, обладатели копий, не служившие рабби Шмае-праведнику, иначе бы вы знали, что является взмахиванием, что является пшеницей, а что – ячменем"».

73) «„Взмахивание (тнуфа תְּנוּפָה), как мы сказали", означает „воздавайте устами (тну пэ תְּנוּ פֶּה)", т.е. это буквы взмахивания (тнуфа תְּנוּפָה). „И скрытый смысл этого: „Воздайте славу Творцу

---

[87] См. Вавилонский Талмуд, трактат Нида, лист 17:1.
[88] Тора, Бемидбар, 15:19. «И когда будете есть от хлеба той земли, совершайте возношение Творцу».
[89] Тора, Ваикра, 23:11. «И вознесет он омер пред Творцом для приобретения вам благоволения; во второй день празднования вознесет его коэн».

ГЛАВА БАЛАК   Ребенок

Всесильному вашему"⁹⁰. Потому что уста (пэ פה) – это слава",
т.е. Малхут, называемая славой, „ибо нужно воздать ее Творцу",
т.е. возвысить и соединить Малхут с Зеир Анпином. „И поэтому
мы должны поднять ее наверх", к Зеир Анпину, „показать, что
мы воздаем Ему", Зеир Анпину, „эти уста (пэ פה)", т.е. Малхут.
„Ибо восславить высшего Царя", Зеир Анпина, „можно только,
когда Исраэль устанавливают эту славу", Малхут, „И воздают ее
Царю славы", Зеир Анпину. „И это означает „воздавайте устами", „воздайте славу"⁸⁹. И это, безусловно, возвышение"», – т.е.
поднять Малхут к Зеир Анпину.

74) «„Вернемся к изречению, с которого начали: „И когда
будете есть от хлеба той земли"⁸⁷. Спрашивает: „Разве хлеб
той земли – он ячменный", и никакой другой? Ибо это изречение, хотя и сказано о хале, оно указывает на омер взмахивания,⁹¹ а возносят омер взмахивания ячменный. И отвечает:
„Это не так. Ведь есть пять видов злаков, а мы совершаем
ячменное приношение, потому что ячмень является первым
видом по отношению ко всем остальным видам хлеба в мире.
Ячмень (сеора́ שעורה) состоит из букв шиур хэй (שעור ה' мера
хэй), и это известное место для меры хэй (пяти)", т.е. Малхут.
„Пшеница – это центральная точка, и у ситры ахра нет там
доли, относящейся к чаше вины. Пшеница – это дочь, которая
совершает грех перед отцом своим, а он выполняет ее желание. И что представляет собой пшеница? – Это совокупность
двадцати двух букв"».

Объяснение. Уже выяснялся скрытый смысл ячменя, что он –
от свечения Малхут в то время, когда она является левой линией без правой, и это – начало ее строения, как это подробно
разъяснялось выше.⁹² И это смысл сказанного: «Потому что
ячмень является первым видом по отношению ко всем остальным видам хлеба в мире» – так как вначале строение Малхут
представляет собой левую линию без правой.⁹¹ И это смысл
сказанного: «И это известное место для меры хэй (пяти)»,
потому что свечение левой линии – это известное место для

---

⁹⁰ Пророки, Йермияу, 13:16. «Воздайте славу Творцу Всесильному вашему, пока еще не наступила тьма и пока еще ноги ваши не споткнулись
на горах мрака; и будете вы надеяться на свет, а Он превратит его
в тень смерти, обратит в густую тьму».
⁹¹ См. выше, п. 71.
⁹² См. Зоар, главу Эмор, п. 146. «„Смотри, до сих пор", т.е. в Песах, „Исраэль совершили приношение урожая земли", т.е. омера...»

меры Малхут, называемой хэй (ה), т.е. в келим де-ахораим, что в Малхут, представляющих собой меру, т.е. часть ее строения.

А пшеница – это средняя точка, т.е. точка мифтехи, подслащенная в Бине, свойство Есод де-Малхут,[93] и называется она центральной точкой поселения. И благодаря тому, что она подслащается в Бине, нет доли для ситры ахра в ней. И это смысл сказанного: «Пшеница – это центральная точка, и у ситры ахра нет там доли», – т.е. это подслащение происходит вследствие подъема Малхут в Бину, и хотя Бина уменьшается в результате этого подъема, всё же она выполняет желание ее и наполняет ее своими мохин, вначале в состоянии катнут, а затем в состоянии гадлут, как известно. И это смысл слов: «Пшеница – это дочь, которая совершает грех перед отцом своим, а он выполняет ее желание», – то есть несмотря на то, что Малхут совершает грех при подъеме в Бину, т.е. привносит свои суды в Бину, вместе с тем она дает ей свои света. И без этого подслащения Малхут в Бине, не были бы достойны ЗОН, называемые «двадцать две буквы», получить всё исправление и весь свет.[94] И поэтому сказано: «И что представляет собой пшеница?» – И почему она называется пшеницей? «Это совокупность двадцати двух букв» – потому что от нее, вследствие подслащения Малхут в Бине, выходят все двадцать две буквы, как в Зеир Анпине, так и в Малхут. Двадцать две буквы являются совокупностью всех светов и мохин де-ЗОН, подобно двадцати двум буквам алфавита, представляющим собой совокупность всей Торы и всей мудрости. Потому что вся мудрость (хохма) приходит от сочетания этих двадцати двух букв, и передается с помощью сочетания двадцати двух букв. И поэтому она называется пшеницей (хита), потому что «хита חִטָה» в гематрии – каф-бет (22).

75) «Сказал рабби Эльазар: „Несмотря на то, что мы должны выслушать" твои речи, „мы должны здесь сказать и натянуть лук (кешет קֶשֶׁת)"», и это от слова «кушья́ (קוּשְׁיָא затруднение)». «Сказал тот ребенок: „Так ведь щит против стрелы"», т.е. объяснить ему то, в чем затрудняется. «Сказал рабби Эльазар: „Конечно, так мы ее называем – „пшеница (хита́ חִטָה)". Но мы

---

[93] См. «Предисловие книги Зоар», п. 44, со слов: «И отличить его можно только благодаря оставленной этим ключом пометке...»
[94] См. Зоар, главу Берешит, часть 1, п. 3, со слов: «В свойстве суда, т.е. в свойстве Малхут мира АК, прежде чем она подсластилась в Бине, в свойстве милосердия, мир не мог существовать...»

видим во всех коленах, что нет" в их именах „букв хэт (ח) тэт (ט)", поскольку они указывают на грех (хэт חטא) и удержание для внешних. „А в ней", в пшенице (хита חִטָּה), „есть хэт (ח) тэт (ט), ибо мы называем ее пшеницей (хита חִטָּה)"», и в таком случае есть в ней удержание для внешних, в отличие от сказанного ребенком, и у ситры ахра нет там доли, относящейся к чаше вины. «Сказал ребенок: „Это именно так, потому что хэт (ח) тэт (ט)", указывающие на удержание ситры ахра, „пребывают рядом с ней", т.е. рядом с Малхут. „В них, в коленах, не было этих букв, поскольку они произошли от стороны святости, что наверху", так как двенадцать колен нисходят от двенадцати свойств, что в Малхут, происходящих от двенадцати сочетаний АВАЯ (הויה), и все они являются святостью. „Однако у нее", у Малхут, которая называется пшеницей, „пребывают"» буквы хэт (ח) тэт (ט), указывающие на удержание внешних. И слова ребенка о том, что в пшенице нет доли у ситры ахра, означают – в ней самой, так как она является Есодом де-Малхут, исправленной в Бине. Однако рядом с ней, т.е. в Малхут де-Малхут, скрыто свечение манулы, и там есть удержание внешних, и там свойства хэт (ח) тэт (ט) «пшеницы (хита חִטָּה)». А Есод ее самой, являющийся свойством мифтеха, это – хэй (ה) «пшеницы (хита חִטָּה)».

76) «„И если ты хочешь достать меч, и скажешь: „Почему держит та дочь эти буквы" хэт (ח) тэт (ט), когда есть в них удержание для внешних? „Но если будешь знать грех (хэт חטא) Адама Ришона, как сказано, что" Древо познания „было свойством пшеницы (хита חִטָּה), будешь знать это. И когда это дерево", Малхут, „одерживает верх, всё является стороной добра, и оно берет всю ситру ахра и подчиняет ее"». И поэтому сказал (ребенок), что нет удержания ситры ахра в свойстве «пшеница (хита חִטָּה)».

Объяснение. Поскольку эта «пшеница», являющаяся исправлением Малхут в Бине, благодаря чему Малхут становится достойной получить все света, – это Древо познания добра и зла, о котором сказано: «Если удостоился человек – стало добром, а если не удостоился – то злом»[95]. Это значит, что в Малхут есть две точки, мифтеха и манула, и когда человек

---

[95] См. «Предисловие книги Зоар», п. 123, «Малхут – это Древо познания добра и зла, если удостоился человек – стало добром, а если не удостоился – то злом».

удостаивается, точка мифтеха находится в открытом виде под властью Малхут, а точка манула – в скрытии. И поэтому Малхут способна притянуть к человеку все света, и тогда оно «стало добром». А если человек не удостоился, подобно тому, как прегрешил Адам Ришон, притянув Хохму в ней сверху вниз, – «то злом», потому что манула, которая скрыта, выходит и раскрывается, и тогда удаляются все света из Малхут, и человек падает в клипот.

И это смысл сказанного: «Почему держит та дочь эти буквы», – то есть задает вопрос: если Малхут подслащена в Бине и нет удержания внешних, почему у нее есть эти буквы хэт (ח) тэт (ט)? И отвечает: «Но если будешь знать грех (хэт חֵטְא) Адама Ришона, будешь знать это». То есть как выяснилось, – ведь хотя она и установилась в центральной точке, подслащенной в свойстве милосердия, всё же есть у нее в скрытом виде также и точка манула. Ведь именно поэтому называется Малхут Древом познания добра и зла, «если удостоился человек – стало добром, а если не удостоился – то злом». Но Адам Ришон, поскольку не удостоился, раскрылись в нем буквы хэт (ח) тэт (ט) в силу раскрытия манулы, как мы уже объясняли. Но «если удостоился человек – стало добром», – т.е. точка манулы скрыта, а точка мифтехи властвует. И тогда одерживает верх эта Малхут, и она полностью добро, без всякого зла, и нет в ней никакого удержания внешних. И это смысл сказанного: «И когда это дерево одерживает верх, всё является стороной добра», – то нет там удержания зла вовсе. «И оно берет всю ситру ахра и подчиняет ее» – и это посредством того, что скрывает всю манулу. И поэтому, по причине предохранения, чтобы не протянулись от нее сверху вниз, ей нужна манула, от которой приходят к ней буквы хэт (ח) тэт (ט).

77) «„Первые товарищи объяснили это" – то, что сказали, что Древо познания было свойством пшеницы. „И начали о ней издали" – т.е. с далекого объяснения, „сказав: „Просто пшеница"». Иначе говоря, что пшеница (хита חִטָּה) – это буквы слова «грех (хэт חֵטְא)», и это указывает на грех. И не имеется в виду пшеница на самом деле, но только намек на нее. «„Пришли последние и сказали: „На самом деле, пшеница", – т.е. указывает на Есод де-Малхут, поскольку она называется Древом познания добра и зла, как мы уже объясняли. „Пришел Йешаяу и истолковал ее: „(Далека будешь) и от крушения (умим**хита**

וּמִמְחִתָּה) – ибо оно не приблизится к тебе"⁹⁶. И потому" пшеница – „это центральная точка", свойство мифтеха, как мы уже объясняли, „чтобы не было греха, ведь если бы не было этой точки, был бы грех. И изменение буквы тэт (ט) на тав (ת) является предостережением по отношению к ситре ахра и выявлением ее"».

Объяснение. Поскольку пшеница – это свойство Есода де-Малхут, подслащенной в Бине, и поэтому она может получить все света. И она является буквой хэй (ה), что в пшенице (хита חִטָה), а хэт (ח) тэт (ט) находятся рядом с ней, т.е. в Малхут де-Малхут, где скрыта точка манула, в которой есть удержание для внешних. И на это удержание указывают буквы хэт (ח) тэт (ט), и она прилегает к Есоду де-Малхут, чтобы вместе называться пшеницей, по причине предостережения: «А если не удостоился – то (стало) злом». И это означает сказанное: «И потому – это центральная точка» – то есть свойство «пшеница», исправленное в центральной точке, точке мифтехи, подслащенной в Бине, для того «чтобы не было греха», – чтобы не раскрылась точка манула, когда есть удержание для внешних и все света удаляются. Иначе говоря, если бы она не была установлена в точке мифтеха, то в Малхут было бы удержание внешних, называемое грехом, и удалились бы все света, как мы уже объясняли. «Ведь если бы не было этой точки» – если бы она не была исправлена в точке мифтеха, «был бы грех», – было бы в Малхут удержание внешних, называемое грехом, и света удалялись бы. И вот Малхут де-Малхут, в которой скрыта манула, является последней из двадцати двух букв, т.е. тав (ת). Но в Есоде де-Малхут хотя и есть хэт (ח) тэт (ט), указывающие на удержание внешних в мануле, нет в ней хэт (ח) тав (ת), указывающих на манулу в Малхут, а хэт (ח) тэт (ט), так как тав (ת) поменялась в Есоде де-Малхут на букву тэт (ט), что указывает на скрытие манулы, которая не видна в Есоде де-Малхут. И это смысл сказанного: «Пришел Йешаяу и истолковал ее: „(Далека будешь) и от крушения (умимхита́ וּמִמְחִתָּה) – ибо оно не приблизится к тебе"⁹⁵» – т.е. он истолковал слово грех (хэт חטא) с буквой тэт (ט), что это указывает на скрытие манулы, буквы тав (ת). Ведь если бы манула проявилась в пшенице (хита חִטָה), то она стала бы словом «хита

---

⁹⁶ Пророки, Йешаяу, 54:14. «Правдою будешь утверждена; далека будешь от притеснения – ибо не будешь бояться, и от крушения – ибо оно не приблизится к тебе».

(חיתה)» с тав (ת), т.е. разрушением. Таким образом, название «пшеница (хита חִטָה)» с тэт (ט) указывает, что не приблизится крушение (мехита́ מְחִתָה) к ней, так как оно скрыто в тэт (ט). И поэтому сказано: «(Далека будешь) и от крушения (умимхита וּמִמְחִתָה) – ибо оно не приблизится к тебе», – так как оно скрыто в тэт (ט). И это смысл сказанного: «И изменение буквы тэт (ט) на тав (ת) является предостережением по отношению к ситре ахра» – потому что она отдалилась от Малхут, и нет у нее удержания в ней, так как тав (ת) поменялась на тэт (ט), т.е. скрыта в мануле, где она удерживается. «И выявлением ее» – и выявилось в Малхут, что нет в ней никакого зла, и вся она – добро.

78) «"Вы, друзья, не служившие рабби Шмайе-хасиду, сказали, что в пяти видах злаков", – и это пшеница, ячмень, рожь, рис, просо,[97] – "нет в них доли для ситры ахра, но это не так, потому что во всём, что разлагается в земле, есть в ней доля для ситры ахра. И какая доля есть у нее? Это „мякина, уносимая ветром". Как сказано: „Не таковы нечестивые – они как мякина, уносимая ветром (руах)"[98]. И это дух (руах) святости", Малхут, "как написано: „Ветер (руах) прошел по ней, и нет ее"[99], – потому что дух (руах) святости", Малхут, "рассеивает ее во все стороны мира, чтобы не стало ее". И эта мякина – "это нуква" клипы. "Захар" клипы – "что собой представляет? Это солома"».

79) «"И мякина с соломой", т.е. захар и некева клипы, "идут вместе. И поэтому с них не требуется десятина (маасер), так как нет у них доли в святости. Хэй (ה), что в пшенице (хита́ חִטָה), – это чистый злак, без мякины и соломы; хэт (ח) тэт (ט)" пшеницы (хита חִטָה) – "это захар и некева, мякина и солома". И если вместе с хэт (ח) тэт (ט) есть также и "хэй (ה) – это указывает на чистый злак. И поэтому совершенством дерева", Малхут, "является пшеница (хита חִטָה)", что указывает на чистый злак без клипот. "И дерево, в отношении которого согрешил (хата́ חָטָא) Адам Ришон, было пшеницей (хита חִטָה). Потому что всё это в скрытии, и в этом слове – „пшеница (хита חִטָה)"».

---

[97] См. Вавилонский Талмуд, трактат Брахот, лист 36:2.
[98] Писания, Псалмы, 1:4. «Не таковы нечестивые – они как мякина, уносимая ветром».
[99] Писания, Псалмы, 103:16. «Потому что ветер прошел по ней – и нет ее, и место ее больше не узнает ее».

Удивился рабби Эльазар, и удивились товарищи. Сказал рабби Эльазар: „Конечно же, это так"».

80) «Сказал этот ребенок: „Таково оно, безусловно, изречение, с которого мы начали. Ведь ячмень появился в мире первым", потому что он исходит от свечения левой линии без правой, т.е. Хохмы без хасадим, имеющейся в Малхут, „И он" является началом строения Малхут и „предназначен в пищу просто животному", т.е. Малхут, называемой бээма (בְּהֵמָה животное), в гематрии БОН (52), АВАЯ с наполнением хэй (ה). И ячмень – „это свойство „тысяча гор", т.е. Хохма, называемая тысячей (элеф), „И растят его каждый день, и оно", т.е. Малхут, „питается ими. И называется хлебом возношения, так как является пищей этого возношения", т.е. Малхут. „И приношение его совершается ночью", потому что Хохма без хасадим является тьмой, так как Хохма не может светить без хасадим, и поэтому время ее раскрытия – ночью", и это смысл тьмы – без хасадим, являющихся светом дня. „Ведь написано: „А когда зайдет солнце, и он станет чист, тогда может он есть от святынь, ибо это – хлеб его"[100]. „От святынь"[99] – указывает на возношение. „От святынь"[99], а не „вместо святынь", потому что простая святость не называется возношением, и суть отличия святости от возношения мы учили"[101]».

81) «„Земля святости", Малхут, – „она находится во власти Творца, и другая власть не входит туда. И как проверяется эта земля, пребывает ли она в вере", – т.е. верна ли она мужу своему, свойству средней линии, исправляющей так, чтобы Хохма светила в левой линии только снизу вверх,[102] „И не соединилась ли она с другой властью?" – ситрой ахра, которой свойственно притягивать Хохму сверху вниз, в противоположность исправлению средней линии, т.е. Зеир Анпина. И проверка „производится посредством совершения этого возношения из ячменя. Подобно тайне совратившейся[103]". Сказал рабби Аба: „Несомненно, лезвие меча против тебя". Сказал тот ребенок:

---

[100] Тора, Ваикра, 22:7. «А когда зайдет солнце, и он станет чист, тогда может он есть от святынь, ибо это – хлеб его».
[101] Вавилонский Талмуд, трактат Хагига, лист 20:2.
[102] См. Зоар, главу Берешит, часть 1, п. 50. «Разногласие, которое было исправлено согласно высшему подобию...»
[103] См. Зоар, главу Эмор, п. 160. «„Жена прелюбодейная", т.е. клипа, противостоящая жене добродетельной, „удаляется сама из их среды", из Исраэля, „поскольку не способна устоять против" приношения ячменя...»

„Несомненно, что укрепился я щитом и заслоном, чтобы защитить" себя „от него". Сказал рабби Аба: „Ведь в земле святости нет другой власти", т.е. ситры ахра, „так как она не входит туда". И в таком случае, „мякина и солома", т.е. клипот, „откуда взялись?"»

82) «Провозгласил этот ребенок и сказал: „И сотворил Всесильный человека в образе Его"[104]. И написано: „И сказал им Всесильный: „Плодитесь и размножайтесь""[105]. Спрашивает: „Так что, если бы змей не вошел к Хаве, не было бы порождений в мире? Или если бы не согрешили Исраэль, создав тельца, не произвели бы порождений?"» Ведь сказано в изречении: «И сказал им Всесильный: „Плодитесь и размножайтесь"»[104]. «„Но, разумеется, даже если бы не вошел змей к Хаве, Адам, несомненно, произвел бы потомство немедля, так как это решение было вынесено сразу же при сотворении мира, как написано: „Плодитесь и размножайтесь, и наполняйте землю"[104]. Но" только „порождения эти находились бы все в чистоте, без всякой скверны. И так же земля святости, в которую не входит другая власть, – есть в ней мякина и солома, которые не относятся к ситре ахра. А за пределами земли мякина и солома та – это от ситры ахра, которая следует во всем за святостью, как обезьяна за людьми"».

Объяснение. Нет порождения сыновей без злого начала. Сказали об этом мудрецы: «Если бы захотели отменить злое начало, относящееся к прелюбодейству, то не было бы даже однодневного яйца».[106] И, в таком случае, после получения Торы, – когда отменилось злое начало, т.е. обрели свободу от ангела смерти, называемого злым началом, – выходит, что если бы не согрешили, произведя тельца, не было бы у них злого начала, и не было бы у них порождений. И тем более, если бы не прегрешил Адам Ришон и не привлек к себе злое начало, то, соответственно, не мог бы произвести порождений. Но нельзя так говорить, ведь изречение «плодитесь и размножайтесь»[104]

---

[104] Тора, Берешит, 1:27. «И сотворил Всесильный человека в образе Его, в образе Всесильного сотворил Он его; мужчиной и женщиной сотворил Он их».
[105] Тора, Берешит, 1:28. «И благословил их Всесильный, и сказал им Всесильный: „Плодитесь и размножайтесь, и наполняйте землю, и овладейте ею, и владычествуйте над рыбами морскими и над птицами небесными, и над всяким животным, пресмыкающимся по земле"».
[106] См. Вавилонский Талмуд, трактат Йома, лист 69:2.

сказано перед прегрешением Адама Ришона. Поэтому обязательно есть состояние разогрева, чтобы произвести потомство, также и в святости. И так же мякина и солома от пшеницы земли святости исходят от свойства самой святости, и не являются захаром и нуквой клипот, ибо нет там права для входа другой власти.

И внутренний смысл сказанного в том, что земля святости – это Малхут, исправленная в Бине, и есть у нее мохин Бины, и тогда Зеир Анпин называется Исраэль (ישראל), т.е. «ли рош (לי ראש) мне главенство)», а Малхут называется землей Исраэля. И спрашивает: если пшеница указывает на Малхут, исправленную в Бине, а мякина и солома являются захаром и нуквой клипот, то как возможно, чтобы клипот вошли в Малхут в то время, когда она находится в свойстве «земля Исраэля»? И дает объяснение на это: потому что корень мякины и соломы находится в самой святости, и они являются двумя точками, которые установились в Малхут святости, в тайне сказанного: «Если удостоился человек – стало добром, а если не удостоился – то злом»[94], как мы уже объяснили выше. И они являются не клипот, а настоящей святостью. И то, что говорит выше,[107] что являются клипот, имеется в виду – за пределами земли, в мирах БЕА, где находится место обитания клипот, и мякина и солома там являются захаром и нуквой клипы. И они исходят от мякины и соломы святости, подобно тому, как обезьяна следует за людьми. И это означает сказанное: «А за пределами земли мякина и солома та – это от ситры ахра», – т.е. захар и нуква клипы, как мы уже сказали. «Которая следует во всем за святостью, как обезьяна за людьми», – т.е. они исходят от мякины и соломы святости, но они по сравнению с ними, как обезьяна по сравнению с людьми.

83) «Подошли рабби Эльазар и товарищи и поцеловали его. Сказал им ребенок: „Похоже, что я приобрел в качестве оружия войны хлеб для стола". Сказал рабби Эльзар: „Безусловно, это так. Ибо все орудия войны – в твоих руках, и успешны в твоих руках". Подошли и поцеловали его, как в начале».

84) «Провозгласил этот ребенок и сказал: „А на лозе три ответвления, и она словно расцветает, всходит завязь, поспели

---

[107] См. выше, п. 79.

грозди ее, виноград"¹⁰⁸. До сих пор перечисляется то, что он видел" в своем сне – лозу, три ответвления, виноград. Отсюда и далее он уже видит себя во сне, как написано: „И чаша Фараона в руке моей, и взял я виноград, и выжал его в чашу Фараона"¹⁰⁷ – т.е. то, что он сделал сам. „Однако то, что он видел" в своем сне, „было для Йосефа, чтобы сообщить ему, дабы услышал Йосеф и знал"».

85) «„Мы учили, что семь небосводов это, и это семь чертогов, и шесть это, и пять это, и все они выходят из высшего Атика. Это вино Яаков добывает издалека, и выжимает он его из винограда этой лозы, и тогда добывает Яаков это вино, предназначенное ему", Ицхаку, „И он радуется и пьет. Это смысл сказанного: „И принес ему вина, и он пил"¹⁰⁹. Здесь происходит включение высшего и нижнего. И поэтому отдалил слово и приближает его длительным произнесением, двойной продолжительности", и это мерха кфула (двойная), „то есть" слово „ему (ло לֹו)"», в сказанном: «И принес ему (ло לֹו) вина»¹⁰⁸, под которым стоит мерха кфула. «„Ему"¹⁰⁸ – наверху, „ему"¹⁰⁸ – внизу"».

Объяснение. Лоза – это соединение трех линий, правой-левой-средней, чтобы передать Хохму от левой линии. Потому что «лоза (гéфен גפן)» состоит из букв «гимель пен (ג פן)», т.е. три лика (панúм פנים) – лев, бык, орел. И поэтому плоды, т.е. наполнение, приносимые этим соединением, называются виноградом. Потому что «виноград (анавим ענבים)» состоит из букв «в них глаз (бам аин בם עין)». И также земной виноград имеет форму глаз, а глаза указывают на свойство Хохмы, как известно. А свойство винограда, о котором говорится, распознается в трех местах. Корень находится в Бине, и там находится корень выхода линий в трех точках – холам, шурук, хирик. И поскольку Зеир Анпин является средней линией, которая поднялась и согласовала две линии в Бине, и вышли в Бине три линии, в свойстве «трое выходят из одного»,

---

¹⁰⁸ Тора, Берешит, 40:9-11. «И рассказал начальник виночерпиев свой сон Йосефу, и сказал ему: „Во сне моем, вот, передо мной виноградная лоза. А на лозе три ответвления, и она словно расцветает, всходит завязь, поспели грозди ее, виноград. И чаша Фараона в руке моей, и взял я виноград, и выжал его в чашу Фараона, и дал чашу в руку Фараона"».

¹⁰⁹ Тора, Берешит, 27:25. «И сказал он: „Поднеси мне, и я буду есть от добычи сына моего, чтобы благословила тебя моя душа". И поднес ему, и он ел; и принес ему вина, и он пил».

приобретает их также Зеир Анпин и притягивает их на свое место. И есть также у Зеир Анпина те же три линии, и поэтому имеется свойство «лоза» также у Зеир Анпина. Однако в Зеир Анпине, поскольку он находится в свойстве укрытых хасадим, основа этой лозы определяется в Малхут, и в ней выжимают ягоды винограда, чтобы раскрыть свечение Хохмы в них. Ведь корень лозы и выжимания винограда находится в Бине, и оттуда они нисходят к Зеир Анпину, а от него – в место выжимания, Малхут. И об этом сказано: «А на лозе три ответвления»[107] – т.е. три линии в Малхут, в которой место выжимания винограда. «И она словно расцветает, всходит завязь»[107] – т.е. Хохма в ней восходит снизу вверх, и это означает: «Всходит завязь»[107]. «Поспели грозди ее, виноград»[107], – свечение Хохмы, называемое виноградом, который представляет собой плоды этой лозы. Как нам все это предстоит выяснить в Зоаре.

И все вышесказанное хочет прояснить нам этот ребенок. И вначале он дает нам понять, что все ступени в Зеир Анпине и Малхут выходят от Бины, и там – место выхода их. Однако Зеир Анпин удостаивается их в виде: «Трое выходят благодаря одному, и один удостаивается всех трех», как мы уже объясняли, и Зеир Анпин передает их Малхут. И это означает сказанное: «Семь небосводов это» – и это ХАГАТ НЕХИМ Зеир Анпина. «И это семь чертогов» – т.е. ХАГАТ НЕХИМ Малхут, которые получают от Зеир Анпина. «И шесть это» – а иногда мы называем их только как шесть, ХАГАТ НЕХИ, без Малхут. «И пять это», а иногда – как пять, только ХАГАТ Нецах Ход, в соответствии пяти свойствам КАХАБ ТУМ. Однако: «И все они выходят из высшего Атика», то есть Бины, так как выход всех ступеней происходит в Бине, и оттуда они нисходят к Зеир Анпину, а от Зеир Анпина – к Малхут, как мы уже сказали.

И возник у него вопрос относительно изречения: «И принес ему вина, и он пил»[108]. Вино – это свечение Хохмы, источник которого – в левой линии, в точке шурук. И Ицхак – это левая линия, а Яаков – это средняя линия. И в таком случае, должен ли был Ицхак дать вино Яакову, а не Яаков – Ицхаку? И он дает объяснение этому: «Это вино Яаков добывает издалека» – т.е. с помощью подъема Зеир Анпина в Бину, когда он там уменьшил ГАР левой линии в силу экрана де-хирик,[110] и с помощью этого соединил две линии друг с другом, и устанавливает свечение их обеих так, что правая светит сверху вниз, а левая – только снизу вверх.[101] И после того как вышли с помощью Яакова, Зеир Анпина, три линии в Бине, тогда притягивает Яаков их на свое место. И это означает сказанное: «Это вино Яаков добывает издалека» – из Бины, в виде: «Трое выходят благодаря одному, и один удостаивается всех трех», как мы уже говорили. «И выжимает он его из винограда этой лозы» – и это Малхут, т.е. он притянул их к этой Малхут, которая светит только снизу вверх, и там он выжал виноград, т.е. раскрыл свечение Хохмы, называемое вином. «И тогда добывает Яаков это вино, предназначенное ему», – т.е. свечение Хохмы, которое светит снизу вверх, ибо оно пригодно для того, чтобы пить его. Однако сам Ицхак не мог притянуть вино, потому что если бы он притянул его, оно бы светило сверху вниз, как это свойственно левой линии, что является пьянящим вином. Но только после того как Яаков, средняя линия, исправил вино так, чтобы оно светило только в свойстве Малхут, т.е. снизу вверх, тогда оно стало пригодным, чтобы пить его. И тогда оно считается вином, которое радует Творца и других. И это означает сказанное: «И он радуется и пьет» – поскольку это радующее вино, как сказано: «И принес ему вина, и он пил»[108]. Потому что если бы Яаков не принес его вместе со своим исправлением, тот не смог бы пить его, так как оно было бы пьянящим вином. И в слово «ему»[108] включаются два свойства левой линии, называемые Ицхак:

1. Левая линия Бины, где Яаков исправил его вино так, чтобы светило оно только снизу вверх.

2. Левая линия Зеир Анпина, т.е. Ицхак на своем месте.

И это означает сказанное: «Здесь происходит включение высшего и нижнего» – т.е. левой линии Бины и левой линии Зеир Анпина. «И поэтому отдалил слово и приближает его длительным произнесением, двойной продолжительности»: «ему (ло לֹ)»[108] потому что под «ему (ло לֹ)»[108] стоит мерха кфула (знак двойного удлинения), требующий длительного произнесения, так как он указывает на исправление Яаковом левой линии Бины и на исправление Яаковом левой линии Зеир Анпина.

---

[110] См. Зоар, главу Лех леха, п. 22, со слов: «Экран де-хирик, на который выходит средняя линия, происходит от свойства суда, имеющегося в Малхут...»

И поэтому: «И принес ему (ло לוֹ)»¹⁰⁸ произносится с двойной продолжительностью, что указывает на два этих значения, т.е. на два исправления. И это смысл сказанного: «„Ему"¹⁰⁸ – наверху», в Бине, «„ему"¹⁰⁸ – внизу», в Зеир Анпине.

86) «„Ханох, т.е. Матат", который является главой небесного собрания,¹¹¹ „сказал: „И принес ему (ло לוֹ) вина"¹⁰⁸ означает, что добавил воду в это вино, а если бы не добавлял в него воду, не смог бы его вытерпеть". И правильно сказал Ханох, Матат. И поэтому продлил слово „ему (ло לוֹ)" с помощью двух тонов (таамим)", т.е. с помощью мерха кфула (двойного удлинения), „так как он включен в две стороны", в правую и в левую. „И это вино переходит со ступени на ступень, все они пробуют его, пока не попробует его Йосеф-праведник", т.е. Есод Зеир Анпина, „И это верный друг, о котором сказано: „Как доброе вино течет прямо к другу моему"¹¹². Что значит: „Как доброе вино"¹¹¹? То есть является Яаков и добавляет в него воду – это „доброе вино"¹¹¹. И это, как сказал Ханох, Матат". Удивился рабби Эльазар и удивился рабби Аба. Сказали: „Ты ведь своим вином победил святого ангела согласно духу святости"». Иначе говоря, ты раскрыл скрытые речения ангела Матата.

Объяснение. Прежде чем пришел Яаков, средняя линия, и соединил две линии друг с другом, было разногласие между правой и левой линиями, и левая линия светила Хохмой без правой, т.е. без хасадим, и тогда от нее исходит тьма и суровые суды.¹¹³ Но когда пришел Яаков, средняя линия, и соединил две линии друг с другом, и облачилось свечение Хохмы левой линии в хасадим правой, тогда восполнилось свечение Хохмы и светит в своем совершенстве, как известно. И свечение Хохмы, исходящее от левой линии, называется вином, а хасадим, исходящие от правой линии, называются водой.

Поэтому сказано: «„И принес ему вина"¹⁰⁸ означает, что добавил воду в вино», – т.е. добавил хасадим к свечению Хохмы, и тогда устранились из нее суды и тьма, и она может светить. «А если бы не добавлял в него воду, не смог бы его

---

¹¹¹ См. выше, п. 25.
¹¹² Писания, Песнь песней, 7:10. «А небо твое, – как доброе вино течет прямо к другу моему, заставляет говорить уста спящих».
¹¹³ См. Зоар, главу Берешит, часть 1, п. 34, со слов: «Затем вышла тьма, и вышли в ней семь других букв алфавита...»

вытерпеть», – так как, если бы Хохма светила без хасадим, невозможно было бы вытерпеть многочисленные суды в ней. «И поэтому продлил слово „ему (ло לוֹ)" с помощью двух тонов (таамим), т.е. с помощью мерха кфула (двойного удлинения), так как он включен в две стороны», – так как два тона (таамим), имеющиеся в двойном удлинении, указывают на единство двух линий, правой и левой, образовавшееся благодаря Яакову, средней линии. И это исправление, на которое указывают слова: «И принес ему (ло לוֹ)»[108].

87) «Сказал ему (ребенок): „До сих пор эта лоза с нетерпением ждет плодов" – т.е. чтобы раскрылось в ней свечение Хохмы, являющееся плодами ее, как мы уже объясняли. „А на лозе"[107] – это лоза, известная в святости", т.е. Малхут. „Потому что есть другая лоза, называемая чужой лозой, ягоды которой нельзя назвать виноградом, ибо они жесткие, хватают сердце и кусают" в нёбо, „словно псы. Этот виноград называется одичавшей чужой лозой", и это ситра ахра. „Однако эта лоза", Малхут, – „о ней написано: „А на лозе"[107], – то есть та известная, в которой все праведники отведывают вкус старого доброго вина, того вина, в которое Яаков добавлял воду", как мы объяснили в предыдущем пункте, „пока все те, кто разбирается во вкусе вина, не отведают его, и оно приятно нёбу"».

88) «„И эта лоза", т.е. Малхут, „когда подходят к ней, она протягивает свои три ветви, представляющие собой три образа праотцев", т.е. три линии, „которыми она освящается. Ведь святость есть только в вине, и благословение есть только в вине – в месте, где пребывает радость". То есть радующее вино, как мы уже сказали. „И она словно расцветает"[107] – т.е. она подобна невесте, которая украшается и появляется в любви, в радости этого вина", т.е. свечения Хохмы, „смешанного с водой", с хасадим. Тогда „всходит завязь"[107] – т.е. любовь ее поднимается к возлюбленному ее", Зеир Анпину, „И начинает исполнять мелодию и входить с любовью. И тогда"» «поспели грозди ее, виноград"[107], – т.е. „наполнились и созрели ягоды винограда, которые нежны и наполнены тем самым добрым старым вином, – вином, в которое Яаков добавил воду"[114]».

89) «„И поэтому тот, кто благословляет", произнося благословение за пищу „над вином, и достигает слов „за эту землю",

---

[114] См. выше, п. 86.

он должен добавить в него воды, потому что произносить благословение „смилуйся, Творец, над Исраэлем, народом Твоим" он может только, когда есть вода в вине". Иначе говоря, пока свечение Хохмы в левой линии, вино, не смешано с хасадим правой, водой, нет милосердия в Малхут, и вся она – только лишь суд без милосердия. „А если бы нет", не добавил в нее воду, „кто бы мог выдержать" суды Малхут. „И это должен был он", начальник виночерпиев, „сообщить Йосефу", т.е. Есоду Зеир Анпина, „потому что от него это зависело"». Иначе говоря, он тот, кто передает всё Малхут.

90) «„Ханох, Матат, сказал: „Три ответвления – они, безусловно, соответствуют трем праотцам" – т.е. трем линиям, Михаэль Уриэль Рефаэль. Спрашивает: „Но ведь четыре" ангела „являются ее (ангелами)", Михаэль Гавриэль Уриэль Рефаэль, почему же назвал троих? И отвечает: „Но это то, что написано: „И она словно расцветает"[107], – потому что в то время, когда она поднимается и воспаряет на крыльях своих, чтобы возвыситься", т.е. в то время, когда она светит снизу вверх, „тогда „всходит завязь"[107], – это тот четвертый, что остался", Гавриэль, „который поднимается вместе с ней и не расстается с ней", – потому что Гавриэль исходит от левой линии, и также Малхут исходит от левой линии, и поэтому он не расстается с ней, ведь Гавриэль тоже может властвовать лишь в то время, когда Малхут воспаряет и светит снизу вверх. „И это смысл сказанного: „И воссел на херувима, и полетел"[115]. Это значит, что когда Малхут воспаряет, тогда она восседает на херувиме, Гавриэле, то есть „словно расцветает"[107], – в то время, когда она восходит", т.е. в то время, когда светит снизу вверх. Потому что левая линия может светить только снизу вверх.[101] „И правильно сказал Ханох, Матат, так оно и есть"».

91) «Удивился рабби Эльазар и удивился рабби Аба. Сказали ему: „Святой ангел, посланец свыше, ведь твое вино – оно победило свойством духа святости". Подошли все товарищи и поцеловали его. Сказал рабби Эльазар: „Благословен Милосердный за то, что послал меня сюда"».

92) «Сказал тот ребенок: „Друзья, хлеб и вино являются основой стола, все остальные яства следуют за ними. Но ведь

---

[115] Пророки, Шмуэль 2, 22:11. «И воссел на херувима, и полетел, и появился на крыльях ветра».

Тора обрела их", хлеб и воду, „И принадлежат ей они, и Тора приглашает вас с любовью, говоря: „Идите, ешьте хлеб мой и пейте вино, мною растворенное"[116]. И поскольку Тора пригласила вас, и она просит от вас этого, вы должны выполнить ее желание. Прошу я вас – если пригласила она вас, выполните желание ее!" Сказали: „Это, безусловно, так". Сели и стали есть, радуясь вместе с ним. Задержались за столом».

93) «Провозгласил он и сказал: „И сказал Моав старейшинам Мидьяна"[117]. Спрашивает: „И сказали старейшины Моава старейшинам Мидьяна", – не написано, но: „И сказал Моав"[116]? Потому что молодые (жители)" Моава „приняли совет старейшин" Мидьяна, „а старейшины последовали" желанию молодежи „И дали им совет. И какой совет они им дали? Это то, что взяли себе плохой совет. Сказали" старейшины Мидьяна „Моаву: „Дурной росток мы взрастили среди нас. И кто он? – Это Моше, предводитель их. Один священник, который был среди нас, обучал его и растил его в доме своем, и дал ему дочь свою в жены. И мало того, дал ему еще деньги и послал его в Египет, чтобы уничтожить всю эту землю. И он", этот священник, „со всем своим домом последовали за ним. И если этого их предводителя мы сможем сжить со свету, то весь народ его тотчас будет истреблен в мире". И дурной совет в деле Пеора исходил от Мидьяна"».

94) «„Смотри, всё исходило от Мидьяна. И весь замысел их был против Моше, и по совету Мидьяна наняли Билама. И когда увидели, что Билам не может ничего сделать, взяли для себя другой дурной совет и оставили без всякого присмотра своих жен и дочерей еще больше, чем Моав. Потому что о женщинах мидьянских сказано: „Ведь они соблазняли сынов Исраэля, по совету Билама, изменить Творцу"[118]. И всё это исходило от Мидьяна. И они замыслили дурной план вместе с вождем своим: оставить без присмотра его дочь. Потому что задумали они схватить Моше в свои сети. И они научили ее многим видам колдовства, чтобы она могла завлечь главу" Исраэля. „Но Творец отменил задуманное ими"».

---

[116] Писания, Притчи, 9:5. «Идите, ешьте хлеб мой и пейте вино, мною растворенное».

[117] Тора, Бемидбар, 22:4. «И сказал Моав старейшинам Мидьяна: „Теперь объест это общество все, что вокруг нас, как объедает бык полевую зелень". А Балак, сын Ципора, в то время был царем Моава».

[118] Тора, Бемидбар, 31:16. «Ведь они соблазняли сынов Исраэля, по совету Билама, изменить Творцу ради Пеора, и был мор в общине Творца!»

95) «„Они видели, что глава попался в их сети. И они не знали", кто это, – „видели и не видели. Видели главу народа, который лег с ней", с Козби, „И много тысяч других, и думали, что это Моше. Подослали её", Козби, „назначив её для Моше, чтобы не совершала соития с другим, а только с ним. Спросила у них: „Откуда я буду знать?" Ответили ей: „Когда увидишь того, перед кем все будут стоять, с ним совершишь соитие, а не с другим". Когда пришел Зимри, сын Салу, встало перед ним двадцать четыре тысячи человек из колена Шимона, поскольку он был их вождем. А она подумала, что это Моше, и совершила соитие с ним. И когда увидели это все эти", двадцать четыре тысячи, „сделали то, что сделали, и произошло то, что произошло"».

96) «„И всё это исходило от Мидьяна во многих проявлениях. И поэтому был наказан Мидьян, и Творец сказал Моше: „Отомсти за сынов Исраэля мидьянитянам"[119]. Тебе подобает, и тебе следует. А Моав, Я оставлю их, пока не выйдут из их среды две жемчужины. Вот Давид бен Ишай, который отомстит Моаву и вымоет чан, полный скверны Пеора". Как сказано: „Моав – сосуд умывальный мой"[120]. И всё то время, пока еще не вышли эти две жемчужины, не были они наказаны. Как только вышли, пришел Давид и отмыл чан от скверны их. И все они были наказаны: Мидьян – в дни Моше, Моав – в дни Давида"».

97) «„Смотри, и вместе с тем грешники Мидьяна не успокоились, прекратив все свои злодеяния. Через поколения после того, как увидели, что Йеошуа умер, со всеми старейшинами, достойными того, чтобы через них было явлено чудо, сказали: „Теперь время способствует нам". Что сделали? Пошли к Амалеку. Сказали им (амалекитянам): „Вам следует помнить, что сделали вам Исраэль и Моше, предводитель их, и Йеошуа, ученик его, чтобы сжить вас со свету. И вот час настал, ибо нет среди них того, кто мог бы защитить их. И мы" пойдем „с вами". Как написано: „И поднимался Мидьян, и Амалек, и сыны востока"[121]. И не было в мире того, кто во всём причинил так много зла Исраэлю, как Мидьян. И если скажешь, что Амалек, – это

---
[119] Тора, Бемидбар, 31:1-2. «И говорил Творец Моше так: "Отомсти за сынов Исраэля мидьянитянам; затем приобщишься к народу твоему"».
[120] Писания, Псалмы, 60:10. «Моав – сосуд умывальный мой, на Эдом наложу власть свою, Плешет вострубит обо мне».
[121] Пророки, Шофтим, 6:3. «И было, когда посеет Исраэль, и поднимался Мидьян, и Амалек, и сыны востока, и нападали на него».

происходило из-за ревности к союзу, так как те приблизились к союзу", чтобы нарушить его.[122] И поэтому дал Творец клятву вечную не забывать об этом". Сказали: "Конечно же, это так. И в мире нет никого сомнения в этом"».

98) «Провозгласил и сказал: "И сказал Творец мне: "Не враждуй с Моавом"[123]. Спрашивает: "И сказал Творец мне"[122] – разве до этого мы не знали, что Творец говорил с Моше, а не с кем-то другим, что должен был написать: "И сказал Творец мне"[122]? Почему "мне"[122]? Однако Творец повелел Моше не притеснять Моав, но другому – нет", не велел, "Давиду не велел этого. И поэтому" написано: "(И сказал Творец) мне: "Не враждуй с Моавом"[122] – даже в самом малом их пределе, потому что из них выйдет тот, кто отомстит за Исраэль, и в том числе им", Моаву. "И это Давид, потомок Рут-моавитянки"».

99) «"Всё это велено было Моше, но другому было позволено. И если скажешь, что и Йеошуа, и тем старейшинам, которые продолжали жить после него, тоже было позволено, – это не так, потому что все они следовали законам Моше, и то, что было запрещено Моше, запрещено также и им. И, кроме того, пока еще не вышли эти драгоценные жемчужины, потому что Рут вышла во времена судей, и она была дочерью Эглона, царя моавитского. Когда умер Эглон, пораженный Эудом, и был возведен другой царь, то осталась эта дочь Эглона, и жила она в доме наставницы, и на полях Моава. После того как пришел туда Элимелех, он взял ее своему сыну"».

100) «"И если скажешь, что Элимелех обратил ее в веру там, то нет. Но всем законам дома, пищи и питья обучил. И когда же она приняла веру? Затем. Когда пошла с Наоми, тогда сказала: "Твой народ – это мой народ, и твой Всесильный – это мой Всесильный"[124]. Наама", которая вышла "из среды сыновей Амона, вышла в дни Давида"».

---

[122] См. Зоар, главу Ваякель, п. 4. «И подобно этому написано: "Как застал он тебя в пути"...», и см. Мидраш раба, книгу Бемидбар, главу Насо, раздел 13.

[123] Тора, Дварим, 2:9. «И сказал Творец мне: "Не враждуй с Моавом и не затевай с ним войны, ибо не дам Я тебе от земли его никакого владения, так как сынам Лота отдал Я Ар во владение"».

[124] Писания, Рут, 1:16. «Но сказала Рут: "Не проси меня покинуть тебя и уйти от тебя обратно, потому что куда ты пойдешь – пойду и я, и где ты заночуешь, там заночую и я. Твой народ – это мой народ, и твой Всесильный – это мой Всесильный"».

101) «„Тогда пребывал дух святости над Давидом. Сказал ему" дух святости, т.е. Малхут: „Давид! Когда я измерял весь мир и назначал судьбы, и Исраэль был уделом наследства Его, я помню, что сделал Моав с уделом наследства Его". Что написано: „И поразил моавитян и смерил их вервью"[125], т.е. той самой вервью наследия Творца", которой является Исраэль, – „всех тех, которые происходили от того же семени" моавитского и вершили злодеяния против Исраэля в дни Моше, „та самая вервь была привязана к ним"».

102) «„Написано: „И отмерил две верви – на убиение, и одну полную вервь – на помилование"[124]. Что значит: „Полную вервь"[124]? Но это как написано: „Полна вся земля славой Его"[126], т.е. Малхут, „которая говорила: „Этого помиловать, а этого покарать". И эта вервь была связана с теми, которые заслуживали кары. Поэтому связывал этой вервью, или снимал ее, согласно тому, что они делали тому самому уделу наследия Творца"».

103) «„А что касается Мидьяна, то Гидон уничтожил всё это семя, ничего не оставив от них, от всех тех, кто досаждал Исраэлю злым умыслом или как-то иначе. И ко всем тем, кто злоумышлял против Исраэля, Творец хранит ненависть и вершит за них возмездие. Однако если в будущем должно выйти от них благо миру, Он сдерживает Свой гнев и ярость, пока не выйдет это благо миру, а затем вершит над ними возмездие и суд". Сказал рабби Эльазар: „Конечно, это так, и это является выяснением сказанного". Сказал этот ребенок: „С этого момента и далее, друзья, возьмите в руки оружие, и ведите войну"».

104) «Провозгласил рабби Эльазар и сказал: „Благословите Творца, ангелы Его, могущественные силой"[127]. Царь Давид призывал благословлять Творца, призывал воинства небесные, и это – звезды, созвездия и остальные воинства, и был душой своей с ними, чтобы благословить Творца. Это смысл сказанного: „Благословите Творца, все создания Его, во всех

---

[125] Пророки, Шмуэль 2, 8:2. «И поразил моавитян и смерил их вервью, и отмерил две верви – на убиение, и одну полную вервь – на помилование. И стал Моав у Давида рабами, приносящими дань».

[126] Пророки, Йешаяу, 6:3. «И призывал один другого, и говорил: „Свят, свят, свят Творец Всесильный, полна вся земля славой Его"».

[127] Писания, Псалмы, 103:20. «Благословите Творца, ангелы Его, могущественные силой, исполняющие слово Его, чтобы слышать голос речения Его!»

местах владычества Его! Благослови, душа моя, Творца!"¹²⁸ Он утверждал в душе все эти благословения"».

105) «„Он призывал ангелов небесных благословлять Его, как написано: „Благословите Творца, ангелы Его"¹²⁶. И прежде, чем пришли Исраэль, небесные ангелы проделывали и завершали это действие. Когда пришли Исраэль и встали у горы Синай, и сказали: „Сделаем и услышим"¹²⁹, взяв это действие от ангелов-служителей, они включились в слово Его. С того времени действие совершалось на земле Исраэля отдельно, и отдельно святыми ангелами. И Исраэль заканчивают и довершают действие. И поэтому „могущественные силой, исполняющие слово Его"¹²⁶, были вначале", прежде чем пришли Исраэль. „А затем", когда пришли Исраэль, ангелы „были", только „чтобы слышать (голос речения Его)"¹²⁶, однако исполнителями слова Его были Исраэль. „Счастливы Исраэль, ибо они взяли у них это деяние, и оно воплотилось в них"».

Ты уже узнал, что все миры нужны лишь для исправления Малхут, и первым ее исправлением является подъем в Бину и смешение с ней. И без этого она не была бы способна получить весь свет,¹³⁰ и вся эта Малхут от начала и до конца смешана с келим Бины. Однако есть различие между свойством от ее хазе и выше, где находятся основные келим Бины, и между свойством от ее хазе и ниже, где находятся основные келим ее самой. И известно, что Малхут называется словом Творца, и она же называется действием. А Бина называется слышанием. И согласно этому, следует понимать, что от хазе и выше, где находятся келим Бины, она называется свойством «слышать голос речения Его»¹²⁶, т.е. «слышание», которое в Малхут, потому что «речение Его» – это Малхут, а «слышать» – это Бина. А от хазе и ниже она называется «исполняющие слово Его»¹²⁶, и это – действие в Малхут, потому что «слово Его» – это Малхут, а «исполняющие» – это действие.

---

[128] Писания, Псалмы, 103:22. «Благословите Творца, все создания Его, во всех местах владычества Его! Благослови, душа моя, Творца!»

[129] Тора, Шмот, 24:7. «И взял книгу союза, и прочитал вслух народу, и сказали они: „Все, что говорил Творец, сделаем и услышим!"»

[130] См. Зоар, главу Берешит, часть 1, п. 3, со слов: «В свойстве суда, т.е. в свойстве Малхут мира АК, прежде чем она подсластилась в Бине, в свойстве милосердия, мир не мог существовать...»

И вот эти ангелы и Исраэль являются порождениями Малхут, на которых возложено исправление их корня. Однако ангелы происходят от зивуга де-нешикин (досл. поцелуев) Зеир Анпина и Малхут, совершаемого выше хазе Малхут, и там находятся, в основном, келим от Бины, и там находится свойство «слышание». А души Исраэля происходят от зивуга Есодов Зеир Анпина и Малхут, совершаемого ниже хазе Малхут, где находятся в основном келим от Малхут, где находится свойство «действие». И прежде, чем пришли Исраэль, всё исправление Малхут было возложено на ангелов, которые должны были довершать исправление от хазе Малхут и ниже, хотя корень их – только выше хазе, потому что не было того, кто произвел бы исправления от хазе и ниже. И это смысл сказанного: «И прежде, чем пришли Исраэль, небесные ангелы проделывали и завершали это действие», – и эти ангелы находились как в свойстве «слышать голос речения Его»[126], т.е. от хазе Малхут и выше, так и в свойстве «исполняющие слово Его», т.е. от хазе Малхут и ниже. «Когда пришли Исраэль и встали у горы Синай, и сказали: „Сделаем и услышим"[131], взяв это действие от ангелов-служителей», – т.е. они взяли на себя исправление от хазе Малхут и ниже, где находится свойство самой Малхут, называемой действием (асия). «Они включились в слово Его» – являющееся всей совокупностью парцуфа Малхут, и стали свойством «исполняющие слово Его»[126] – т.е. начали исправлять Малхут от хазе ее и ниже, где находится свойство «исполняющие слово Его»[126]. «С того времени действие» – начинающееся от хазе Малхут, «совершалось на земле Исраэля отдельно» – т.е. всё это место является уделом одного лишь Исраэля, потому что оттуда исходит корень их, «И отдельно святыми ангелами» – т.е. место от хазе и выше является уделом только лишь ангелов, и оттуда исходит их корень, как мы уже объясняли. «И Исраэль заканчивают и довершают действие» – т.е. на Исраэль возложено довершить окончательное исправление свойства от хазе Малхут и ниже. «И поэтому „могущественные силой, исполняющие слово Его"[126]», – сказано об ангелах, «были вначале» – прежде чем пришли Исраэль. «А затем» – после того как пришли Исраэль, «чтобы слышать», – ангелам осталось только «слышать голос речения Его»[126], и не более, потому что «исполняющие слово Его»[126] – взяли у них Исраэль.

---

[131] Тора, Шмот, 24:7. «И взял книгу союза, и прочитал вслух народу, и сказали они: „Все, что говорил Творец, сделаем и услышим!"»

106) «Сказал этот ребенок: „Береги себя, и добьешься успеха оружием своим. Разве только эту славу снискали Исраэль, а не другую славу?" Сказал ему рабби Эльазар: „Эту славу я обнаружил, а не другую". Сказал этот ребенок: „Если твой меч не добивается успеха, или ты сам не действуешь им как надлежит, то оставь свой меч тому, кто опытен в войне"». Объяснение. «Меч» указывает на занятие двумя видами судов, Бины и Малхут, с помощью «обоюдоострого меча».[132] И поскольку рабби Эльазар занимается двумя этими видами судов, содержащимися в «слышании» и в «действии», сказал ему ребенок: «Если твой меч не добивается успеха и т.д.»

107) «„Высшая слава, которая не передается высшим ангелам отдельно, а только вместе с Исраэлем, – что это? Это освящение. Благословение передается им отдельно, так же как передается Исраэлю, однако освящение не передается им одним, а только вместе с Исраэлем, потому что они совершают освящение святости только вместе с Исраэлем. И если скажешь, что ведь написано: „И призывал один другого, и говорил: „Свят, свят, свят"[125]?" И отвечает: „Когда это – это в то время, когда Исраэль совершают освящение внизу. И пока Исраэль не совершили освящения внизу, они не произносят освящения"».

Объяснение. Трижды «свят» – это две линии и средняя линия, объединяющая две линии друг с другом в силу экрана де-хирик.[109] Но необходимо, чтобы Исраэль подняли МАН из места Малхут от хазе и ниже, где властвует этот экран. И если Исраэль не поднимают МАН, чтобы пробудить в Зеир Анпине этот экран, то Зеир Анпин не может объединить эти две линии друг с другом.[109] И поэтому ангелы, которые от хазе и выше, не могут пробудить экран в Зеир Анпине, и нет у них удела, кроме как в двух линиях, правой и левой. И для того чтобы удерживался также и в средней линии, им необходимо совершать это действие совместно с Исраэлем.

Это означает сказанное: «Благословение передается им отдельно, так же как передается Исраэлю», потому что благословение нисходит от правой линии, которая является свойством от хазе и выше, и не нуждаются в Исраэле, «однако освящение не передается им одним, а только вместе с Исраэлем», потому что не могут пробудить экран средней линии,

---
[132] См. выше, п. 68.

который исходит от свойства от хазе и ниже. И это смысл сказанного: «И пока Исраэль не совершили освящения внизу», когда они пробуждают единство с помощью средней линии, «они не произносят освящения», так как они не могут это пробудить сами, потому что нет у них корня, что от хазе и ниже, как выяснится далее.

108) «„Поскольку святость поднимается из трех миров" – т.е. от трех линий, „а не из двух миров" – а не от двух линий. „И призывал один"[125] – и это одна", т.е. правая линия, „другого"[125] – и это две", т.е. левая линия, „И говорил"[125] – и это три", т.е. средняя линия. „Три мира соответствуют трем „свят"[125], и поэтому восславление принадлежит Исраэлю, потому что только они принимают нижнюю святость", т.е. среднюю линию, „только они"», как выяснилось в предыдущем пункте.

Объяснение. Три мира БЕА – это вместе один парцуф: где мир Брия – это ГАР и рош; а мир Ецира – это ХАГАТ и гуф; а мир Асия начинается от хазе и ниже мира Ецира – т.е. половина Тиферет и НЕХИМ. А место ангелов – они от хазе и выше, главным образом, в мирах Брия и Ецира до хазе, а место от хазе и ниже, где мир Асия, хотя там есть также офаним, все же в основном там находятся только Исраэль. И это по той же причине, которую мы выяснили выше, в предыдущем пункте. Потому что корень ангелов – от хазе и выше на всех ступенях, а корень душ Исраэля – от хазе и ниже на всех ступенях. И два первых свойства, правая и левая линии, всегда – от хазе и выше на всех ступенях, а средняя линия – от хазе и ниже на всех ступенях.[133] И это – общий порядок, проявляющийся в частном виде на каждой ступени. Однако в частном виде есть три линии от хазе и выше, и это ХАГАТ до хазе, и три линии от хазе и ниже, НЕХИ. Но если поделить каждую ступень так, что от хазе и выше – это ГАР ступени, а от хазе и ниже – ВАК ступени, то две высшие линии будут свойством ГАР, а средняя линия – свойством ВАК. И ангелы относятся к двум высшим линиям, а души Исраэля – к средней линии. И в соответствии с этим, если мы будем рассматривать три мира БЕА в общем виде, то ангелы будут от хазе де-Ецира и выше, а Исраэль – от хазе де-Ецира и ниже. А в частном виде и мир Брия делится

---

[133] См. Зоар, главу Трума, п. 873, со слов: «И известно, что когда мы различаем три линии сами по себе, будут всегда две верхние линии в свойстве ГАР, а средняя линия – в свойстве ВАК...»

точно таким же образом, и так же делится мир Асия, когда от хазе и выше мира Асия – это ангелы, а от хазе и ниже Асия – это Исраэль.

109) «Сказал рабби Эльазар: „Это так, безусловно. И я объяснял эти вещи, и еще я объяснял, что три святости переданы Исраэлю внизу из этого изречения: „И освятите себя, и будете святы, ибо свят Я, Творец"[134]. „И освятите себя"[133] – это одна, „И будете святы"[133] – это две, „ибо свят Я, Творец"[133] – итого три. Здесь передается нам святость". Сказал ему ребенок: „Это правильно. Но ты не вспомнил о копье, пока не взял я его у тебя из-за спины и не дал тебе в руки. Отныне и впредь помни о копье, что в руке твоей. Вернись в то место, которое оставил ты"», – т.е. к тому истолкованию, с которого он начал.

«Копье» – означает суды нуквы, поэтому истолкование святости, что Исраэль сами пробуждают суды экрана Малхут, называется копьем. Тогда как истолкование рабби Эльазара, который говорил со стороны «исполняющих слово Его»[126], т.е. судов Малхут, и со стороны «слышать голос речения Его»[126], т.е. судов Бины, считается мечом, у которого есть два лезвия, Бина и Малхут. Поэтому сказал ребенок: «Но ты не вспомнил о копье» – т.е. об истолковании свойств святости, «пока не взял я его у тебя из-за спины и не дал тебе в руки» – т.е. ребенок напомнил ему этим, что так же, как он взял копье, о котором рабби Эльазар забыл, оставив у себя за спиной, и (ребенок) дал ему в руки, «отныне и впредь помни о копье, что в руке твоей», – т.е. чтобы пользовался истолкованием святости.

110) «Сказал рабби Эльазар: „Речения, в которых мы, – они в благословении. „Благословите" – что значит „благословите"? Это притяжение благословений из места, откуда выходят все благословения", т.е. из Бины, „пока они не становятся водоемом, благодаря большому притяжению, и вследствие большого количества воды в этом водоеме", т.е. вследствие большого изобилия, „И воды тут же способствуют размножению большого числа рыб", т.е. многочисленных ступеней, „разных видов. И это притяжение что собой представляет? – Это хэй (ה)", т.е.

---

[134] Тора, Ваикра, 11:43-44. «Не оскверняйте ваши души всяким существом кишащим, и не оскверняйтесь ими, ибо будете осквернены из-за них. Ибо Я Творец Всесильный ваш, и освятите себя, и будете святы, ибо свят Я, и не оскверняйте души ваши всяким существом, копошащимся на земле».

Малхут, „которая является притяжением света, исходящего от светящего зеркала", т.е. Зеир Анпина, „который нисходит сверху", из Бины, „вниз"», в Малхут.

111) «„Это высшие ангелы, которые находятся на высоте верхней палаты, им сказано: „Благословите Творца"[126]. Почему же мы, находящиеся внизу, говорим: „Благословите (эт) Творца"? Потому что мы должны притянуть к себе это самое „эт", т.е. Малхут, „И с ней мы предстанем пред Царем", Зеир Анпином, „чтобы созерцать лик Его. И поэтому сказал Давид: „Я в праведности буду созерцать лик Твой"[135]. „Я в праведности"[134], называемой Малхут, „конечно"», – т.е. с помощью праведности, Малхут, «буду созерцать лик Твой»[134]. «„И поэтому начало этой молитвы: „Благословите (эт) Творца" нужно, чтобы притянуть над головами нашими эту „эт", Малхут. „А после того, как мы притянули эту „эт" над нами, мы должны воспеть молитву и восславить"».

112) «„И поэтому человеку нельзя произносить благословение прежде, чем он совершил молитву и произвел притяжение над своей головой этой „эт", Малхут. „А если он произнес благословение до этого, то этот человек словно притягивает „возвышение"[136] над головой своей вместо „эт", которую должен притянуть над головой. И это уподобляется тому, словно он сделал возвышение"[137]».

113) «„И поэтому высшим ангелам написано: „Благословите Творца"[126], а нам: „(эт) Творца" – как дополнение"», так как мы должны притянуть сначала эту Малхут. «Сказал этот ребенок: „Конечно, я ведь знал, что твои виды оружия – хороши они. Помни о них и не забывай их. Конечно же, сила человека, сражающегося в войне, – она в копье и мече.[138] Однако, что означает: „Могучие силой, исполняющие слово Его, чтобы слышать голос речения Его"[126]?" Сказал рабби Эльазар: „Но ведь я уже

---

[135] Писания, Псалмы, 17:15. «Я в праведности буду созерцать лик Твой, насыщаться, взирая на образ Твой».
[136] Тора, Бемидбар, 33:51-52. «Обратись к сынам Исраэля и скажи им: „Когда перейдете через Ярден в страну Кнаан, то изгоните всех жителей той земли от себя, и уничтожьте все изображения их, и всех литых идолов их уничтожьте, и все возвышения их истребите"».
[137] См. Вавилонский Талмуд, трактат Брахот, лист 14:1.
[138] См. выше, п. 109.

истолковал"» значение его.¹³⁹ «Сказал этот ребенок: „Я уже узнал, что сила мышцы твоей ослабла"», – из-за того, что рабби Эльазар сказал: «Эту славу я обнаружил, а не другую»¹³⁸, и забыл три вида святости. «„Теперь не время ждать, а настало время наносить удары из пращи, камень за камнем, как сказано: „Пращой и камнем"¹⁴⁰, очень быстро, один за другим". Возрадовался рабби Эльазар, и возрадовались рабби Аба с товарищами».

114) Произнес ребенок: «Написано: „Черна я, но красива, дочери Йерушалаима, как шатры Кедара, как полотнища Шломо. Не смотрите на меня, что я смугла"¹⁴¹. Эти речения уже объяснялись. Но в час, когда она", Малхут, "испытывает большую любовь к возлюбленному своему", Зеир Анпину, "вследствие силы ее любви, которая не может вытерпеть" разлуки, "она очень сильно сокращает себя, – настолько, что остается от нее только лишь малое состояние (катнут) одной точки. И что оно собой представляет? Это буква йуд (י). Тогда она укрывается от всех своих воинств и станов. И она говорит: „Черна я"¹⁴⁰ – потому что нет внутри этой буквы йуд (י) белизны, как у остальных букв. И это" то, что она сказала: „Черна я"¹⁴⁰ – и нет у меня места ввести вас под крылья свои. „Как шатры Кедара"¹⁴⁰ – мы учили, что это йуд (י), в которой нет белизны, "как полотнища Шломо"¹⁴⁰ – это вав (ו)"».

115) «„Поэтому: „Не смотрите на меня"¹⁴⁰ – не увидите во мне ничего, потому что я маленькая точка. Что делают воинства ее, отважные воины? Они рычат, подобно могучим львам, как сказано: „Львы рычат о добыче"¹⁴². И благодаря этим голосам и рычанию, – когда они рычат, подобно могучим львам, обладающим огромной силой, – слышит возлюбленный ее наверху. И он знает, что любимая его любит его так же, как и он", и уменьшает себя "вследствие любви его, настолько, что ее образ и красота не видны вовсе"».

---

¹³⁹ См. выше, п. 106.
¹⁴⁰ См. Пророки, Шмуэль 1, 17:50. «Так осилил Давид филистимлянина пращой и камнем, и побил филистимлянина, и умертвил его; а меча не было в руке Давида».
¹⁴¹ Писания, Песнь песней, 1:5-6. «Черна я, но красива, дочери Йерушалаима, как шатры Кедара, как полотнища Шломо. Не смотрите на меня, что я смугла, ибо солнце опалило меня. Сыновья матери моей разгневались на меня, поставили меня стеречь виноградники, а своего виноградника я не устерегла».
¹⁴² Писания, Псалмы, 104:21. «Львы рычат о добыче, прося у Творца пищи себе».

116) «„И тогда, благодаря голосам и рычанию ее могучих воинов, выходит ее милый, возлюбленный ее", Зеир Анпин, „из чертога своего, со множеством подарков и со множеством приношений, с благовониями и умащениями, и подходит к ней, и обнаруживает, что черна она и мала, и потеряла весь свой образ и красоту. Он приближается к ней, заключает в свои объятия и целует ее, пока не пробудится она постепенно благодаря благовониям и умащениям, и благодаря радости возлюбленного своего", Зеир Анпина, находящегося „с ней. Она восстанавливается и принимает, благодаря исправлению своему, свой прежний образ и красоту, и становится хэй (ה) де-АВАЯ (הויה), как и вначале"».

117) «„И это сделали для нее „могущественные силой"[126], вернувшие ее к прежнему образу и красоте. И их сила и мужество стали причиной этого. И поэтому сказано: „Могущественные силой, исполняющие слово Его"[126] – ведь они на самом деле исполняют слово Его, так как исправляют это слово", т.е. Малхут, называемую словом, „И возвращают ее к первоначальному образу. После того как она исправилась и вернула прежний свой образ и красоту, тогда они и все остальные воинства поднимаются, чтобы услышать, что она говорит"», то есть: «Чтобы слышать голос речения Его»[126]. «„И она встает, подобно Царю среди воинств своих. И это означает: „Исполняющие (досл. делающие) слово Его"[126], конечно"», так как они делают Малхут.

118) «„Подобно этому внизу, в то время, когда есть грешники в поколении, она", Малхут, „укрывается и уменьшает себя настолько, что от всего ее образа остается всего лишь одна точка. И когда приходят могучие воины, и истинные праведники, они, якобы, исполняют это слово", т.е. Малхут, называемую словом, „И она постепенно начинает светить, и возвращается к своему образу и красоте, и становится „хэй (ה)" де-АВАЯ (הויה), „как и вначале"».

Пояснение статьи. Есть два вида, по которым Малхут снова уменьшается до состояния точки под хазе, являющейся точкой ее Кетера, и девять нижних ее сфирот исчезают.

Первый вид – в порядке ее создания и построения. Потому что есть два состояния в Малхут при построении ее. Первое состояние – когда она в свойстве «два больших светила», и тогда Малхут находится с Хохмой без хасадим, и она страстно желает зивуга паним бе-паним с Зеир Анпином, чтобы наполнил ее (свойством) хасадим, и из-за этого она не может вытерпеть этого состояния, и она сокращает себя до точки под хазе относительно келим Зеир Анпина, и до точки под Есодом относительно светов Зеир Анпина, так как существует обратная зависимость между келим и светами, как известно. И когда она возвращается к этому сокращению, нижние поднимают МАН, и она поднимается к Абе ве-Име и отстраивается заново, как все это объяснялось выше.[143]

И это смысл сказанного: «В час, когда она испытывает большую любовь к возлюбленному своему, вследствие силы ее любви, которая не может вытерпеть разлуки»[144], – т.е. из-за ее большой любви к Зеир Анпину, желание получить от него хасадим такое, что она не может вытерпеть состояния разделения, быть с Хохмой без хасадим, «она очень сильно сокращает себя, – настолько, что остается от нее только лишь малое состояние (катнут) одной точки», – до точки под Есодом, называемой Кетером ее, а все девять нижних ее сфирот исчезают. И это смысл сказанного: «И тогда, благодаря голосам и рычанию ее могучих воинов»[145], – т.е. с помощью подъема МАН праведниками, она снова отстраивается и приходит ко второму состоянию, зивугу паним бе-паним с Зеир Анпином.

Второй вид – она уменьшается до точки из-за прегрешений нижних, и это смысл сказанного: «В то время, когда есть грешники в поколении, она укрывается и уменьшает себя настолько, что от всего ее образа остается всего лишь одна точка»[146]. И здесь она тоже отстраивается заново благодаря истинным праведникам, способным защитить свое поколение, и это означает сказанное: «И когда приходят могучие воины, и истинные праведники, они, якобы, исполняют это слово». И существует большое различие между этими двумя видами. Потому что в первом случае, когда она уменьшилась до точки по собственному желанию, чтобы совершить зивуг паним бе-паним

---

[143] См. Зоар, главу Берешит, часть 1, пп. 110-115. «Когда луна была вместе с солнцем в едином слиянии, луна пребывала в своем свете...»
[144] См. выше, п. 114.
[145] См. выше, п. 116.
[146] См. п. 118.

с Зеир Анпином, – ведь тогда девять нижних сфирот, которые исчезли у нее, не падают в клипот, а возвращаются к своему корню, к Зеир Анпину. Тогда как во втором случае, когда она уменьшилась из-за прегрешений нижних, ее девять нижних сфирот падают в клипот. И невозможно заново отстроить ее до тех пор, пока не извлекают эти девять ее сфирот из клипот.

119) «Подошли товарищи и поцеловали его. Сказал рабби Эльазар: „Если бы пророк Йехезкель сказал это, то это было бы чудом в мире!" Взял его рабби Эльазар и поцеловал как вначале. Сказал этот ребенок: „Я благословлю". Сказали: „Благословляй, ибо подобает тебе благословлять". Сказал: „Насколько же вы праведны, как много благословений предстоит вам (получить) от святой матери", т.е. Бины, „за то, что не воспрепятствовали мне благословлять"».

120) «Провозгласил и сказал: „Прячущего хлеб – проклянет его народ, а на челе продающего – благословение"[147]. Это изречение – в простом его понимании. Но мы учили, что каждый человек должен произносить благословение на пищу. Если он не умеет, то жена или дети его благословляют за него. И падет проклятие на такого человека, так как сам он не умеет благословлять настолько, что нуждается в том, чтобы жена и дети его благословляли за него"».

121) «„А если он умеет, то должен воспитать сына своего и дать ему чашу, чтобы благословлял. И тот, кто лишает его воспитания, того „проклянут народ"[146]. „Прячущего хлеб"[146] – т.е. препятствующего сыну, „чтобы не благословлять Творца и не воспитываться в заповедях, „проклянут его народ"[146]. Спрашивает: „Проклянет его", – следовало сказать", т.е. в единственном числе, „или: Проклянут его народы", так как народ – это один" народ, т.е. в единственном числе, „как сказано: „И народ народа сильнее будет"[148], что это: „Проклянут его народ (леóм לאם)"[146]?" И отвечает: „Но „у матери (леэ́м לאם)", – написано", что означает – „у матери святости", т.е. Малхут, „проклянут того человека за то, что лишал сына

---

[147] Писания, Притчи, 11:26. «Прячущего хлеб – проклянет (досл. проклянут) его народ, а на челе продающего – благословение».
[148] Тора, Берешит, 25:23. «И сказал ей Творец: „Два народа во чреве твоем, и два народа из утробы твоей разойдутся, и народ народа сильнее будет, и больший будет служить младшему"».

возможности благословлять Творца"», – т.е. он будет проклят у Малхут, которая не будет давать ему благословений.

122) «„Я – единственный сын у матери, дайте мне чашу, и я произнесу благословение святому Царю за то, что прислал в дом матери моей сильных воинов, перед которыми говорил я сложные вещи и одержал верх над ними. И поэтому я благословлю. Но прежде истолкую я это изречение как подобает – то изречение, с которого мы начали"».

123) «„Прячущего хлеб"[146] – того, кто лишает сына" возможности благословлять, „как мы учили, „проклянут его народ"[146], – это как сказано: „И проклинал сын израильтянки имя Творца"[149]». «И проклинал»[148] означает, что истолковывал, «„также и здесь: „И проклинал"[148] – истолковывал его матери, то есть истолковывал грехи свои святой матери", Малхут. „А на челе продающего – благословение"[146] – на том человеке, который научит сына своего благословлять Творца, и чтобы обучить его заповедям Торы"».

124) «„И скрытый смысл этого – сказано: „Как имя Его и как имя сына Его, знаешь ли?"[150] Имя это известно. „Владыка воинств имя Его"[151] – Бина, которой принадлежат все воинства. „Имя сына Его" – Исраэль, Зеир Анпин, как сказано: „Сын Мой, первенец Мой, Исраэль"[152]. „Ведь Исраэль – все ключи веры", т.е. все ступени Малхут, называемой верой, „зависят от него", – от Зеир Анпина, называемого Исраэль. „И он славится и говорит: „Творец (АВАЯ) сказал мне: „Ты сын Мой"[153]» – то есть Творец (АВАЯ), являющийся Биной, сказал Зеир Анпину: «Ты сын Мой». «„И это так, разумеется, потому что отец и мать (аба ве-има)", – т.е. правая и левая линии Бины, называемые иногда Исраэль Саба и Твуна (ИШСУТ), а иногда Аба ве-Има, „увенчали

---

[149] Тора, Ваикра, 24:11. «И проклинал сын израильтянки имя Творца, и поносил. И привели его к Моше. А имя матери его – Шломит, дочь Диври, из колена Дана».

[150] Писания, Притчи, 30:4. «Кто взошел на небо и снизошел, кто собрал ветер пригоршнями своими, кто завязал воды в одежду; кто поставил все пределы земли? Как имя Его и как имя сына Его, знаешь ли?»

[151] Пророки, Йешаяу, 47:4. «Избавитель наш, Владыка воинств имя Его, святой Исраэля».

[152] Тора, Шмот, 4:22. «И скажи Фараону: „Так сказал Творец: „Сын Мой, первенец Мой, Исраэль"».

[153] Писания, Псалмы, 2:7. «Возвещу как закон! Творец сказал мне: „Ты – сын Мой, сегодня Я родил тебя"».

его" – Зеир Анпина, „И благословили его многочисленными благословениями" – потому что все мохин Зеир Анпина исходят от ИШСУТ, „И повелели всем: „Целуйте сына"¹⁵⁴ – т.е. целуйте руку этому сыну", Зеир Анпину, что означает – „якобы, дал Ему власть над всем, чтобы все служили Ему. „Чтобы не разгневался Он"¹⁵³ – потому что" Аба ве-Има „увенчали его", Зеир Анпина, „судом и милосердием: кто заслуживает суда – предается суду, кто удостаивается милосердия – предается милосердию"».

125) «„Все благословения, высшие и нижние, поднимаются к этому сыну", Зеир Анпину, „И украшаются. И тот, кто лишает благословений этого сына, – будут представлены грехи его пред святым Царем, то есть у матери (леэм לְאֵם), на самом деле"», Бины. И тогда сказано: «Прячущего хлеб – проклянут его у матери». «„А на челе продающего – благословение"¹⁴⁶ – т.е. у того, кто благословляет и призывает к чаше благословения того, кого нужно", т.е. Творца, „благодаря этому разбивается ситра ахра и вследствие этого разбиения подчиняется, и поднимается сторона святости. И это смысл сказанного: „А на челе продающего (машбир מַשְׁבִּיר) – благословение"¹⁴⁶ – так же как он возвышает и благословляет Творца, и делает ситре ахра, чтобы она разбилась (тишавер תִּשָׁבֵר), „так и Творец посылает ему благословения свыше, и та, что называется благословением", т.е. Малхут, „пребывает над головой его"».

126) «„Отсюда и далее, друзья, дайте и я благословлю". Дали ему чашу благословения, и он благословил. И все друзья пребывали в такой радости, которой не испытывали со дня восславления рабби Эльазара, как в тот день, когда они собрались там. Поспешили благословить его с радостью по желанию сердца. Сказал этот ребенок: „Не расстаться вам иначе, как с помощью речений Торы. И так мы учили"».

127) «Провозгласил и сказал: „И Творец шел перед ними днем в столпе облачном"¹⁵⁵. „И Творец (ве-АВАЯ)"¹⁵⁴ – указывает на Малхут, „И сверху над ним находится прямой тон (таам)"», то есть над ним стоит знак «пазе́р», и он стоит прямо.

---

[154] Писания, Псалмы, 2:12. «Целуйте сына, чтобы не разгневался Он, и чтобы не погибнуть вам в пути, ибо еще немного – и разгорится гнев Его. Счастливы все, полагающиеся на Него!»

[155] Тора, Шмот, 13:21. «И Творец шел перед ними днем в столпе облачном, чтобы указывать им дорогу, и ночью – в столпе огненном, чтобы светить им, и чтобы шли они днем и ночью».

«„Почему?" И отвечает: „Но в тот час, какое хорошее и прекрасное чувство испытала эта невеста", Малхут, „которая до сих пор находилась под гнетом изгнания, а теперь с прямо поднятой головой идет среди множества народа своего в радости"».

128) «„В написании: „И Творец (ве-АВАЯ)"¹⁵⁴ – прямой тон (таам) наверху". А затем написано: „Шел перед ними днем"¹⁵⁴. И до сих пор еще неизвестно, идет ли эта невеста"», то есть Малхут, на которую указывает это имя «И Творец (ве-АВАЯ)»¹⁵⁴, «„перед ними или нет, ведь тут прерывающий тон (таам) в написании: „И Творец (ве-АВАЯ)"¹⁵⁴"», поскольку знак «пазе́р», стоящий над «И Творец (ве-АВАЯ)»¹⁵⁴, делает прерывание между «И Творец (ве-АВАЯ)»¹⁵⁴, т.е. Малхут, и «шел перед ними днем»¹⁵⁴. И отвечает: «„Но она"», Малхут, на которую указывают слова «И Творец (ве-АВАЯ)»¹⁵⁴, «„была там, однако тот, кто идет перед ними, – это старший в доме, хозяин дома, тот, кому поклялся Творец. И кто это? Это Авраам", т.е. Хесед Зеир Анпина, „как написано: „Днем явит Творец милость Свою"¹⁵⁶, а также: „Если бы не Мой союз днем и ночью"¹⁵⁷, где Хесед называется днем, „так как это день, в который все дни", т.е. все сфирот Зеир Анпина, „включены", в Хесед, „день остальных дней, и он – все остальные дни, разумеется, и поэтому называется „йомам (досл. днями)", а не „йом (день)". И поэтому написано: „И Творец (АВАЯ) шел перед ними днем (йомам)"¹⁵⁴. Он", Хесед Зеир Анпина, „идет днем, а невеста"», на которую указывают слова «И Творец (ве-АВАЯ)»¹⁵⁴, «„идет ночью, как написано: „А ночью – в столпе огненном, чтобы светить им"¹⁵⁴, – это невеста", Малхут, „каждый – как подобает ему"», потому что Зеир Анпин – это правление дня, а Малхут – она для правления ночью. „А вы, друзья, – днем и ночью они будут перед вами, и в каждый час". Поцеловали его и благословили, как и до этого. И отправились в путь».

129) «Пришли к рабби Шимону и рассказали о произошедшем. Поразился он, сказал: „Насколько прекрасно это. Но не будет у него собственного имени. Тонкое дерево, свет которого

---

¹⁵⁶ Писания, Псалмы, 42:9. «Днем явит Творец милость Свою, а ночью – песнь Его со мною, молитва к Создателю жизни моей».
¹⁵⁷ Пророки, Йермияу, 33:25. «Так сказал Творец: „Если бы не Мой союз днем и ночью, законов неба и земли не установил бы Я"».

восходит на час и сразу же гаснет и заходит. И я уже сказал, откуда был свет его"[158]», – что это сын рава Амнуна.

130) «Провозгласил и сказал: „Сильно будет на земле потомство его, поколение прямодушных благословится"[159]. Когда человек силен на земле, силен в Торе, силен над своим злым началом, – он силен на земле, безусловно, так как свет его поднимается, и нисходит в него сильным распространением, тогда: „Поколение прямодушных благословится (йеворах יְבֹרָךְ)"[158], „благословит (йеварех יְבָרֵךְ)", – написано"». Сказал это о раве Амнуна, который был сильным на земле, поэтому: «Поколение прямодушных благословит», так как удостоился такого сына, как этот.

131) «Сказал рабби Аба: „Но мы ведь видим детей, которые произносят высшие речения, а затем они становятся главами мира". Сказал им: „Дети, которые произносят одно или два речения в свое время, без намерения с их стороны, это дает гарантию человеку в том, что он удостоится изучать Тору в Исраэле. Но с этим ребенком, свет которого помогает ему пребывать в совершенном знании, это не так. И кроме того, Творец желает обонять аромат этого яблока", и поэтому он должен уйти. „Счастлива доля его"».

132) «„Счастливы вы, праведники, ибо о вас сказано: „И уцелевший остаток дома Йегуды опять пустит корень внизу и принесет плод вверху"[160]. „Корень внизу"[159] – это как отец его", рав Амнуна, „который ушел из мира, и он является корнем внизу, в небесном собрании", собрании Матата. „И принесет плод вверху"[159] – в высшем собрании", собрании Творца. „Насколько хорош этот корень и плод. И если бы я этим не доставлял огорчения Творцу, ведь Он желает обонять аромат его, я сделал бы так, что никто бы не смог властвовать над ним", чтобы он прожил долгие дни. „Но будет Его воля, чтобы мать его не видела страданий его". И было так», т.е. он скончался.

---

[158] См. выше, п. 59.
[159] Писания, Псалмы, 112:2. «Сильно будет на земле потомство его, поколение прямодушных благословится».
[160] Пророки, Мелахим 2, 19:30. «И уцелевший остаток дома Йегуды опять пустит корень внизу и принесет плод вверху».

ГЛАВА БАЛАК

И отправил он послов к Биламу

133) «„И отправил он послов к Биламу, сыну Беора..."[161] Здесь есть двадцать восемь слов, соответствующих двадцати восьми ступеням колдовства и чародейства с птицей. И надо выяснить: тот, кто желает говорить с Биламом и соединиться с ним, послал ему сразу, до того как пришел к нему, суть просьбы, сказав: „Вот, народ вышел из Египта..."[160] „А теперь пойди, прошу, прокляни мне народ этот"[162], – он должен был вначале соединиться с ним и умиротворить, и подкупить его, а затем сообщить ему свои слова"».

134) И отвечает: «„Но сказал рабби Йоси: „Отсюда видно, что Балак знал мысли этого нечестивца, который всегда желает прославиться великими деяниями, а его стремлением было лишь совершать зло"». И поэтому он восславил его, словно вся власть находилась у того в руках, и если только пожелает кого-то благословить или проклясть – это сбывается. Он также сообщил ему, что желает проклясть Исраэль, так как знал, что все его чаяния – лишь вершить зло и вредить.

135) «„Балак занимался чародейством и совершал колдовства, и приготовил птицу.[163] И он знал, что ступени Моше – это высшие и величественные ступени, и он совершал колдовства и производил чародейства, и знал, что ступени Билама противостоят им", противостоят ступеням Моше. „Сразу же: „И отправил он послов к Биламу, сыну Беора"[160]».

136) «„В Птор"[160] – так называется место. Как сказано: „Из Птора Арам-Наараимского, чтобы тот проклял тебя"[164].

---

[161] Тора, Бемидбар, 22:5. «И отправил он послов к Биламу, сыну Беора, в Птор, что на реке, в землю сынов народа его, чтобы позвать его, сказав: „Вот, народ вышел из Египта, и вот, покрыл он лик земли и расположился напротив меня"».

[162] Тора, Бемидбар, 22:6. «А теперь пойди, прошу, прокляни мне народ этот, ибо он сильнее меня! Может быть, смогу я, разобьем его, и изгоню я его из этой земли; ведь я знаю: тот, кого ты благословишь – благословен, а кого проклянешь – проклят».

[163] См. выше, п. 5.

[164] Тора, Дварим, 23:4-5. «Не войдет амонитянин и моавитянин в собрание Творца, и десятое их поколение не войдет в собрание Творца вовеки. Потому что они не встретили вас с хлебом и водою на пути, когда вышли вы из Египта, и за то, что он нанял против тебя Билама, сына Беора, из Птора Арам-Наараимского, чтобы тот проклял тебя».

И называется оно так потому, что написано: „Готовящие для Гада (идола счастья) стол"[165]. И стол он готовил там каждый день, потому что таково исправление сторон зла – они накрывают перед собой стол с яствами и напитками, и совершают колдовства и воскурения перед столом, и тогда собираются там все нечистые духи и сообщают им то, что они хотят. И все колдовства и чародейства в мире пребывали за этим столом. И поэтому называлось там это место Птора, так как в Арам-Наараиме называют стол „птора"».

137) «„Провозгласил и сказал: „И сделай стол из дерева шиттим (акации)"[166], и сказано: „И возлагай на этот стол хлеб личной предо Мною всегда"[167]. Творец хотел, чтобы все эти предметы святости сделали пред Ним, для того чтобы привлекать дух святости сверху вниз. Этот злодей Билам накрывал таким образом для ситры ахра, и он накрывал стол, возлагая хлеб, называемый „хлеб оскверненный"[168], – ведь мы уже изучали, что ситра ахра следует за святостью, как обезьяна за людьми. И царь Шломо воскликнул, сказав: „Ибо что представляет собой человек, чтобы идти за Царем в том, что Он уже сделал"[169], – и захотеть уподобиться Ему. „И мы уже учили это изречение"[170]».

---

[165] Пророки, Йешаяу, 65:11. «Вы же, оставляющие Творца, забывающие гору святую Мою, готовящие для Гада (идола счастья) стол и наполняющие для Мени (идола судьбы) вино приправленное!»

[166] Тора, Шмот, 25:23. «И сделай стол из дерева шиттим: два локтя его длина, и локоть его ширина, и полтора локтя его высота».

[167] Тора, Шмот, 25:30. «И возлагай на этот стол хлеб личной предо Мною всегда».

[168] Пророки, Малахи, 1:7. «Подаете на жертвенник Мой хлеб оскверненный и говорите: „Чем мы осквернили Тебя?" Тем, что говорите: „Стол Творца – презрен он"».

[169] Писания, Коэлет, 2:12. «И обернулся я, чтобы взглянуть на мудрость, на безумие и глупость, ибо что представляет собой человек, чтобы идти за Царем в том, что Он уже сделал?»

[170] См. Зоар, главу Шлах леха, п. 208. «„Ситра ахра хочет это делать, и она ударяет по грешникам, и все, что ударяет, – это: „А свеча нечестивых погаснет", потому что поносит и позорит все стороны, и не может светить вообще. И тогда написано: „Ибо что представляет собой человек, чтобы идти за царем?" Когда хочет уподобиться ему и не может..."»

ГЛАВА БАЛАК

И воссиял от Сеира им

138) «„Смотри, написано: „Творец, когда выходил Ты от Сеира, когда шествовал Ты с поля Эдома, земля тряслась"[171]. В час, когда Творец пожелал дать Тору Исраэлю, Он предложил ее сыновьям Эсава, но те не приняли ее. Как сказано: „Творец от Синая выступил и воссиял от Сеира им"[172] – когда не пожелали принять ее, пошел Он к сыновьям Ишмаэля, и те не пожелали принять ее, как написано: „Показался от горы Паран"[171]. И после того, как те не пожелали, вернулся к Исраэлю. Так мы учили"».

139) «„Теперь следует спросить: ведь мы учили, что нет греха в том, что человек тщательно изучает Тору и задает вопросы свои, чтобы осветить слова ее. Это изречение непонятно, и поэтому возникают вопросы. Когда Творец направлялся в Сеир, какому их пророку Он раскрылся? И когда отправился в Паран, какому их пророку Он раскрылся? И если Он раскрылся всему народу, то мы нигде такого не видели, но только в случае с Исраэлем, и к тому же, через Моше. И еще, мы ведь учили, что так следовало произнести это изречение: „Творец от Синая выступил и воссиял для Сеира им, показался горе Паран", – что означает: „Воссиял от Сеира им"[171], и что означает: „От горы Паран"[171]? Всё это нужно понять и внимательно изучить. И я ведь спросил, но не слышал и не знаю"».

140) «Когда пришел рабби Шимон, он пришел и спросил это, как сначала. Сказал ему (рабби Шимон): „Ведь этот вопрос поясняется: „Творец от Синая выступил"[171] – это как сказано: „Вот Я приду к тебе в густом облаке"[173]. И Он выступает от Синая и раскрывается им. „И воссиял от Сеира им"[171] означает: вследствие того, что сыны Сеира сказали, что не хотят получать, – вследствие этого стал Он светить Исраэлю, и прибавил для них свет и огромную любовь. И так же Он „показался"[171]

---

[171] Пророки, Шофтим, 5:4. «Творец, когда выходил Ты от Сеира, когда шествовал Ты с поля Эдома, земля тряслась, и небо капало, и облака сочились водою».
[172] Тора, Дварим, 33:2. «И сказал он: „Творец от Синая выступил и воссиял от Сеира им, показался от горы Паран, и явился из среды мириадов святых; от десницы Его пламя Закона им"».
[173] Тора, Шмот, 19:9. «И сказал Творец Моше: „Вот Я приду к тебе в густом облаке, чтобы слышал народ, как Я буду говорить с тобою, и также тебе будут верить всегда". И пересказал Моше слова народа Творцу».

и светил Исраэлю, „от горы Паран"¹⁷¹, вследствие того, что сказали сыны Парана, что не желают получать, и в результате этого прибавили Исраэль любовь и дополнительное свечение как подобает"».

141) «„И то, что ты спрашивал: „Через кого раскрылось им?" Это является высшей тайной, и это выяснится через тебя" – т.е. с помощью твоего вопроса. „Тора исходит из высшей тайны, пребывающей в голове (рош) скрытого Царя" – т.е. Бины, „когда достигла она левой руки" – т.е. Ицхака, свойства Гвуры, „увидел Творец в этой руке дурную кровь, которая умножалась оттуда", – т.е. Эсава, называемого Сам и ситра ахра. „Сказал Он: „Я должен выяснить и очистить эту руку". И если Он не устранит эту дурную кровь, то она нанесёт вред всему. Но отсюда следует выяснить весь ущерб"».

142) «„Что Он сделал? Позвал Сама", правителя Эсава, „И тот предстал пред Ним. Сказал ему: „Ты желаешь Мою Тору?" Спросил: „Что написано в ней?" Сказал ему: „Не убивай"¹⁷⁴. Ибо Творец пропустил всё остальное, чтобы показать ему необходимое место"», – т.е. перешёл к тому месту, где знал, что тот не сможет устоять. «„Сказал" Сам: „Ни в коем случае, это Твоя Тора и Твоею останется, не желаю я этой Торы". И затем обратился с мольбой к Нему, сказал: „Владыка мира, если Ты дашь" Тору „мне, то устранится всё моё правление, ведь вся сила власти моей заключена в убийстве", и если приму я Тору, „не будет войн. И моя власть – над планетой Марс", которая указывает на кровопролитие. „И в таком случае, всё это исчезнет из мира"».

143) «„Владыка мира, оставь у Себя Свою Тору, и не будет у меня доли и наследия в ней. Но если Тебе это кажется правильным – вот народ, сыновья Яакова, им полагается" Тора. „И он думал, что выступил против них с обвинением. И поэтому сказано: „И воссиял от Сеира им"¹⁷¹. Именно от Сеира вышел свет для Исраэля" – т.е. от Сама, правителя Сеира. „Сказал Сам" в сердце своём: „Ясно, что если сыновья Яакова получат" Тору, „исчезнут из мира и не смогут властвовать никогда". Отвечал ему" Творец „много раз и сказал то, что сказал ему: „Ты первенец, и" Тора „полагается тебе". Ответил Ему: „Но ведь у него моё первенство, ибо оно продано ему, и я это

---

¹⁷⁴ Тора, Шмот, 20:12. «Не убивай. Не прелюбодействуй. Не кради. Не отзывайся о ближнем твоём свидетельством ложным».

признал". Сказал ему Творец: „Поскольку не желаешь ты, чтобы была у тебя доля" в Торе, „отстранись от нее совсем". Ответил: „Хорошо"».

144) «„Сказал ему (Творец): „Раз так, дай Мне совет – как сделать, чтобы приняли ее сыновья Яакова?" Сказал Ему (Сам): „Владыка мира! Нужно подкупить их. Возьми свет от света небесных воинств и дай им, и благодаря этому они примут ее. Вот, я первым дам от света своего". И он снял с себя облачавший его свет и отдал" Творцу „с тем, чтобы Он дал его Исраэлю. Это означает сказанное: „И воссиял от Сеира им"[171] – именно от Сеира, и это Сам, о котором сказано: „И понесет козел (сеир) на себе". „Им"[171] – Исраэлю"».

145) «„Когда Творец отстранил этого", Сама, „И отвел дурную кровь от левой руки", т.е. от Ицхака, свойства Гвуры, „обратился к правой руке" – к Аврааму, свойству Хесед, „И увидел в ней тоже дурную кровь", – т.е. Ишмаэля. „Сказал: „Эту руку тоже надо очистить от дурной крови". Позвал" Творец „Раава, правителя Ишмаэля. Обратился к нему: „Желаешь ли ты Тору Мою?" Спросил у Него" Раав: „Что написано в ней?" Опустил" всё, „сказал" ему: „Не прелюбодействуй!"[173] Воскликнул: „Горе мне, если этим наследием наградит меня Творец, это плохое наследие, – ведь оно отнимет у меня всю мою власть, основанную на прелюбодействе. Ведь я принял благословения воды, благословение рыб морских, как написано: „Плодитесь и размножайтесь"[175], и написано: „И распложу его и умножу его чрезвычайно"[176]. И сказано: „И он будет диким человеком"[177]».

146) «„Начал он умолять Господина своего. Сказал Ему: „Владыка мира! Два сына произошли от Авраама. Вот сыновья Ицхака – дай им, им она полагается". Сказал ему (Творец): „Я не могу, ведь ты первенец, и" Тора „полагается тебе". Стал упрашивать Его: „Владыка мира! Первенство мое будет ему,

---

[175] Тора, Берешит, 1:28. «И благословил их Всесильный, и сказал им Всесильный: „Плодитесь и размножайтесь, и наполняйте землю, и покоряйте ее, и властвуйте над рыбой морской и над птицей небесной, и над всяким животным, что ползает по земле"».

[176] Тора, Берешит, 17:20. «Что же до Ишмаэля, Я услышал тебя. Вот, Я благословил его, и распложу его и умножу его чрезвычайно, двенадцать предводителей родит он; и Я сделаю его великим народом».

[177] Тора, Берешит, 16:12. «И он будет диким человеком, рука его на всем, а рука всех против него; и пред лицом всех братьев своих обитать будет».

и свет, который унаследовал я" благодаря первенству, „возьми, отдай им!" И так" Творец „И сделал. И это смысл сказанного: „Показался от горы Паран"¹⁷¹».

147) Спрашивает: «„В чем разница, ведь в случае с Самом написано: „Воссиял"¹⁷¹, а в случае с Раавом: „Показался"¹⁷¹?" И отвечает: „Однако Он взял тот свет, который отнял у Сама, меч и умерщвление, чтобы умерщвлять по закону и умерщвлять как подобает. Это смысл сказанного: „И Он – меч величия твоего"¹⁷⁸, хотя он не твой. И от того благословения, которое отнял у него Раав, взял он только немного, словно тот, кто показал ему лишь малую часть их благословения, только чтобы плодиться и размножаться. И поэтому (написано): „Показался от горы Паран"¹⁷¹, и не написано „воссиял"», что означает «изобилие», как в случае с Самом.

148) «„Когда Творец забрал эти подарки для Исраэля у этих правителей и властителей" над Эсавом и над Ишмаэлем, „Он пришел и призвал все эти святые множества, назначенные над остальными народами. И они ответили Ему так же", как Сам и Раав. „И у всех них Он взял и принял подарки, чтобы дать Исраэлю. Это подобно врачу, у которого один сосуд был наполнен эликсиром жизни, и он берег его для своего сына. Желал он дать сыну своему этот сосуд с эликсиром жизни. Врач этот был человеком мудрым, подумал он: „Есть плохие слуги в доме моем. Если узнают они, что я дал сыну моему этот подарок, это им не понравится, и они захотят убить его"».

149) «„Что он сделал. Взял немного от яда смерти и помазал им горлышко сосуда, позвал своих слуг и сказал им: „Вы, преданные мне, захотите ли этого эликсира?" Сказали: „Посмотрим, что это такое". Взяли, чтобы попробовать его: не успели понюхать его, почувствовали, что умирают. Сказали в сердце своем: „Если он даст этот эликсир сыну своему, тот наверняка умрет, и мы станем наследниками нашего господина". Сказали ему: „Господин наш! Этот эликсир пригоден только лишь сыну твоему, и эту награду за работу нашу мы оставляем у тебя. Возьми его и посули своему сыну, чтобы он принял этот эликсир"».

---

[178] Тора, Дварим, 33:29. «Счастлив ты, Исраэль! Кто подобен тебе, народ, спасаемый Творцом, щитом и помощником твоим? И Он – меч величия твоего, и покорны будут тебе враги твои, а ты их высоты попирать будешь».

150) «„Так Творец – Он мудрый целитель, и Он знал, что если даст Тору Исраэлю прежде, чем сообщит об этом" правителям народов, „они будут каждый день преследовать Исраэль из-за нее и убивать их. Но Он сделал так", как мы уже описали, т.е. предложил им, а они не пожелали. „И они приносили Ему подношения и дары для того, чтобы Исраэль приняли ее. И все их принял Моше, чтобы дать Исраэлю. И это смысл сказанного: „Ты поднялся ввысь, захватил пленных, взял дары у людей"[179]. Поэтому унаследовали Исраэль Тору без всяких возражений и обвинений"».

151) «„Смотри, украшения сынов Исраэля – это подношения и дары, которые они получили" от правителей народов. „И поэтому не властвовали над ними ни смерть, ни ситра ахра, и мало того, что они получили Тору без всяких возражений, но еще и получили подношения и дары от всех. Когда прегрешили, что написано: „И сняли сыны Исраэля свои украшения"[180] – и это те самые „дары у людей"[178], которые они получили. Что осталось от них? Только пленные, как сказано: „Ты поднялся ввысь, захватил пленных, взял дары у людей"[178]».

152) «„Продолжили грешить, что написано: „И услышал кнааней, царь Арада"[181], а затем: „И воевал с Исраэлем, и взял у него пленных"[180] – т.е. забрал у них также и тех пленных, которые остались у них. „И всё время, когда Исраэль возвращаются к своему Отцу небесному, возвращаются им подарки, и будут защищать их. А в грядущем будущем будет возвращено всё, как написано: „И возвратит Творец Всесильный твой пленников твоих"[182]. Отсюда и далее произнеси речи свои"».

---

[179] Писания, Псалмы, 68:19. «Ты поднялся ввысь, захватил пленных, взял дары у людей, и даже (среди) отступников обитать будет Творец Всесильный».

[180] Тора, Шмот, 33:6. «И сняли сыны Исраэля свои украшения с горы Хорев».

[181] Тора, Бемидбар, 21:1. «И услышал кнааней, царь Арада, обитающий на юге, что Исраэль идет дорогой разведчиков, и воевал с Исраэлем, и взял у него пленных».

[182] Тора, Дварим, 30:3. «И возвратит Творец Всесильный твой пленников твоих, и смилостивится Он над тобою, и вновь соберет Он тебя от всех народов, где рассеял тебя Творец Всесильный твой».

ГЛАВА БАЛАК

Земля ужаснулась и притихла

153) «Сказал рабби Йоси: "Творец, когда выходил Ты от Сеира, когда шествовал Ты с поля Эдома, земля тряслась"[183]. В час, когда Творец возвращался из Сеира, когда они не получили Тору, "земля тряслась"[182]. В чем причина того, что тряслась? Это потому, что хотела снова стать "пустой и хаотичной"[184]. Ибо так условился Творец с миром: если примут Исраэль Тору, то хорошо, а если нет, то Я верну мир в состояние пустоты и хаоса. Когда увидела земля, что предлагал Творец всем народам принять Тору, а они не приняли ее, и от всех народов остался один лишь Исраэль, то подумала земля, что Исраэль тоже не примут Тору, как и они. И поэтому "земля тряслась"[182]. Когда сказали" Исраэль: "Сделаем и услышим"[185] – сразу же притихла. Это смысл сказанного: "Затрепетала земля и притихла"[186]. Вначале затрепетала, а затем притихла"».

154) «"И смотри, поскольку Исраэль сказали: "Сделаем"[184] – они не боялись никаких действий, которые могли проделать все колдуны мира, и никаких чародеев и колдунов, что в мире. И в чем причина? Первая – в этом"», в том, что сказали: «Сделаем»[184]. «"А другая – потому, что когда Творец выводил Исраэль из Египта, Он сокрушил перед ними все виды колдунов и чародеев, чтобы те не могли властвовать над ними. И в тот час, когда явился Балак, он знал это. Сразу же: "И отправил он послов к Биламу, сыну Беора, в Птор, что на реке"[187]. Что значит "в Птор"? Но он накрыл стол, чтобы получить оттуда совет, что делать. "Что на реке (на́ар)"[186]. Спрашивает: "На двух реках (наара́им)", – следовало сказать", ведь он был из Арам-Наараима, "что значит: "На реке (наар)"[186]?" И отвечает: "Конечно же, это так, – что на одной реке всегда стоит"», то

---

[183] Пророки, Шофтим, 5:4. «Творец, когда выходил Ты от Сеира, когда шествовал Ты с поля Эдома, земля тряслась, и небо капало, и облака сочились водою».

[184] Тора, Берешит, 1:2. «Земля же была пуста и хаотична, и тьма над бездною, и дух Всесильного витал над водою».

[185] Тора, Шмот, 24:7. «И взял книгу союза, и прочитал вслух народу, и сказали они: "Все, что говорил Творец, сделаем и услышим!"»

[186] Писания, Псалмы, 76:9. «С небес дал услышать Ты суд, затрепетала земля и притихла».

[187] Тора, Бемидбар, 22:5. «И отправил он послов к Биламу, сыну Беора, в Птор, что на реке, в землю сынов народа его, чтобы позвать его, сказав: "Вот, народ вышел из Египта, и вот, покрыл он лик земли и расположился напротив меня"».

есть этот стол клипы, представляющий собой Малхут клипы, стоит на одной из рек клипы, и это Есод клипы.

155) «Рабби Эльазар и рабби Аба отправились проведать рабби Йоси, сына рабби Шимона бен Лакунья, тестя рабби Эльазара. Встали они в полночь, чтобы изучать Тору. Сели. Сказал рабби Эльазар: „Теперь то время, когда Творец входит в Эденский сад наслаждаться с праведниками, которые находятся там". Сказал рабби Аба: „В чем заключается эта радость, и как Он радуется с ними?" Сказал рабби Эльазар: „Это является сокровенной тайной, которую я не раскрываю, и она не известна" никому. И он не захотел раскрывать ее. „Сказал ему" рабби Аба: „Разве в пустоте пребывали великие столпы мира сего, жившие раньше", – почему же ты говоришь, „что они не знали" этой тайны и нельзя раскрывать ее? „И" разве „не стремились они узнать, зачем находятся в этом мире и что ждет их в том мире?"» И нет сомнения, что они тоже знали эту тайну, и поэтому ты должен раскрыть ее.

ГЛАВА БАЛАК

Творец Всесильный мой Ты, превознесу я Тебя

156) «Провозгласил рабби Эльазар и сказал: „Творец (АВАЯ) Всесильный (Элоким) мой Ты, превознесу Тебя, восхвалю имя Твое, ибо Ты совершил чудо советами издали веры нерушимой"[188]. Это изречение несет в себе тайну веры. АВАЯ – это высшая тайна, и является началом высшей скрытой точки, которая неизвестна", т.е. высших Абы ве-Имы, свойства Хохмы, и в них йуд (י) не выходит из воздуха.[189] И Хохма в них скрыта, и они неизвестны. „Всесильный (Элоким) мой"[187] – это голос тонкой тишины", т.е. ИШСУТ, являющиеся Биной, „И это начало, о котором предстоит спросить", потому что йуд (י) выходит в ней из воздуха (авир אויר) во время гадлута, однако „И скрыт, и неизвестен, и нет того, кто бы ответил на него", иначе говоря, хотя и предстоит ему вопрос, т.е. раскрытие, поскольку йуд (י) вышла в нем из воздуха (авир אויר) и вернулась к свету (ор אור) Хохмы, нет того, кто бы ответил на этот вопрос, так как Хохма не раскрывается на своем месте, а только на месте Зеир Анпина и Малхут, „потому что она скрыта и упрятана"».

157) После того как объяснил, что «Творец (АВАЯ)»[187] – это Аба ве-Има, которые вообще не стоят перед вопросом, «Всесильный мой (Элокай)»[187] – это ИШСУТ, которые стоят перед вопросом, и нет того, кто ответит на него, выясняет теперь: «„Ты"[187] – это правая линия», Хесед Зеир Анпина, т.е. „начало, которое стоит перед вопросом, и ответить на него", однако он – только начало этого раскрытия, и еще не раскрыт в нем, а только в Малхут.[190] „И он" называется „высший коэн", как сказано: „Ты – коэн навеки по слову Моему, Малки-цедек"[191]. Спрашивает: „Что означает: „По слову Моему, Малки-цедек"[190]?"

---

[188] Пророки, Йешаяу, 25:1. «Творец Всесильный мой Ты, превознесу Тебя, восхвалю имя Твое, ибо Ты совершил чудо советами издали веры нерушимой».

[189] См. Зоар, главу Берешит, часть 1, п. 308. «Теперь выясняется различие между зивугом высшего мира Бины и зивугом нижнего мира Бины. И говорится, что высший мир опускается в нижний мир, чтобы создать нижний мир...»

[190] См. Зоар, главу Берешит, часть 1, п. 340, со слов: «И, кроме того, так же как высшая Хохма является началом (решит ראשית), так же и нижняя Хохма считается началом (решит ראשית)...»

[191] Писания, Псалмы, 110:4. «Клялся Творец и не раскается: „Ты – коэн вовеки, по слову Моему, Малки-цедек"».

И отвечает: „Но высший коэн", и это Хесед Зеир Анпина, „он опирается на слово", т.е. Малхут, „потому что слово это находится только в правой линии", Хесед. „И что это слово собой представляет? Это Малки-цедек, таково имя его", (имя) Малхут. „И то, что сказал: „Слово Мое"¹⁹⁰», а не «слово», это «„потому, что она соединилась с Давидом", так как Давид являлся строением (мерокава) Малхут. „И все слова восхваления" Давида „вошли в это слово, и поэтому" сказал: „Слово Мое"¹⁹⁰ – т.е. Моя Малхут. „И поэтому „Ты – коэн"¹⁹⁰, т.е. Хесед. „Но мы ведь объясняли, что это три места, каждое из которых называется „Ты"», поскольку Хохма называется «Ты»,¹⁹² а также Хесед называется «Ты», как выяснилось здесь, и Малхут называется «Ты».¹⁹³

158) Теперь он объясняет слова: «Превознесу Тебя»¹⁸⁷ из вышеприведенного изречения и говорит: «„Превознесу Тебя"¹⁸⁷ – т.е. с помощью всех" трех имен АВАЯ Элоким Ты „вместе. „Восхвалю имя Твое"¹⁸⁷ – как подобает, и это имя известно", т.е. Малхут, называемая именем. „Ибо Ты совершил чудо"¹⁸⁷. Чудо указывает на скрытие, т.е. Ты сделал „покрытие и облачение для скрытого света Атика", т.е. Бины. „И это начало высшей ступени", т.е. Хохма, что в ней, называемая „скрытый Адам Ришон, который облачился в покрытие другого света"», т.е. хасадим.¹⁹⁴

159) «„Другое объяснение. „Ибо Ты совершил чудо"¹⁸⁷ – т.е. создал алеф (אלף)"». Потому что «чудо (פלא)» состоит из букв «алеф (אלף)». «„И что такое „алеф (אלף)"? Мы ведь изучали, что алеф-бет (алфавит) означает: алеф (א) – Бина. Однако форма буквы алеф (א) – это три стороны", правая, левая и средняя. „И это – начало высшей тайны Адама Ришона", представляющего собой три линии в Бине, которые являются корнем образа Адама, т.е. мохин Зеир Анпина.¹⁹⁵ „Потому что в форме буквы алеф (א) есть две конечности, с одной и с другой стороны", и это две линии, Хесед и Гвура, т.е. высшая йуд (י) и нижняя йуд (י) ее, „И тело посередине", т.е. вав (ו), находящаяся между двумя йуд (י). „И всё это является одним целым",

---

¹⁹² См. Зоар, главу Аазину, п. 70.
¹⁹³ См. Зоар, главу Пкудей, п. 798. «„Ты" – указывает на „украшение скрытых букв", светящих в Малхут...»
¹⁹⁴ См. Зоар, главу Берешит, часть 1, п. 9. «Высшая точка, Арих Анпин, посеяла внутри чертога ИШСУТ три точки: холам, шурук, хирик...»
¹⁹⁵ См. Зоар, главу Насо, Идра раба, п. 263. «А то, что говорит: „Что сделает мне человек?" – это имя исправления распространения мохин...»

то есть это объяснение является одним целым с объяснением того, что чудо – это облачение Хохмы в хасадим, потому что это облачение приходит только с помощью трех линий. „И это – единство буквы алеф (א), и поэтому алеф (א) в числовом значении – один, и это смысл слов: „Ибо Ты совершил чудо (пэле פלא)"[187], и это – алеф (אלף). „И рав Амнуна Сава сказал так: „Ибо Ты совершил чудо"[187] – это чудо является одной из ступеней тех самых чудес Хохмы. И что она собой представляет? Это „тропинка, неведомая даже ястребу"[196], – т.е. пятидесятые врата, „И это – чудо"».

160) «„Советами издали"[187]. Спрашивает: „Вначале он назвал это чудом"», и не сказал там: «Советами издали», «„а здесь сказал: „Чудо советами издали"[187], – в чем разница? И отвечает: „Однако там он должен был перечислить шесть окончаний высших ступеней", и поэтому говорит: „Пэле (чудо) – Йоэц (советник) – Эль (сильный) – Гибор (воин) – Ави (отец мой) – Ад (вечный) – Сар (правитель) – Шалом (мирный)"[197]». «Эль (сильный)» – это Хесед, «Гибор (воин)» – Гвура, «Ави (отец мой)» – Тиферет, «Ад (вечный)» – Нецах, «Сар (правитель)» – Ход, «Шалом (мирный)» – Есод. «„А здесь он не собирается пересчитывать число" ступеней. Спрашивает: „Но „советами издали"[187] – что они собой представляют?" И отвечает: „Это две ивовые ветви", т.е. Нецах и Ход. И называются советами, „поскольку все советы пророков исходят оттуда, они называются „советами издали"[187], так как пророки получают от сфирот Нецах и Ход. „Веры нерушимой"[187] – это два, являющиеся одним", поскольку это „река и сад", т.е. Есод и Малхут. „Это", река, т.е. Есод, „вытекает из Эдена, а это", сад, т.е. Малхут, „орошается ею. Таким образом, здесь"», в изречении: «Творец Всесильный мой Ты»[187], «„заключается вся скрытая тайна веры"», потому что «Творец (АВАЯ)»[187] – это Хохма, «Всесильный мой (Элокай)»[187] – Бина, а «Ты»[187] – Хесед. «Чудо»[187] – это три линии ХАГАТ, «советами издали»[187] – Нецах и Ход, «веры»[187] – Малхут, «нерушимой»[187] – Есод.

---

[196] Писания, Иов, 28:6-7. «Место, (где находят) сапфир, – камни ее; и прах его – золото. Тропинка, неведомая даже ястребу, и глаз коршуна не видел его».

[197] Пророки, Йешаяу, 9:5. «Родился у нас мальчик, сын дан нам; власть на плечах его, и наречено ему имя Пэле-Йоэц-Эль-Гибор-Ави-Ад-Сар-Шалом».

ГЛАВА БАЛАК

И Билама, сына Беора, убили мечом

161) «Сказал рабби Эльазар: „Злодея Билама – кто убил, и как он был убит?" Сказал рабби Ицхак: „Пинхас и люди его убили его, как написано: „Убили, сверх остальных убитых"[198]. И мы учили, что в городе мидьянском" Билам „действовал с помощью своего колдовского учения, и вознеслись в воздух он и цари мидьянские. И если бы не святой начелок и молитва Пинхаса, что повергло их" на землю „сверх остальных убитых"[197], не одолели бы их. „И это означает: „(И царей мидьянских убили), сверх остальных убитых"[197]. И написано: „И Билама, сына Беора"[197], чародея, „убили они мечом"[197]. Сказал ему рабби Эльазар: „Все это я знаю"».

162) «Сказал рабби Шимон: „Эльазар, все речения злодея Билама – суровы они. И товарищи ведь объяснили, что написано: „И не вставал более пророк в Исраэле как Моше"[199]. И сказали, что в Исраэле не вставал, однако среди народов мира вставал. И кто это? Билам. И мы уже эти вещи объясняли. Нет подобного Моше среди высших Кетеров. Нет подобного Биламу среди нижних Кетеров. Один – на стороне святости, другой – в левой стороне. И если всё это было в его руках, и он был настолько силен в этой мудрости, и он был мужем, который восславлял себя с большой силой, как сказано: „А я встречусь здесь (ко)"[200], что означает: „Устраню Ко", т.е. Малхут, „отсюда", – как же могли убить его?"»

163) И отвечает: «„Однако в книге мудрости царя Шломо сказано так: „Это три признака: признаком нарушения является желчность, признаком глупости – многословие, признаком полного отсутствия знания – самовосхваление. И этот", который восхваляет себя, „перевешивает всё остальное, потому что он глуп, подозреваем во всех нарушениях, и всё это есть в нем"».

---

[198] Тора, Бемидбар, 31:8. «И царей мидьянских убили, сверх остальных убитых, Эви и Рекема, и Цура, и Хура, и Реву – пять царей Мидьяна, и Билама, сына Беора, убили они мечом».
[199] Тора, Дварим, 34:10. «И не вставал более пророк в Исраэле как Моше, которого знал Творец лицом к лицу».
[200] Тора, Бемидбар, 23:15. «И сказал он Балаку: „Постой здесь у всесожжения твоего, а я встречусь здесь"».

164) Спрашивает: «„Но ведь написано: „Пусть хвалит тебя другой, а не язык твой"[201]. И это значит, – „что если нет другого, кто восхвалит тебя, сделает это язык твой?" И отвечает: „Это не так, но" это означает – „если нет того, кто знает тебя, начни устами своими произносить речения Торы и сообщать речения истины в Торе, и тогда открытое тобою в Торе восславит речения твои и сделает тебя известным. Ибо ничто в мире не отличает человека так, как откровение его уст, и уста его дают понять людям, кто он"».

---

[201] Писания, Притчи, 27:2. «Пусть хвалит тебя другой, а не язык твой, – чужой, а не уста твои».

ГЛАВА БАЛАК

Слышащий речи Творца

165) «„Этот злодей Билам восхвалял себя во всем, и вместе с тем, он вводил в заблуждение людей, и превозносился от" высокопарности „своих речей, и из малого делал большое, и то, что говорил, – было на этих ступенях речей скверны, и говорил он правду. Но этот нечестивец славословил и восхвалял себя, скрывая это от других, и возносился в речах своих" настолько, „что каждый, кто слышал его, думал, что тот возвысился над всеми пророками мира, как написано: „Слышащего речения Всесильного и знающего мысль Всевышнего"[202]. Есть ли в мире человек, который слышал бы эти речи и не подумал бы, что нет в мире такого преданного пророка, как он?"»

166) «„И было правдой, и так было. „Речь слышащего речения Всесильного"[201] – так было. „И знающего мысль Всевышнего"[201] – так было. И этот злодей говорил о ступенях, к которым прилепился: „Слышащего речения Всесильного"[201] – речения, находящиеся на самом высоком уровне, подобных которым нет"».

167) «„И так говорил: „Слышащего речения Всесильного (Эль)"[201], – „а-Эль האל" не написано, ибо „Всесильный (а-Эль האל) – непорочен путь Его"[203], а просто „эль אל" – это чужое божество". Как сказано: „И не поклоняйся божеству чужому (эль ахер)"[204]. Поэтому „слышащего речения Всесильного"[201] – на самом деле вещь незначительная, но для того, кто не знает, это подобно величественному высшему речению. „Слышащего речения Всесильного (Эль)"[201] – т.е. того, кто называется чужим божеством, как написано: „И не поклоняйся божеству чужому (эль ахер)"[203]».

168) «„И знающего мысль Всевышнего"[201] означает, что высшими над всеми ступенями нечистоты являются те, что направляют морской корабль и ураганный ветер, и это – „сорок без одного". А тот капитан, управлению которого подчиняются все

---

[202] Тора, Бемидбар, 24:16. «Речь слышащего речения Всесильного и знающего мысль Всевышнего, видящего явление Всемогущего, падающего и прорицающего».
[203] Писания, Псалмы, 18:31. «Всесильный – непорочен путь Его, слово Творца верно, щит Он для всех полагающихся на Него».
[204] Тора, Шмот, 34:14. «И не поклоняйся божеству чужому, ибо Творец ревностный – имя Его, Владыка ревностный Он».

они, он – высший над всеми. И к этому" высшему „прилеплялся тот самый злодей и говорил, что знает „мысль Всевышнего"²⁰¹ – т.е. самой высокой из ступеней, управляющих кораблём" скверны. „Кто слышал его речи и не испугается знания его, говоря, что нет подобного ему в мире. Но этот злодей восхвалял себя скрытно от других и говорил речения истины, однако вводил людей в заблуждение"», – поскольку говорил о ступенях нечистоты, а слушатели думали, что о высшей святости произносит он свои речи.

169) «„Который явление Всемогущего зрит"²⁰⁵. Тот, кто слышал это, думал", что так было, – „что видел то, чего не видел никто другой в мире". Однако „явление Всемогущего (Шадай)" – это одна ветвь из тех ветвей, которые исходили от имени Шадай. И почему" это? „Потому что с помощью этой" их „мудрости он видел три ветви, соответствующие шин (ש) имени Шадай (שדי), соответствующие трем ветвям" буквы шин (ש), т.е. ХАГАТ. „И видел соответственно двум пророкам, т.е. двум ивовым ветвям", называемым Нецах и Ход, „поддерживающим Его", Тиферет, „И в соответствие семидесяти двум (аин-бет) ветвям дурного глаза", который противостоит семидесятидвухбуквенному (аин-бет) имени святости, т.е. свойствам доброго глаза, „чтобы препятствовать им". И всё это находится в мудрости (хохма) клипот. „Когда явился Балак, то сказал: „Я одолею их, потому что Амалек явился к ним с этой мудростью и одолел их"».

170) «„И отправил послание Биламу и сказал ему: „Я – две буквы, что в Амалеке (עמלק), есть во мне, и это ламед-куф (לק), являющиеся окончанием" имени „Амалек (עמלק). У меня ламед-куф (לק), и у Амалека (עמלק) ламед-куф (לק) является моим окончанием, а у тебя – начало, бет-ламед (בל)". Сказал ему рабби Шимон: „Я говорю так: начало имени Балак (בלק) – бет-ламед (בל), и начало" имени „Билам (בלעם) – бет-ламед (בל). Таким образом, начало Балака (בלק) было в Биламе (בלעם), а окончание" имени „Амалека (עמלק)", т.е. ламед-куф (לק), „было в Балаке (בלק). А окончание Билама (בלעם)", т.е. аин-мем (עם), – „в начале Амалека (עמלק)"». Таким образом, окончание имени Билама (בלעם), т.е. аин-мем (עם), и окончание имени Балака (בלק), т.е. ламед-куф (לק), – это буквы Амалек (עמלק).

---

²⁰⁵ Тора, Бемидбар, 24:4. «Речь слышащего речения Всесильного, который явление Всемогущего зрит, падает и прорицает».

171) «„И если ты скажешь, что невозможно одолеть их из-за колдовства их предводителя Моше, простирающего руку свою"», как сказано: «И простер Моше руку свою на море»[206] и т.п., «„то рука эта есть и у правителей, способных пересилить его колдовствами. То есть, как написано: „И ворожба в руке их"[207], – не написано: „У них в руках", а „в руке их"[206] – т.е. в руке, которая против руки" Моше. „Такое послание отправил Балак Биламу"».

172) (Здесь не хватает текста) «„И поэтому: „Явление Всемогущего зрит"[204], как мы уже сказали. И из-за этого они были наказаны, и были наказаны наверху, и называются явлением (махазе מַחֲזֵה), как сказано: „И проем (мехеза מֶחֱזָה) против проема"[208], – т.е. ветвь, исходящая оттуда. И что представляет собой это явление? Это Аза и Азаэль, они – те, кто „падает и прорицает"[204], и это „явление Всемогущего"[204] – т.е. он видел тех, кого называют „падает и прорицает"[204]». (Здесь не хватает текста)

---

[206] Тора, Шмот, 14:21. «И простер Моше руку свою на море, и гнал Творец море сильным восточным ветром всю ночь, и сделал море сушею, и расступились воды».
[207] Тора, Бемидбар, 22:7. «И пошли старейшины Моава и старейшины Мидьяна, и ворожба в руке их, и пришли они к Биламу, и говорили ему речи Балака».
[208] Пророки, Мелахим 1, 7:5. «И все проемы и дверные рамы были четырехугольные по форме, и проем против проема (в) три ряда».

ГЛАВА БАЛАК

Цалья, который поверг Билама

173) Спрашивает: «„Где был Билам в это час? Если скажешь, что в Мидьяне, то ведь написано: „А теперь – вот я иду к народу моему"[209]. И если отправился туда, кто же направил его в Мидьян?" И отвечает: „Но тот самый злодей после того, как увидел, что пали двадцать четыре тысячи из Исраэля по совету его" – оставить на произвол судьбы дочерей, чтобы совращали народ Исраэля, „задержался там и захотел награды от них. Но этой задержки было достаточно, чтобы пришли туда Пинхас и правители воинств"».

174) «„Увидев Пинхаса", Билам „вознесся в воздух, и два его сына вместе с ним, Йонос и Йомброс. И если скажешь: ведь они погибли за изготовление тельца, ибо они сделали" тельца? „Но всё было именно так, и это смысл сказанного: „И пало в тот день из народа около трех тысяч человек"[210]. Что, разве не знали точно это небольшое число? Ведь много других чисел, гораздо более значительных и высоких, Писание указывает в точности, а здесь написано: „Около трех тысяч человек"[209], – т.е. не было точно известно? „Но это сыновья Билама, Йонос и Йомброс, которые приравнивались к трем тысячам человек"».

175) И отвечает: «„Однако этот злодей знал все колдовства в мире, и взял также колдовства своих сыновей, имевших обыкновение пользоваться ими, и с их помощью вознесся и исчез. Пинхас видел его – видел, как один человек возносится в воздух и исчезает, удаляясь из поля зрения. Громким голосом призвал он воинов своих и спросил: „Есть ли кто-нибудь, кто может догнать этого злодея, ведь это Билам? Его видели, когда он возносился"».

176) «„Цалья, один из сынов колена Дана, встал и принял правление, властвующее над колдовством, и вознесся вслед за ним. Как только увидел его этот злодей, изменил направление в воздухе и пересек пять воздушных пространств в этом направлении, и, поднявшись, скрылся с глаз. В этот час Цалья

---

[209] Тора, Бемидбар, 24:14. «А теперь – вот я иду к народу моему. Пойдем, я дам тебе совет. Что сделает этот народ твоему народу – в конце дней».
[210] Тора, Шмот, 32:28. «И сделали сыны Леви по слову Моше: и пало в тот день из народа около трех тысяч человек».

оказался в опасности и испытал чувство тревоги, так как не знал, что тот будет делать"».

177) «„Пинхас, возвысив голос, прокричал ему: „Тень чудовищ, возлежащих над всеми змеями, переверни с помощью волос своих". В тот же миг распознал Цалья и открыл этот путь, и взошел к нему. Тут же открылся" Билам, „И оба они опустились перед Пинхасом"».

Пояснение статьи. Ты уже узнал, что корень всей ситры ахра и скверны – это их слияние с левой линией без правой, и они отталкивают исправление средней линии, соединяющей левую с правой, потому что вся их жизненная сила исходит от ГАР левой линии, где Хохма притягивается сверху вниз. А средняя линия уменьшает эти ГАР силой экрана де-хирик,[211] и поэтому они сопротивляются ей. И кроме того, у всего, что есть в святости, есть противоположность в ситре ахра.

Когда Билам увидел, что Пинхас пришел, неся возмездие Творца Мидьяну, и понял, что тот, несомненно, захочет убить также и его, тогда вознесся в воздух, т.е. поднялся на ступень ГАР, называемых вознесением в воздух, но только в левой линии этого воздуха, как свойственно нечистоте. И мало того, еще и скрылся от глаз святости, потому что поднялся в ГАР левой линии, не находящихся в святости вследствие уменьшения средней линии. И это смысл сказанного: «Увидев Пинхаса, вознесся в воздух, и два его сына вместе с ним»[212] – т.е. они притянули к тельцу́ ГАР левой линии, и это означают слова: «И если скажешь: ведь они погибли за изготовление тельца, ибо они сделали? Но всё было именно так, и это смысл сказанного: „И пало в тот день из народа около трех тысяч человек"[209]» – это указывает на притяжение Йоносом и Йомбросом от ГАР левой линии, которые имеются в виду под тремя тысячами, так как Хохма исчисляется в тысячах, но поскольку Хохма нечистоты перекрыта, будучи дурным глазом,[213] поэтому говорит Писание: «Около трех тысяч человек»[209], а не «три тысячи» на самом деле. И это означает сказанное: «И взял также

---

[211] См. Зоар, главу Лех леха, п. 22, со слов: «Экран де-хирик, на который выходит средняя линия, происходит от свойства суда, имеющегося в Малхут...»
[212] См. выше, п. 174.
[213] См. выше, п. 169.

колдовства своих сыновей»²¹⁴ – т.е. ГАР левой линии, как мы уже сказали. И необходимо помнить, что средняя линия может уменьшить ГАР левой линии только лишь с помощью экрана манулы. Однако после того, как она уменьшила ее, манула превращается в мифтеху. Таким образом, у Цальи был теперь только экран мифтехи. И поэтому сказано: «Пинхас видел его – видел, как один человек возносится в воздух и исчезает, удаляясь из поля зрения», – т.е. поднялся в ГАР левой линии, где нет глаза святости, и скрылся от глаз святости. И сказано: «Цалья, один из сынов колена Дана, встал и принял правление, властвующее над колдовством, и вознесся вслед за ним»²¹⁵. Цалья – это свойство «тень Творца», т.е. ГАР, потому что Цалья (צליה) – это буквы «цель йуд-хэй (צל י״ה) тень Творца)», т.е. как свойство средней линии святости, сокращающей ГАР левой линии с помощью экрана мифтехи. И поскольку он относится к колену Дана, представляющему собой власть левой линии, в нем записывается эта тень над его ГАР. И он взял силу власти средней линии в нем, с помощью которой тот властвует над левой линией и уменьшает ее. И это означает сказанное: «Встал и принял правление, властвующее над колдовством», – потому что средняя линия святости властвует над ГАР левой линии, от которых получают свои силы все колдуны и ситра ахра. «И вознесся вслед за ним» – т.е. желал повергнуть того силой власти средней линии с экраном мифтехи. «Как только увидел его этот злодей, изменил направление в воздухе», – т.е. для того, чтобы отменить силу экрана мифтехи, он снова пробудил сокращение ГАР в точке холам, т.е. вход Малхут в Бину, называемый мифтеха, и благодаря этому «пересек пять воздушных пространств в этом направлении», – т.е. отменил в пяти свойствах КАХАБ ТУМ все свойства ГАР, имеющиеся благодаря власти средней линии, так как он пересек, пользуясь судами точки холам, каждую из ступеней этих пяти свойств, разделив их на Кетер-Хохму и Бину-Тиферет-Малхут, так же как и в состоянии катнут святости, а затем он снова пробудил левую линию в своем корне, и это выход йуд (י) из воздуха (אויר), так же как в точке шурек, при котором снова пробуждаются ГАР левой линии. И была отменена сила экрана мифтехи средней линии. И это смысл сказанного: «И поднявшись», – т.е. он снова поднялся в ГАР левой линии, «скрылся с глаз», так как этого места не достигает глаз святости, как мы

---

²¹⁴ См. выше, п. 175.
²¹⁵ См. выше, п. 176.

уже сказали. И поэтому сказано: «В этот час Цалья оказался в опасности», т.е. тень, которая над его йуд-хэй (י"ה), оказалась в опасности быть отмененной из-за раскрытия ГАР левой линии, совершенного Биламом, потому что ему недоставало экрана манулы.

И поэтому сказано: «Пинхас, возвысив голос, прокричал ему: „Тень чудовищ, возлежащих над всеми змеями"»[216], – намекнул ему, чтобы он пробудил тень чудовищ, «возлежащих над всеми змеями» в мире, т.е. тень точки манулы, обладающей большой силой, способной отменить всех змеев и колдунов в мире, потому что из любого места, которого касается эта точка, уходят все света.[217] И сказал ему: «Переверни с помощью волос своих» – потому что манула содержится в свойстве «волосы», но она скрыта. И сказал ему, чтобы тот (всё) перевернул и искал с помощью своих волос, как сказано: «Листай и перелистывай (досл. переворачивай) ее, ибо всё – в ней»[218], и он найдет там силу точки манула, и тогда обрушит ее на голову этого злодея. И это смысл сказанного: «В тот же миг распознал Цалья и открыл этот путь» – так как точка манулы отменила путь его (Билама), который тот проделал к ГАР левой линии, и он раскрылся внизу, так как упал и вышел из ГАР левой линии. «Тут же открылся, и оба они опустились перед Пинхасом» – потому что оба они опустились из ГАР, поскольку даже Цалья потерял ГАР святости из-за раскрытия манулы, так как пробудил свое свойство «волосы». И это означает сказанное: «И оба они опустились перед Пинхасом».

178) «„Смотри, об этом грешнике сказано: „И пошел он на возвышенное место"[219] – это высшая из его ступеней, змей свойства захар. Цалья взял обоих, захара и некеву, и тем самым получил власть над ним, потому что взял власть, позволившую править ими, и они подчинились ему. И это было „аспидом на пути"[219] – на том самом пути, который проделал этот злодей.

---

[216] См. выше, п. 177.
[217] См. Зоар, главу Ваеце, п. 23. «„От силы света Ицхака" – святости, „И осадков вина" – клипот, из них обоих „выходит одна сложная форма", состоящая из добра и зла...»
[218] Мишна Авот, гл.5, мишна 22. Бен-Баг-Баг говорил: «Листай и перелистывай ее, ибо всё – в ней; вглядывайся в нее, старься и седей с нею, и от нее не отходи, ибо нет ничего лучше нее».
[219] Тора, Бемидбар, 23:3. «И сказал Билам Балаку: „Встань у всесожжения твоего, а я пойду, может быть явится Творец навстречу мне, и что Он укажет мне, я объявлю тебе". И пошел он на возвышенное место».

Как написано: „Будет Дан змеем на дороге"²²⁰ – это Шимшон, „аспидом на пути"²²⁰ – это Цалья"».

Объяснение. Есть две клипы: захар и некева. Захар – от судов захара, нисходящих в момент раскрытия ГАР левой линии, а некева – от судов нуквы и силы манулы, раскрывающихся от Малхут в свойстве «если не удостоился, то (стало) злом»²²¹. «„И пошел он на возвышенное место (шéфи שְׁפִי)"²¹⁸ – это высшая из его ступеней, змей свойства захар», – ведь поскольку был слит с ГАР левой линии, он был отдан во власть змея-захара клипы, т.е. судов захара. И это была высшая из всех ступеней, т.е. ГАР левой линии.

«Цалья», – который хотел его отменить, «взял обоих, захара и некеву», – т.е. пробудил также нукву клипы, силу манулы, как мы сказали в предыдущем пункте, «И тем самым получил власть над ним», – так как опустил его силой манулы с его ступени и поверг его перед Пинхасом, как мы уже объясняли в предыдущем пункте. Таким образом, Билам шел с одним видом «возвышения», и это змей-захар, а Цалья пошел с двумя видами «возвышения» – возвышение захара и возвышение некевы, и это смысл сказанного: «„Аспидом (шефифóн שְׁפִיפוֹן) на пути"²¹⁹ – это Цалья», потому что «аспидом (шефифóн שְׁפִיפוֹן)» указывает на два вида возвышения (шéфи שְׁפִי) его, захара и некевы.

179) «Будет Дан змеем на дороге, аспидом на пути, который язвит ногу коня, и падает всадник его навзничь»²¹⁹. «„Который язвит ногу коня"²¹⁹ – это Ирá, который был с Давидом,²²² и он происходил от Дана, и благодаря своим заслугам связал свою силу с Давидом, как написано: „И уничтожил Давид все

---

²²⁰ Тора, Берешит, 49:17. «Будет Дан змеем на дороге, аспидом на пути, который язвит ногу коня, и падает всадник его навзничь».
²²¹ См. «Предисловие книги Зоар», п. 123. «Малхут – это Древо познания добра и зла, если удостоился человек – стало добром, а если не удостоился – то злом», а также Зоар, главу Ваеце, п. 23. «„От силы света Ицхака" – святости, „И осадков вина" – клипот, из них обоих „выходит одна сложная форма", состоящая из добра и зла...»
²²² Пророки, Шмуэль 2, 20:26. «А также Ира Яиритянин был первым при Давиде».

колесницы"[223]. „И падает всадник его навзничь"[219] – это Серая́,[224] который в будущем должен явиться с Машиахом, сыном Эфраима, и он исходит от колена Дана, и он в будущем совершит возмездие и будет вести войны с остальными народами. И когда он встанет, тогда жди избавления Исраэля, как написано: „На спасение Твое надеюсь, Творец!"[225] И хотя объяснялось это изречение, но пояснение этого, как мы сказали, и как его объясняли. И на него приводится Писание и подтверждает"».

180) «„Когда опустился этот злодей перед Пинхасом, сказал тот ему: „Злодей, сколько нечестивых кругообращений совершил ты над святым народом!" Сказал Цалье: „Встань и убей его", но не (назвал его) по имени, потому что не заслужил тот, чтобы упоминали над ним высшую святость, дабы не вышла душа его и не включилась в речения святых ступеней, и тогда сбудется с ним то, что сказал: „Умрет душа моя смертью праведных"[226]».

181) «„В тот час он совершил над ним несколько видов казней, но тот не умер, пока не взял он меч, на котором был запечатлен змей с одной стороны и с другой. Сказал ему Пинхас: „Его собственным убей его, и от своего умрет". Тогда убил его и одолел его. Ибо таковы пути этой стороны: кто следует за ней – в ней умрет, и в ней выйдет душа его, и в нее включится" душа его. „И так умер Билам. И судят его судами того мира, и никогда не был похоронен, и все кости его разложились и превратились во множество отвратительных змеев, приносящих вред остальным созданиям. И даже черви, которые ели плоть его, стали змеями"».

182) «„Я обнаружил в книге Ашмадая, которую он дал царю Шломо, что каждый, кто желает вершить сильные колдовства, скрытые от глаз, если он знает скалу, где упал Билам, то должен найти там тех змеев, которые образовались из костей этого

---

[223] Пророки, Шмуэль 2, 8:4. «И забрал у него Давид тысячу семьсот всадников и двадцать тысяч человек пеших, и уничтожил Давид все колесницы, оставив из них сто колесниц».
[224] Пророки, Йермияу, 51:59. «Слово, которое пророк Йермияу заповедал Серая, сыну Нерия, сына Махсея, когда тот (Серая) отправился в Вавилон с Цидкияу, царем Йеудеи, в четвертый год царствования его; Серая был назначен смотрителем над подарками».
[225] Тора, Берешит, 49:18. «На спасение Твое надеюсь, Творец!»
[226] Тора, Бемидбар, 23:10. «Кто исчислил прах Яакова и число доли Исраэля? Умрет душа моя смертью праведных, и пусть будет кончина моя, как его!»

злодея. Если поразит одного из этих" змеев „в голову, сможет совершать высшие колдовства, в тело – другие колдовства, а в хвост – другие колдовства. Три вида колдовства есть в каждом из них"».

183) «„Когда царица Шева явилась к Шломо, одним из всего того, что она спросила у Шломо", было – „сказала: „Суть змея, в котором есть три вида колдовства, с помощью чего улавливается?" Сразу же сказано: „И не было для царя слова сокрытого, чего он не рассказал бы ей"[227]. Она спрашивала об этом, нуждаясь в этих змеях, и не могла поймать ни одного из них. Что он отвечал ей на те слова, которые были у нее на сердце?"», как написано: «И говорила с ним обо всем, что было у нее на сердце»[228]. «„Так он сообщал ей, как написано: „И отвечал ей Шломо на все ее слова"[226], и сказал: „Этих змеев не могут одолеть все жители мира, и есть только одна тайная вещь. И что она собой представляет? Это излияние кипящего семени"».

184) «„И если скажешь: кто способен на это? Однако в тот момент, когда человек в страстном порыве изливает семя, предназначенное тому самому змею в этом страстном желании, и оно выходит кипящим, его тут же собирают в одно одеяние, и это одеяние бросают змею. Он сразу же пригибает свою голову и его хватают, подобно тому, как ловят домашнего петуха. И если" даже „всё военное оружие приготовят против одного из них, не смогут одолеть его. А когда он так действует, то человеку в мире не нужно ни оружия, ни чего-либо другого, и он не должен остерегаться их, потому что все они подчиняются ему. И тогда легли эти слова на сердце" царицы Шевы, „И она страстно возжелала этого"».

185) «„Отсюда и далее, Эльазар, сын мой, Творец сделал то, что сделал, с этим злодеем" Биламом. „И эти скрытые тайны не нужно раскрывать. Однако для того, чтобы товарищи, находящиеся здесь, узнали о сокровенных вещах в мире, я раскрыл их вам. Ибо множество скрытых законов действует в мире, и люди о них не знают, и они являют собой скрытые чудеса,

---

[227] Пророки, Мелахим 1, 10:3. «И отвечал ей Шломо на все ее слова, и не было для царя слова сокрытого, чего он не рассказал бы ей».

[228] Пророки, Мелахим 1, 10:2. «И пришла она в Йерушалаим с очень большим караваном: верблюды навьючены (были) благовониями, и великим множеством золота, и драгоценными камнями; и пришла она к Шломо, и говорила с ним обо всем, что было у нее на сердце».

великие и возвышенные. О нем", Биламе, „И о подобных ему возглашают: „А имя нечестивых сгинет"[229]. Счастливы истинные праведники, сказано о них: „Но праведники воздадут благодарность имени Твоему"[230]».

---

[229] Писания, Притчи 10:7 «Память праведника благословлена, а имя нечестивых сгинет».
[230] Писания, Псалмы, 140:14. «Но праведники воздадут благодарность имени Твоему, справедливые обитать будут пред Тобой».

ГЛАВА БАЛАК

Молитва Моше, молитва Давида, молитва бедного

186) «„А теперь пойди, прошу, прокляни мне народ этот"[231]. Рабби Аба провозгласил: „Молитва бедного, когда обессиливает"[232]. Молитва упоминается в отношении троих, и это уже объяснялось: один – Моше, другой – Давид, и еще один – бедный, который включился в них и соединился с ними. И если скажешь: ведь сказано: „Молитва Хавакука, пророка"[233], – в таком случае, их четверо?" И отвечает: „Однако обращение Хавакука не было молитвой, и хотя в связи с ним упомянута молитва, – это восславление и благодарность Творцу за то, что дал ему дух жизни и совершил с ним чудеса и могучие деяния. Потому что он был тем самым сыном шунамитянки"», которого оживил Элиша.

187) «„Но есть только три вида обращения, называемые молитвой:

1. „Молитва Моше, человека божьего"[234] – это молитва, с которой не может сравниться молитва другого человека.

2. „Молитва Давида"[235] – это молитва, с которой не может сравниться молитва другого царя.

3. „Молитва бедного"[231] – самая важная молитва из всех трех. Эта молитва принимается прежде молитвы Моше и прежде молитвы Давида, и прежде всех молитв мира"».

188) Спрашивает: «„В чем причина?" И отвечает: „Потому что бедный – это сокрушенный сердцем. И написано: „Близок Творец к сокрушенным сердцем"[236]. И бедный всегда ведет спор с Творцом, и Творец прислушивается к нему и выслушивает

---

[231] Тора, Бемидбар, 22:6. «А теперь пойди, прошу, прокляни мне народ этот, ибо он сильнее меня! Может быть, смогу я, разобью его, и изгоню я его из этой земли; ведь я знаю: тот, кого ты благословишь – благословен, а кого проклянешь – проклят».

[232] Писания, Псалмы, 102:1. «Молитва бедного, когда обессиливает и пред Творцом изливает душу свою».

[233] Пророки, Хавакук, 3:1. «Молитва Хавакука, пророка, на шигйонот».

[234] Писания, Псалмы, 90:1. «Молитва Моше, человека божьего. Владыка, пристанищем Ты был нам из поколения в поколение».

[235] Писания, Псалмы, 86:1. «Молитва Давида. Приклони, Творец, ухо Свое, ответь мне, ведь беден и обездолен я».

[236] Писания, Псалмы, 34:19. «Близок Творец к сокрушенным сердцем и смиренных духом спасает».

слова его. Когда" бедный „возносит свою молитву, он открывает все окна небесные. И все остальные молитвы, поднимающиеся наверх, отодвигает этот бедный, сокрушенный сердцем. Как сказано: „Молитва бедного, когда обессиливает (досл. лишает сил)"[231]. Следовало сказать: „Когда лишается сил", что значит: „Когда лишает сил (яато́ф יַעֲטֹף)"[231]? Но" это значит, что „он создает задержку, т.е. задерживает все молитвы в мире, которые не входят до тех пор, пока не войдет его молитва"». Лишение сил означает задержку, как в сказанном: «Слабые (атуфи́м עֲטֻפִים) Лавану»[237].

189) «„И сказал Творец: „Задержатся все молитвы, а эта молитва поднимется ко Мне. Мне не нужна здесь судебная палата, чтобы судили между нами, предо Мной пусть будут все обиды его, и Я с ним – мы будем наедине". И только Творец находится наедине с этими обидами, с этой молитвой, как написано: „Пред Творцом изливает душу свою"[231]».

190) «„Все воинства небесные спрашивают друг друга: „Чем занимается Творец, о чем заботится?" Говорят" им: „Он соединяется со стремлением в келим Его" – т.е. с сокрушенными сердцем. „Никто из них не знает, что происходит с молитвой бедного и со всеми этими обидами его, ибо стремление бедного – только когда он предстает со слезами обиды пред святым Царем. А стремление Творца – только когда Он принимает их, и они изливаются пред Ним. И это та самая молитва, которая отодвигает и задерживает все молитвы в мире"».

191) «„Моше вознес свою молитву и ждал с этой молитвой много дней" из-за молитвы бедного. „Давид видел, что все окна и врата небесные готовы открыться" ради молитвы бедного, „И из всех молитв мира нет молитвы, которую бы Творец выслушал тут же, подобно молитве бедного. Когда он увидел это, почувствовал себя бедным и обездоленным, снял царские одеяния и сидел на земле подобно нищему, вознося молитву. Как сказано: „Молитва Давида. Приклони, Творец, ухо Свое, ответь мне"[234]. И если спросишь: почему? Потому что „ведь беден и обездолен я"[234]. Сказал ему Творец: „Давид, разве ты не царь и правитель над могучими царями, почему же ты чувствуешь себя бедным и обездоленным?!" Сразу же

---

[237] Тора, Берешит, 30:42. «Когда же слабы были овцы, он не ставил. Так доставались слабые Лавану, а крепкие Яакову».

обратился Давид со своей молитвой в ином виде, оставив слова „беден" и „обездолен", и сказал: „Сохрани душу мою, ибо предан я Тебе"[238]. И вместе с тем, всё было в Давиде"» – как бедность, так и приверженность.

192) «Сказал ему рабби Эльазар: „Хорошо ты сказал. И поэтому человек, обращающийся с молитвой, должен почувствовать себя бедным, с тем чтобы молитва его вошла в общее число молитв всех бедных, потому что все стражи ворот не позволяют пройти" никаким молитвам в мире так, „как позволяют пройти молитве бедного, поскольку те входят без разрешения. И если человек чувствует себя бедным, и всегда делает таким свое желание, то молитва его поднимается и оказывается вместе с молитвами бедных, соединяется с ними, и поднимается вместе с ними, включается в их общее число, и принимается благосклонно пред высшим Царем"».

---

[238] Писания, Псалмы, 86:2. «Сохрани душу мою, ибо предан я Тебе, спаси Ты, Всесильный мой, раба Твоего, полагающегося на Тебя!»

ГЛАВА БАЛАК

Четыре пути: бедные, преданные, рабы, освящающие имя Творца

193) «„Царь Давид направлял себя четырьмя путями: ставил себя вместе с бедными, ставил себя вместе с преданными (хасидами), ставил себя вместе с рабами, ставил себя вместе с теми, кто отдает себя и душу свою ради освящения имени Творца. Ставил себя вместе с бедными, как написано: „Ведь беден и обездолен я"[234]. Ставил себя вместе с преданными, как написано: „Сохрани душу мою, ибо предан я Тебе"[237], – потому что человек не должен становиться грешником. И если скажешь, что в таком случае, он не признался в своих грехах миру", – и ведь тем самым он становится грешником, – „это не так. Ибо когда он признался в грехах своих, он стал преданным Творцу, поскольку собирается принять раскаяние и выводит себя со стороны зла, – т.е. до сих пор был в своей нечистоте, а теперь прилепился к правой линии высшего, Хеседу, которая простерлась, чтобы принять его"». И когда прилепился к Хеседу, называется преданным (хасид).

194) «„И не говори, что Творец не принимает его до тех пор, пока не определит точно все свои грехи с того дня, как он явился в мир, или" даже „те, которые скрыты от него, и он не может вспомнить о них". Это не так, „поскольку он должен изложить только те" грехи, „которые он помнит. И если направляет свое желание к тому", чтобы раскаяться в них во время признания, „то все другие" грехи „присоединяются к ним. И это как мы учили, что" во время сжигания квасного „не проверяются верхние щели дома, находящиеся наверху, и нижние щели дома, находящиеся внизу, но если проверил согласно видимому глазом, в соответствии с тем, что он способен увидеть, всё остальное присовокупляется к этому и отменяется вместе с ним"».

195) «„И так мы изучали о язвах – двадцать четыре главных органа не принимают нечистоту[239] ни от какого вида ее проявления, и поэтому коэн не утруждал себя" рассматривать их, „т.е. как написано: „Насколько могут видеть глаза коэна"[240] – это

---

[239] Мишна, трактат Негаим, часть 6, мишна 7.
[240] Тора, Ваикра, 13:12. «Если же расцветет проказа на коже, и покроет язва проказы всю кожу человека с головы до ног, насколько могут видеть глаза коэна».

такое место, на котором коэн мог видеть всю язву сразу, окинув ее одним взглядом, и не должен был сгибаться и осматривать ее с разных сторон. И так же здесь – человек не должен излагать все свои грехи с того дня, когда он явился в мир, и они" как „нижние щели в доме", которые он не должен проверять, „но не те грехи, о которых он забыл и не может вспомнить о них, и они" как „верхние щели в доме наверху, лишь „насколько могут видеть глаза коэна" – то, что он может увидеть, окинув одним взглядом, „а все остальные следуют за ними. И поэтому Давид ставил себя вместе с преданными (хасидами)"», т.е. он признавался в своих грехах и прилеплялся к правой линии, как выяснилось.

196) «„А" откуда нам известно, „что он ставил себя вместе с рабами? Это как написано: „Вот, как глаза рабов обращены к руке господ их"[241], и написано: „Спаси Ты, Всесильный мой, раба Твоего"[237]. А" откуда нам известно, „что он ставил себя с теми, кто отдавал душу свою ради освящения имени Творца? Это как написано: „Обрадуй душу раба Твоего, ибо к Тебе, Творец, возношу душу свою"[242]. Вместе со всеми четырьмя", – бедными, преданными, рабами, освящающими имя Творца, – „ставил себя царь Давид пред Творцом"».

197) «Сказал рабби Эльазар: „Возношу руки мои в молитве пред святым Царем. Ведь мы учили, что человек может возносить руки свои наверх только лишь в молитве, благословениях и мольбе к Господину своему, как написано: „Воздеваю руку мою к Творцу, Владыке Всевышнему"[243]. И истолковывается это так: „Возношу я руки мои в молитве", потому что пальцы рук символизируют высшие свойства,[244] и теперь я так делаю", т.е. я возношу руки свои в молитве. „И я говорю, что каждый, кто выстраивает в правильном порядке эти четыре (вида)", приведенные выше, – бедных, преданных, рабов, освящающих имя Творца – „пред Господином своим и приводит себя в желании

---

[241] Писания, Псалмы, 123:2. «Вот, как глаза рабов обращены к руке господ их, как глаза рабыни – к руке госпожи ее, так глаза наши – к Творцу Всесильному нашему, пока Он не помилует нас».

[242] Писания, Псалмы, 86:4. «Обрадуй душу раба Твоего, ибо к Тебе, Творец, возношу душу свою».

[243] Тора, Берешит, 14:22. «И сказал Аврам царю Сдома: „Воздеваю руку мою к Творцу, Владыке Всевышнему, создавшему небо и землю"».

[244] См. Зоар, главу Берешит, часть 1, п. 130. «„Ногти" видны, однако не позволяется видеть внутреннюю сторону „пальцев" в свете этой свечи, потому что внутренняя сторона „пальцев" – это келим де-паним, Кетер и Хохма...»

сердца к этому исправлению как подобает, то благодаря этому исправлению молитва его не вернется без ответа"».

198) «„Вначале" он должен сделать себя „рабом, т.е. выстроить восславления пред Господином своим и вознести ему песнопения, и это – в восславлениях перед молитвой. И потом" он должен сделать себя „рабом, т.е. уже после того, как вознес молитву Амида, – это раб, который выстраивает молитву Господину своему. А затем должен сделать себя рабом после того, как обратился со всеми молитвами и ушел. И поэтому Давид трижды делал себя рабом во время этой молитвы. Как написано: „Спаси Ты, Всесильный мой, раба Твоего"[237]. „Обрадуй душу раба Твоего"[241]. И написано: „Дай силу Твою рабу Своему"[245]. Таким образом, трижды нужно делать себя рабом"» – перед молитвой, после молитвы «Восемнадцати», после всей молитвы, как мы уже объяснили.

199) «„Затем он должен поставить себя среди тех, кто отдает душу свою ради освящения имени Творца. И в единстве „Шма Исраэль"[246], и каждому, кто таким образом устремляет свое желание в этом изречении, засчитывается, словно отдал душу свою за святость имени Его"».

200) «„Затем" должен „сделать себя бедным. Потому что в то время, когда он входит и стучится во входы небесных высей, при произнесении благословения: „Истинно и незыблемо"[247], и приближает избавление к молитве, то он будет в молитве Амида"», «Восемнадцать», «„сокрушенный сердцем", „бедный и обездоленный". И он должен направить желание свое на то, чтобы присоединиться к бедным в сокрушении сердца и низменности души"».

201) «„А затем" должен „поставить себя среди преданных, в благословении „слышащий молитву"[248], чтобы изложить грехи свои, потому что каждый должен так делать во время благословения „слышащий молитву", чтобы прилепиться к правой линии, Хеседу, простертой для того, чтобы принять

---

[245] Писания, Псалмы, 86:16. «Обратись ко мне и помилуй меня, дай силу Твою рабу Своему и спаси сына рабы Твоей».
[246] Тора, Дварим, 6:4. «Слушай, Исраэль, Творец – Всесильный наш, Творец – един!»
[247] Благословение после возглашения «Шма Исраэль».
[248] Одно из благословений молитвы «Амида».

раскаявшихся. И тогда он называется преданным (хасидом). И вот эти четыре как подобает"».

202) Спрашивает: «"И кто включает их всех?" И отвечает: „Тот, кто должен их включить в себя, и это раб, включающий всех остальных", т.е. освящение имени Творца, бедного и преданного. „Это три свойства „раб" в трех местах, и все они – одно целое. И о них сказано: „Вот, как глаза рабов обращены к руке господ их"[240], – между одним рабом и другим" находятся „эти остальные, то есть между первым рабом", который перед молитвой, „И последним рабом", который после молитвы Амида.[249] „Он должен отдать душу свою ради освящения имени Творца и сделать себя бедным и обездоленным в молитве Амида, и поставить себя среди преданных (хасидов) в благословении „слышащий молитву"[247]. Третий раб – после того, как он закончил и выстроил всё"», т.е. после всей молитвы.[248]

203) «"Мы учили, что в тот час, когда выстроил человек все эти четыре порядка в желании сердца, это становится желанным Творцу. И Он простирает десницу Свою над ним в этом третьем рабе", т.е. после всей молитвы, „И возглашает о нем, говоря: „Ты раб Мой" – как написано: „И сказал мне: „Ты раб Мой, Исраэль, в котором Я прославлюсь"[250]. И конечно, молитва такого человека никогда не вернется без ответа". Подошел рабби Аба и поцеловал его».

204) «Сказал рабби Эльазар: „Смотри, два раба из этих трех включают в себя их всех" – освящение имени Творца, бедного и преданного. „Потому что третий раб собирается поставить в нем печать свыше, чтобы возложить на него десницу Творца, и в нем Он прославится. Однако те два раба, первый", который до молитвы, „И второй", который после молитвы Амида, „являются совокупностью всего. И царь Давид восславлял себя с их помощью, как сказано: „Прошу Тебя, Творец, ведь я – раб Твой, я раб Твой, сын рабыни Твоей"[251], – потому что они включают всех остальных. Третий раб", который после молитвы, „собирается так спасти меня, как написано: „Спаси Ты, Всесильный

---

[249] См. выше, п. 198.
[250] Пророки, Йешаяу, 49:3. «И сказал мне: „Ты раб Мой, Исраэль, в котором Я прославлюсь"».
[251] Писания, Псалмы, 116:16. «Прошу Тебя, Творец, ведь я – раб Твой, я раб Твой, сын рабыни Твоей. Развязал Ты узы мои!»

мой, раба Твоего"²³⁷. Тому, кто таким образом выстраивает, станет известно, что Творец восславляется в нем, и возглашает о нем: „Ты раб Мой, Исраэль, в котором Я прославлюсь"²⁴⁹. Подошел рабби Аба и поцеловал его».

205) «Сказал рабби Аба: „Об этом мы провозглашаем: „Желанней золота они, множества лучшего золота, и слаще меда и сотового нектара"²⁵². Какая же сладость содержится в этих древних словах, которые установили в таком порядке первые мудрецы. Но когда мы пробуем их на вкус, мы не можем их есть", – т.е. мы их не понимаем. „И, конечно, это так. Ведь этот отрывок указывает на этих трех рабов, и они являются одним целым, в одном месте. Двое – как ты сказал, а третий – в котором украсится Творец. Поскольку написано: „Ибо Мне сыны Исраэля рабы. Мои рабы они"²⁵³ – и это два раба, которые до молитвы и после молитвы Амида. И написано: „Нельзя их продавать, как продают раба"²⁵⁴, – это третий, „потому что Творец должен украситься в этом третьем" рабе, „И поэтому нельзя продавать его в рабы, так как он принадлежит Творцу"».

206) «Провозгласил рабби Эльазар и сказал: „Кто среди вас боится Творца, (слышит голос раба Его? Тот, кто ходит во тьме и нет света ему, пусть полагается на имя Творца и опирается на Всесильного своего)"²⁵⁵. Спрашивает: „Что значит: „Слышит голос раба Его"²⁵⁴? Тот, кто обычно является в дом собраний для молитвы, но в один из дней не пришел, – Творец спрашивает о нем: „Кто среди вас боится Творца, слышит голос раба Его? Тот, кто ходит во тьме, и нет света ему"²⁵⁴. Однако, „что означает: „Слышит голос раба Его"²⁵⁴ – кого? Если скажешь: раба Его, т.е. „пророка, либо другого человека, – кто дал пророку или другому человеку возможность обратиться в молитве? Из-за того ли, что он обратился в молитве, слышит он голос пророка или другого человека в мире?"»

---

²⁵² Писания, Псалмы, 19:10-11. «Страх Творца чист, пребывает вовек, законы Творца истинны, все справедливы. Желанней золота они, множества лучшего золота, и слаще меда и сотового нектара».

²⁵³ Тора, Ваикра, 25:55. «Ибо Мне сыны Исраэля рабы. Мои рабы они, которых Я вывел из земли Египта. Я – Творец Всесильный ваш».

²⁵⁴ Тора, Ваикра, 25:42. «Ибо Мои рабы они, которых Я вывел из земли Египта. Нельзя их продавать, как продают раба».

²⁵⁵ Пророки, Йешаяу, 50:10. «Кто среди вас боится Творца, слышит голос раба Его? Тот, кто ходит во тьме, и нет света ему, пусть полагается на имя Творца и опирается на Всесильного своего».

207) И отвечает: «„Однако человек, возносящий молитвы каждый день, слышит голос, которым призывает его Творец, и Он прославляется в нем, говоря, что он – раб Его, конечно, т.е. „слышит голос"[254] – какой голос? Тот голос, который называется рабом Его. Ибо это высшее восславление, на которое вышел голос, являющийся рабом Его. И кроме того, голос слышен на всех этих небосводах, и он – раб святого Царя. И это значит: „Слышит голос раба Его"[254]».

208) «„Тот, кто ходит во тьме, и нет света ему"[254]. Спрашивает: „Не потому ли, что не пришел молиться, он ходит во тьме?" И отвечает: „Но мы объясняли, что еще раньше, чем собираются Исраэль в дома собраний для молитвы, встает ситра ахра и перекрывает все высшие света, чтобы они не распространялись и не выходили в мир. Но трижды в день отправляется ситра ахра, представляющая собой захара и некеву, бродить по миру, и это – время, установленное для молитвы, потому что нет там никакого обвинения"».

209) «„И тогда это время молитвы, ведь поскольку они", ситра ахра, „отправляются бродить по горам тьмы, и „по горе высокой"[256], и распахнуты в это время окна высших светов, и выходят они и пребывают над домами собраний, над головами тех, кто возносит молитвы, и источаются эти света на головы их. И Творец спрашивает о том, который не находится там, и говорит: „Жаль Мне такого-то, который обычно приходил сюда, а сейчас „ходит во тьме"[254], так как отошел от светов и отправился бродить по горам мира", ибо находится под властью ситры ахра, что в горах тьмы, „И отошел от того сияния, – и это свет, который светит" в доме собрания, „И нет у него доли в нем. И это означает: „И нет света ему"[254] – насколько этот свет распространяется и пребывает над остальными", что в доме собрания, – „скольких благ он лишается. А если бы был там, „пусть полагается на имя Творца"[254] – т.е. в свойстве первого раба", который до молитвы, „И опирается на Всесильного своего"[254] – в свойстве второго раба"», который после молитвы Амида.

210) «Сказал рабби Шимон: „Эльазар, сын мой, несомненно, дух пророчества пребывает над тобой!" Сказал рабби Аба:

---

[256] Пророки, Йешаяу, 13:2. «На горе высокой поднимите знамя, громко крикните им, махните им рукою, чтобы вошли (враги) во врата вельмож».

„Лев, сын льва, – кто встанет пред ними, когда они ревут, намереваясь растерзать добычу. Все львы в мире обладают огромной силой, но эти", рабби Шимон и сын его, „превосходят всех. Трудно вырвать добычу из пасти любого льва в мире, а у этих – легко извлечь добычу", т.е. речения Торы, „из уст их. Они охотятся за добычей и дают ее всем"».

211) «„Тот, кто ходит во тьме"[254]. Спрашивает: „Те, что ходят во тьме", – следовало сказать?" Сказал рабби Эльазар: „Но это потому, что они", ситра ахра, „пребывают в соединении", захар и некева, „И тотчас разделяются". И это смысл сказанного: „Ходит"[254] – т.е. в соединении", когда они одно целое, „во тьме"[254] – когда уже разделились. Начинают с соединения и разделяются тут же. Подобно этому: „Ураганная буря пришла"[257] – т.е. совокупность захара и некевы", ситры ахра, называемых ураганной бурей, а затем говорит „пришла"[256] – единственное число и женский род, „потому что" некева „оставляет" захара, „т.е. они сразу же разделяются"».

---

[257] Пророки, Йехезкель, 1:4. «И увидел я: вот ураганная буря (досл. ветер) пришла с севера, и большое облако и огонь разгорающийся, и сияние вокруг него, и изнутри него словно сверкание (хашмаль) – изнутри огня».

ГЛАВА БАЛАК

И птица находит дом

212) «„И увидел Балак, сын Ципора, всё, что сделал Исраэль эморею"[258]. Сказал рабби Эльазар: „То, что сказал рабби Хия", об этом изречении, о Балаке, сыне Ципора, „это непонятно, но написано: „И птица находит дом, и ласточка – гнездо себе, куда кладет птенцов своих, возле жертвенников Твоих"[259]. Разве о простой" земной "птице царь Давид сказал это?"»

213) И отвечает: «„Но это как мы учили: сколь же приятны души Творцу! Если скажешь, что все души в мире, – это не так, но лишь души праведников, обители которых Он помещает рядом с Собой, их обители наверху, обители их внизу. „И птица находит дом"[258] – это души (рухот) праведников"».

214) «„Мы учили, что три стены есть в Эденском саду, и между каждой из них прогуливается множество душ (рухот и нешамот), и получают удовольствие от аромата и наслаждения праведников, находящихся внутри" Эденского сада, "хотя и не удостоились еще войти" внутрь. „Однако о наслаждении праведников внутри сказано: „Глаз не видел иных божеств, но лишь Тебя"[260]».

215) «„И есть известные дни в году, и это дни Нисана и дни Тишрея, когда эти души (рухот) странствуют и посещают требуемое место, и хотя они странствуют в самое разное время, но в эти дни они записаны, и они появляются на стенах этого сада, каждая из них, в образе птиц, щебечущих каждое утро"».

216) «„И это щебетание является восславлением Творцу и молитвой за жизнь людей в этом мире. Потому что в эти дни все в Исраэле заняты заповедями и повелениями Владыки мира. И тогда показываются эти птицы, щебечущие в радости, и на стенах Эденского сада они щебечут, восславляют, благодарят и молятся за жизнь этого мира"».

---

[258] Тора, Бемидбар, 22:2. «И увидел Балак, сын Ципора, всё, что сделал Исраэль эморею».

[259] Писания, Псалмы, 84:4. «И птица находит дом, и ласточка – гнездо себе, куда кладет птенцов своих, возле жертвенников Твоих, Властелин воинств, Царь и Всесильный мой».

[260] Пророки, Йешаяу, 64:3. «И никогда не слышали, не внимали; глаз не видел иных божеств, но лишь Тебя, даст Он уповающему на Него».

217) «Сказал рабби Шимон: "Эльазар, несомненно, ты правильно сказал, что эти души (рухот) пребывают там. Но что ты скажешь" об истолковании изречения: "И ласточка – гнездо себе"²⁵⁸?" Сказал: "Я учил, что это – душа святости", называемая ласточкой (дрор דְּרוֹר)²⁶¹, поскольку это свет Бины, свободы, "которая поднимается наверх, и поднимается в место скрытое и потаенное, где "глаз не видел иных божеств, но лишь Тебя"²⁵⁹».

218) «Сказал рабби Шимон: "Эльазар, конечно, ты хорошо сказал, и это правильно. Однако всё это – в нижнем Эденском саду. И это как ты сказал, и это так, безусловно. "И птица находит дом"²⁵⁸ – это святые души (рухот), которые удостоились впоследствии входить и выходить, после того как странствовали", не находя места, "И они выглядят как птицы, и эти души (рухот) нашли дом. Безусловно, у каждой из них есть известное место внутри"».

219) «"И вместе с тем" все эти души (рухот) "испытывают жгучее чувство зависти при виде хупы своих товарищей, при виде тех, у кого есть свобода и независимость от всего. И Творец показывает им один скрытый и потаенный чертог, в котором "глаз не видел иных божеств, но лишь Тебя"²⁵⁹. И этот чертог называется "Птичье гнездо". И оттуда создаются венцы Машиаха для грядущего будущего, и в записанные дни, трижды в году, Творец желает радоваться с этими праведниками и показывает им этот скрытый и потаенный чертог, о котором не знают и не ведают праведники, находящиеся там"».

220) «"Куда кладет птенцов своих, возле жертвенников Твоих"²⁵⁸, – это те праведники, которые украсились святыми сыновьями, удостоившимися письменной и устной Торы в этом мире. И они", письменная и устная Тора, "называются двумя жертвенниками, и" эти праведники "украшаются пред святым Царем, так как заслуга их сыновей в этом мире защищает их, и их венчают там. Какая душа (руах) удостаивается всего этого? Та, что "кладет птенцов своих"²⁵⁸ учиться "возле жертвенников Твоих"²⁵⁸, и это две Торы, как мы уже сказали. "Отсюда и далее произнеси речи свои, ибо без стыда увижу там", ибо удостоился такого сына, как ты, занимающегося двумя Торами.

---

²⁶¹ Слово «дрор (דְּרוֹר)» в иврите имеет несколько значений, в том числе «свобода» и «ласточка».

221) «Провозгласил рабби Эльазар, как вначале, и сказал: „И птица находит дом"[258] – это Итро, „И ласточка – гнездо себе"[258] – это сыновья его, которые изучали Тору в палате тесаного камня, и поясняли речения Торы устами своими. Что значит: „Находит дом"[258]? И отвечает: „Но сначала они осуществляли переходы и остановки в пустыне, уходили от наслаждения Мидьяна и от услады, получаемой там, и останавливались в пустыне. Когда увидел Творец, что стремление их – к Торе, вытянул их оттуда и привел в палату тесаного камня. „И ласточка – гнездо себе"[258], все это – одно целое, так как птица и ласточка – это одно. А гнездо (кен) – это, как сказано: „Хевер-Кени"[262], „И сказал Шауль кейнийцу (кени)"[263]».

222) «„Смотри, что написано: „И увидел Балак, сын Ципора"[257]. Чем он отличается от других царей" Мидьяна, „что упоминается там имя отца его", а имена их отцов – нет? И отвечает: „Однако Итро, оставив идолопоклонство, потянулся к Исраэлю и прилепился к ним – он и сыновья его. И весь мир объявил его вне закона и преследовал его"».

223) «„Балак был одним из потомков" Итро, „И отошел от путей своего предка. Когда старейшины Моава и старейшины Мидьяна, которые были вместе, поклонялись идолам и пребывали в братских отношениях в уделе своем, увидели, что Итро и сыновья его прилепились к Шхине, и он отдалился от них, то сразу же пришли и поставили его царем над собой. Как сказано: „А Балак, сын Ципора, в то время был царем Моава"[264]. „В то время"[263] был он царем, чего не было прежде. И поэтому написано: „Сын Ципора"[263] – что указывает на Итро, который звался Ципором. Это говорит о том, „что ему не подобало так поступать", так как он относился к потомкам Итро, называемого Ципором. „И увидел Балак"[257], „И услышал", – следовало сказать, что значит: „И увидел"[257]?" И отвечает: „Воочию увидел, и знал, что ему предстоит попасть в руки Исраэля, но Исраэль

---

[262] Пророки, Шофтим, 4:17. «Сисра же убежал пеший к шатру Яэли, жены Хевера-Кени, ибо мир (был) между Явином, царем Хацорским, и домом Хевера-Кени».

[263] Пророки, Шмуэль 1, 15:6. «И сказал Шауль кейнийцу: „Уйдите, выйдите прочь из среды амалекитян, чтобы мне не погубить вас вместе с ними; ты же сделал добро всем сынам Исраэля при выходе их из Египта". И ушел кейниец из среды Амалека».

[264] Тора, Бемидбар, 22:4. «И сказал Моав старейшинам Мидьяна: „Теперь объест это общество все, что вокруг нас, как объедает бык полевую зелень". А Балак, сын Ципора, в то время был царем Моава».

вначале попадут в его руки, а затем уже он попадет в руки Исраэля. И поэтому сказано: „И увидел Балак, сын Ципора, всё, что сделал Исраэль"[257]. Это означает: „И увидел Балак"[257]».

ГЛАВА БАЛАК

Если ты не будешь знать сама, прекраснейшая из женщин

224) «Провозгласил рабби Аба: „Если ты не будешь знать сама, прекраснейшая из женщин, то иди по следам овечьим"[265]. Кнессет Исраэль произнесла это пред высшим Царем. Кнессет Исраэль – что такое Кнессет?" И отвечает: „Это Ацерет (окончание), т.е. собрание. Как сказано: „Замыкающего (досл. собирающего) все станы"[266]. Потому что она собирает к себе все высшие станы"», и это Малхут, получающая от всех девяти первых сфирот.

225) «„И поскольку иногда зовется Нуква", Малхут, „по имени Кнессет (собрание), и сказано (о ней): „Ацерет", что указывает на окончание, „как сказано: „Ибо полностью закрыл Творец"[267], это означает, „что она получает, но не дает. Так оно и есть, безусловно. Потому что вследствие ее огромной преданности, когда нет в ней пороков, дают ей совершенно беспрепятственно. И она", Малхут, „когда" наполнение „приходит к ней, – всё, что собрала, она закрывает, и препятствует, чтобы не опускалось и не светило, но лишь, подобно росе, капля за каплей, понемногу-понемногу. Какова причина? Потому что не находит она внизу веры, а как сказано: „Немного тут, немного там"[268]. Иначе говоря, небольшая заслуга и небольшое свечение", как „роса, – мера за меру"».

226) «„Ведь если бы присутствовала вера" в мире „так, как она присутствует в ней", в Малхут, „она бы наполняла со всех сторон", как Хохмой, с левой стороны, так и Хеседом, с правой, „совершенно беспрепятственно, и она бы пребывала в радости. И тогда дают ей дары и многочисленные приношения, одно за другим", т.е. один дар за другим, „И не будут они ей препятствовать вовсе. Однако, нижние", если у них отсутствует вера,

---

[265] Писания, Песнь песней, 1:8. «Если ты не будешь знать сама, прекраснейшая из женщин, то иди по следам овечьим, и паси козлят твоих у шатров пастушьих».

[266] Тора, Бемидбар, 10:25. «И выступило знамя стана сынов Дана, замыкающего все станы, по их ратям, а над его войском Ахиэзер, сын Амишадая».

[267] Тора, Берешит, 20:18. «Ибо полностью закрыл Творец всякое чрево в доме Авимелеха из-за Сары, жены Авраама».

[268] Пророки, Йешаяу, 28:10. «Ведь повеление за повелением, повеление за повелением, черта за чертой, черта за чертой, немного тут, немного там».

„они препятствуют им", этим приношениям, – тому, чтобы они были переданы Малхут, „И препятствуют" Малхут наполнять нижних, „И тогда она называется Ацерет (окончание). „Ибо полностью закрыл Творец"[266], конечно, – словно дает всего лишь выдержку, но не более"».

227) «„И вместе с тем, как мать, дающая сыновьям своим скрыто, чтобы не знали о ней, так" Малхут „делает сыновьям своим, Исраэлю. И я учил у великого светоча, что в час, когда" Малхут „поднимается, чтобы получить наслаждения и прелести, а у Исраэля внизу обнаруживается изъян, появляется у нее капля" крови „с горчичное зернышко, и сразу же она лишается" своего правления, „И она сидит на ней определенное число дней. И тогда знают наверху, что есть изъян в Исраэле"».

228) «„И сразу же пробуждается левая линия, и протягивает вниз нить, „И ослабли глаза его, перестав видеть"[269], – то, что видел" раньше „добрым глазом, в свойстве Авраама", Хеседе, „без всякого суда, теперь „И ослабли глаза его, перестав видеть"[268]. „Перестав видеть"[268], разумеется, – т.е. смотреть в свойстве милосердия. Тогда происходит пробуждение Сама громким голосом, чтобы пробудиться над миром. Как сказано: „И призвал он Эсава, старшего сына своего"[268]. Старший он – по отношению к станам ситры ахра он старший, и управляет всеми кораблями в море, которые сталкиваются со злым духом, желающим потопить их в бездне моря, в этих пучинах моря его"».

Пояснение статьи. Ты уже узнал, что есть два состояния в Малхут,[270] и в первом состоянии она такая же большая как он, когда Зеир Анпин облачает правую линию Бины, а Малхут облачает левую линию Бины, и тогда она пребывает в свойстве Хохмы без хасадим, так как не соединена с Зеир Анпином, и света в ней застывают.[271] И вследствие того, что не может вытерпеть этого состояния, она уменьшается до точки и теряет свои света, и отстраивается заново в свойстве, когда нет

---

[269] Тора, Берешит, 27:1. «И было, когда состарился Ицхак, и ослабли глаза его, перестав видеть, и призвал он Эсава, старшего сына своего, и сказал ему: „Сын мой!" И сказал ему: „Вот я"».

[270] См. Зоар, главу Берешит, часть 1, пп. 110-115. «Когда луна была вместе с солнцем в едином слиянии, луна пребывала в своем свете...»

[271] См. Зоар, главу Берешит, часть 1, п. 301. «„Воды застывшего моря", т.е. Малхут, „вбирают все воды мира и собирают их в себе"...»

у нее ничего своего, и должна она получать всё от Зеир Анпина, мужа своего.[269]

И это смысл сказанного: «Потому что вследствие ее огромной преданности, когда нет в ней пороков»[272], – то есть в то время, когда она в первом состоянии, и тогда сказано о ней: «Вся ты прекрасна, подруга моя, и нет в тебе изъяна»[273]. И поскольку она так же велика и важна, как и Зеир Анпин, и получает от Бины так же, как получает Зеир Анпин, «дают ей совершенно беспрепятственно», – т.е. она тогда получает свечение Хохмы от левой линии Бины без всякой задержки. «И она, когда приходит к ней», – т.е. когда приходит к ней это наполнение Хохмы без хасадим, «всё, что собрала, она закрывает, и препятствует», – иными словами, света застывают в ней подобно застывшему морю, как мы уже сказали, «чтобы не опускалось и не светило, но лишь, подобно росе, капля за каплей, понемногу-понемногу» – как застывшие воды. «Какова причина? Потому что не находит она внизу веры». Ибо первое состояние продолжается всё то время, пока нижние не совершают возвращения, как мы изучали в состоянии Рош а-шана (Начало года), и выяснилось там, что прежде чем отстраивается во втором состоянии, она обязана уменьшиться до точки под Есодом, и тогда раскрывается над ней сила суда экрана манулы де-хирик, что вызывает ее уменьшение, и это «капля крови с горчичное зернышко». И это смысл сказанного: «Что в час, когда поднимается, чтобы получить наслаждения и прелести, а у Исраэля внизу обнаруживается изъян, появляется у нее капля с горчичное зернышко, и сразу же она лишается»[274], – т.е. тогда она лишается своего величия и возвращается к состоянию точки под Есодом, «И она сидит на ней определенное число дней» – семь дней, необходимых для подслащения ее снова в семи сфирот Бины, пока она заново не отстроится для второго состояния. И это смысл сказанного: «И когда Творец проявляет милосердие»[275] – то есть во втором состоянии, когда Зеир Анпин снова соединяется с ней, «дает ему все грехи и все провинности Исраэля, и Он отправляет их в пучины

---

[272] См. выше, п. 225.
[273] Писание, Песнь песней, 4:7. «Вся ты прекрасна, подруга моя, и нет в тебе изъяна».
[274] См. выше, п. 227.
[275] См. далее, п. 229.

моря», т.е. с помощью исправления «козла для Азазеля»[276].[277] И объясняет: «Все станы его», Сама, «называются пучинами моря, и они принимают их, и отправляются с ними ко всем остальным народам», то есть станы Сама берут провинности и грехи Исраэля и дают их остальным народам. И спрашивает: «Разве грехи и провинности Исраэля они бросают и раздают своим народам», но зачем народам это делать – принимать на себя провинности Исраэля? И отвечает, что они думают, что это подарки, но в конце обнаруживается, что это – провинности Исраэля. И необходимо понять, что их заставляет совершить такую серьезную ошибку.

И дело в том, что два вида суда являются корнями всех грехов и провинностей Исраэля:

1. Суды захара, исходящие от первого состояния нуквы.
2. Суды нуквы, исходящие от уменьшения ГАР.

И вот в Рош а-шана (Начале года) властвуют суды захара, исходящие от первого состояния Малхут.[276] И с помощью трубления в шофар пробуждаются суды нуквы и отменяют суды захара. Таким образом, исправляется только половина – суды захара, однако есть суды нуквы на своем месте. Ведь она уменьшилась, сократив ГАР,[276] и поэтому в День искупления она приходит к исправлению «козла для Азазеля»[275], т.е. к притяжению ГАР Хохмы, как было в первом состоянии, чтобы отменились суды нуквы. Однако нельзя это притянуть без получающего. И после того как Исраэль уже совершили возвращение и прилепились к средней линии, как можно снова получить теперь ГАР левой линии? И кроме того, они уже боятся судов захара в ней, так как уже отведали их в Рош а-шана (Начале года). И это – отсылание козла для Азазеля в пустыню, что означает притягивание ГАР левой линии для Сама и помощников его, чтобы передал их народам мира, а те, конечно же, примут его со всеми судами, что в нем, так как нет у них другого свечения. И поскольку есть получающий, Исраэль уже могут притянуть его, и тогда отменяются также суды нуквы, возникающие от уменьшения ГАР. И это смысл слов: «И понесет на себе

---

[276] Тора, Ваикра, 16:26. «И отсылающий козла для Азазеля омоет свои одежды и омоет тело свое водою, и затем войдет в стан».
[277] См. Зоар, главу Вайера, пп. 381-387, а также главу Ахарей мот, п. 118.

козел все их провинности»²⁷⁸ – так как он несет на себе наказания судов захара, которых боятся Исраэль, и они уверены, что не прегрешат в этом. И он также несет на себе прощение провинностей, относящихся к судам нуквы, так как только их раскрытие отменяет суды нуквы, хотя Исраэль и не принимают его, а только народы мира.

И это смысл сказанного: «Но они ждут и уповают на подарки свыше» – на ГАР левой линии, т.е. свечение козла, живущего для Азазеля, как уже объяснялось. И когда Творец берет все провинности Исраэля и бросает им, посредством раскрытия этого «козла для Азазеля»²⁷⁵, несущего на себе все грехи Исраэля, как суды захара, так и суды нуквы, как мы уже сказали, «все они думают, что эти подарки и подношения, которые Он хотел дать Исраэлю», – т.е. забрал у них и передал им. И они думают, что Творец послал им это свечение из чувства огромной любви к ним, большей, чем к Исраэлю, и поэтому запретил Исраэлю, и послал его им. И хотя они страдают от судов захара, которые над ним (козлом), всё же это считается у них большой заслугой, потому что нет у них другого света, в тайне: «Всё желание ситры ахра направлено только на плоть»²⁷⁹. И это смысл сказанного: «И сразу же все вместе», т.е. Сам и помощники его, «бросают их остальным народам».

229) «„И когда Творец проявляет милосердие, то дает ему все грехи и все провинности Исраэля, и Он отправляет их в пучины моря", т.е. в станы его, „потому что все станы его называются пучинами моря. И они принимают их, и отправляются с ними ко всем остальным народам". Спрашивает: „Разве грехи и провинности Исраэля они бросают и раздают своим народам?" И зачем они это делают? И отвечает: „Но они ждут и уповают на подарки свыше, подобно псам у стола. И когда Творец берет все провинности Исраэля и бросает им, все они думают, что эти подарки и подношения, которые Он хотел дать Исраэлю, – Он забрал их у Исраэля и дал им. И сразу же все вместе бросают их остальным народам"».

---

²⁷⁸ Тора, Ваикра, 16:22. «И понесет на себе козел все их провинности в землю необитаемую, и отошлет козла в пустыню».
²⁷⁹ См. Зоар, главу Ноах, п. 130.

230) «„Смотри, Кнессет Исраэль, она сказала вначале: „Черна я, но красива"[280], – уменьшила себя пред высшим Царем, и тогда спросила у Него, сказав: „Скажи мне, Возлюбленный души моей, где она будет пасти стадо, где положит отдыхать в полдень?"[281,282] Спрашивает: „Дважды „где ... где"[280] – почему? И отвечает: „Но это указывает на два разрушения, двух Храмов, когда все восклицают: „Где?! Где?!": „Где она будет пасти?"[280] – при разрушении первого Храма, и „где положит отдыхать?"[280] – при разрушении второго. И поэтому дважды „где...где"[280]».

231) Спрашивает: «„Она будет пасти"[280], „положит"[280]. Одно отличается от другого" – в чем состоит их отличие? „О вавилонском изгнании, небольшом по продолжительности, провозглашает: „Будет пасти"[280], а об эдомском изгнании, длительном по времени, провозглашает: „Положит"[280]. И поэтому дважды „где ... где"[280]. И еще. „Она будет пасти"[280], „положит"[280]. Но следовало сказать: „Он будет пасти" и также: „Положит" – ведь она сказала это об Исраэле?" И отвечает: „Однако она", Шхина, „сказала это о себе: „Где"[280] – твоя невеста", Шхина, „будет пасти"[280] – сыновей ее в изгнании, когда они будут среди остальных народов? „Где положит отдыхать в полдень"[280] – как даст им живительную влагу и воду", то есть хасадим, „во время дневной жары"», то есть в то время, когда властвуют суды?

232) «„Зачем мне быть словно в укрытии?"[280] – т.е. в час, когда Исраэль взывают к Творцу из своего притеснения и гонения, а другие народы насмехаются над ними и оскорбляют их: „Когда вы выйдете из изгнания? Как ваш Творец не делает вам чудес?", я нахожусь словно в укрытии, и не могу сделать для них чудес, и совершить возмездие" над их врагами. „Он", Зеир

---

[280] Писания, Песнь песней, 1:5-6. «Черна я, но красива, дочери Йерушалаима, как шатры Кедара, как полотнища Шломо. Не смотрите на меня, что я смугла, ибо солнце опалило меня. Сыновья матери моей разгневались на меня, поставили меня стеречь виноградники, а своего виноградника я не устерегла».

[281] Писание, Песнь песней, 1:7. «Скажи мне, возлюбленный души моей, где ты будешь пасти стадо, где положишь отдыхать в полдень? Зачем мне быть словно в укрытии возле стад товарищей твоих?»

[282] В иврите глагол будущего времени 2 лица, ед. числа, м. рода, совпадает по форме с 3 лицом, ед. числом, ж. рода, и поэтому слова (Писание, Песнь песней, 1:7) «где ты будешь пасти стадо, где положишь отдыхать в полдень?» можно перевести как «где она будет пасти стадо, где положит отдыхать в полдень?»

Анпин, „отвечает ей: „Если ты не будешь знать сама, прекраснейшая из женщин"[264]. Спрашивает: „Следовало сказать: „Если ты не будешь знать, прекраснейшая из женщин", — почему сказано „сама"[264]?" И отвечает: „Но „если ты не будешь знать сама"[264] означает, что если не будешь знать, как укрепить себя в изгнании и как стать сильной, чтобы защищать сыновей своих, то „иди по следам овечьим"[264] — выходи, чтобы укрепиться. „По следам овечьим"[264] — это те младенцы, которые учатся Торе у мудрецов"». У них возьмешь силы, чтобы защитить сыновей своих.

233) «„И паси козлят твоих"[264] — это те, что отняты от груди, которые ушли из мира и вошли в высшее собрание, расположенное „у шатров пастушьих (досл. над шатрами пастушьими)"[264]. Именно „над"[264]. „В шатрах пастушьих", — не написано, а „над шатрами пастушьими"[264] — это собрание Матата", которое находится выше шатров пастушьих, что в этом мире. И пастухи, т.е. предводители, пребывающие в этом мире, восходят туда после своей кончины. „Ведь там — все воители и дети мира, и ведающие Торой в этом мире в отношении позволенного и запрещенного, во всем, что необходимого живущим в мире", и поэтому они и называются пастырями (досл. пастухами). „Ибо „по следам овечьим"[264] — это дети, как мы уже сказали"», а «пастухи» — это предводители мира.

234) «Сказал рабби Эльазар: „По следам овечьим"[264] — это учащиеся в доме учения, которые выходят затем в мир, преподнося ему Тору прямо и открыто, и поэтому они обновляют древние слова каждый день, и Шхина пребывает над ними и внимает словам их, как написано: „И внимал Творец, и выслушал"[283]. Сказал рабби Аба: „Это, безусловно, так, все это — одно целое"».

235) «„Другое объяснение. „Если ты не будешь знать сама"[264]. Почему „сама"? Но в любом месте, где Исраэль находятся в изгнании, Шхина тоже находится в изгнании вместе с ними. И поэтому сказано „сама"[264]. И написано: „В каждой их беде Он сам страдал"[284]. И это означает „сама" — т.е. для себя, потому

---

[283] Пророки, Малахи, 3:16. «Тогда говорили друг с другом боящиеся Творца. И внимал Творец, и выслушал, и написана была памятная книга пред Ним для боящихся Творца и чтущих имя Его».

[284] Пророки, Йешаяу, 63:9. «В каждой беде их Он сам страдал, и ангел лица Его спасал их, в любви Своей и милосердии Своем Он избавлял их, и носил их, и возвышал во все былые времена».

что она тоже в изгнании. „Прекраснейшая из женщин"[264]. „Прекраснейшая"[264] – она сказала, что она черна, как сказано: „Черна я"[279], а Он сказал ей: „Красива ты, прекрасна, „прекраснейшая из женщин"[264], – т.е. она прекрасней всех ступеней. И сказано: „Прекрасна ты, подруга моя"[285]».

236) «„Другое объяснение. „Прекраснейшая из женщин"[264] – т.е. она отличается милостью (хесед), поскольку проявляет милость к сыновьям своим, находясь в скрытии от них. И Творец наделяет ее великим благом за всё, что она делает для сыновей своих в скрытии от них, хотя эти действия не достигли соответствия"».

237) «Сказал рабби Аба: „Удивляюсь я тому, что написано: „Если будет у мужа сын буйный и непокорный"[286]. И мы учили, что в тот час, когда сказал Творец Моше: „Напиши"», т.е. чтобы написал главу «Буйный и непокорный»[287], «„сказал ему Моше: „Владыка мира, не надо этого! Разве есть отец, который сделает такое своему сыну?" И Моше видел издалека в мудрости своей всё, что должен сделать Творец в будущем сынам Исраэля"». Иначе говоря, он предвидел это издалека, что глава «Буйный и непокорный» указывает на то, как затем Творец поступит с Исраэлем. И поэтому «„сказал: „Владыка мира, не надо этого делать!" Сказал Творец Моше: „Я понимаю, о чем ты говоришь! Напиши и получишь награду. Ты знаешь, но Я знаю больше. То, что ты видишь, – на Мне (ответственность за) это действие. Истолкуй это изречение и тебе откроется"» тайна его.

238) «„Он тотчас же подал знак" ангелу „Йофиэлю, правителю Торы. Сказал" Йофиэль „Моше: „Я истолковал это изречение. Написано: „Если будет у мужа"[285] – это Творец, как написано: „Творец – муж-воитель"[288]. „Сын"[285] – это Исраэль. „Буйный и непокорный"[285] – как написано: „Ибо как строптивая

---

[285] Писания, Песнь песней, 6:4. «Прекрасна ты, подруга моя, как Тирца, прекрасна как Йерушалаим, грозна – как войско со знаменами».
[286] Тора, Дварим, 21:18-20. «Если будет у мужа сын буйный и непокорный, не слушающий голоса отца своего и голоса матери своей; и наставляли они его, но он не слушал их, пусть возьмут его отец и мать, и выведут его к старейшинам города его и к вратам места его, и скажут старейшинам города его: „Этот сын наш буен и непокорен, не слушает он голоса нашего, чревоугодничает он и пьянствует!"»
[287] Глава «Ки Тецэ».
[288] Тора, Шмот, 15:3. «Творец – муж-воитель, Творец имя Его».

корова упрямился Исраэль"²⁸⁹. „Не слушающий голоса отца своего и голоса матери своей"²⁸⁵ – это Творец и Кнессет Исраэль", Малхут. „И наставляли они его"²⁸⁵ – как написано: „И предупреждал Творец Исраэль и Йегуду через всех пророков и прорицателей"²⁹⁰. „Но он не слушал их"²⁸⁵ – как написано: „И не слушали они Творца". „Пусть возьмут его отец и мать"²⁸⁵ – т.е. в едином мнении и в полном согласии"».

239) «„И выведут его к старейшинам города его и к вратам места его"²⁸⁵. „К старейшинам города их и к вратам места их", – следовало написать. Что значит: „К старейшинам города его и к вратам места его" – в единственном числе? И отвечает: „Но „к старейшинам города его"²⁸⁵ – это Творец, а „к вратам места его"²⁸⁵ – это Кнессет Исраэль", Малхут. И объясняет: „Старейшины города его"²⁸⁵ – это прежние дни, дни самые древние из всех", т.е. ГАР Зеир Анпина, пред которыми этот суд. „Врата места его"²⁸⁵ – мусаф (дополнительная молитва) субботы"», т.е. ГАР Малхут, которые добавляются ей в субботу.

240) «„И вместе с тем, хотя все они знают, что это высший суд", все же Он отвел этот суд от врат места его, „из-за того, что палаты суда матери", Малхут, „близки к Исраэлю и связаны с ними, и никто близкий не вершит суд над близкими людьми, и его нельзя судить". Поэтому „сначала что написано: „К старейшинам города его и к вратам места его"²⁸⁵. Когда увидел Творец, что они близки, сразу же отвел суд от врат места его", т.е. от ГАР де-Малхут, поскольку они близки. „Что написано после этого: „И скажут старейшинам города его"²⁸⁵, и не написано: „И к вратам места его", но только: „К старейшинам города его"²⁸⁵».

241) И говорят об Исраэле: «„Этот сын наш"²⁸⁵, конечно, а не остальные народы. „Буен и непокорен, не слушает он голоса нашего"²⁸⁵. Что же здесь изменилось, почему вначале не написано „чревоугодничает он и пьянствует", а затем написано: „Чревоугодничает он и пьянствует"²⁸⁵?" И отвечает: „Но

---

²⁸⁹ Пророки, Ошеа, 4:16. «Ибо как строптивая корова упрямился Исраэль, теперь как овцу (одинокую) на просторе будет пасти их Творец».
²⁹⁰ Пророки, Мелахим 2, 17:13. «И предупреждал Творец Исраэль и Йегуду через всех пророков и прорицателей, говоря: „Возвратитесь со злых путей ваших и соблюдайте заповеди Мои, уставы Мои всей Торы, которые Я заповедал отцам вашим, и которые Я послал вам через рабов Моих, пророков"».

кто привел к тому, что Исраэль стал „буен и непокорен" по отношению к Отцу небесному, – это потому, что „чревоугодничает он и пьянствует"²⁸⁵ среди остальных народов. Как написано: „И смешались они с народами и научились делам их"²⁹¹. И написано: „И ел народ и кланялся божествам их"²⁹². Потому что еда и питье являются сутью и основой, и то, как они поступали, находясь среди других народов, привело их к тому, что стали „сыном буйным и непокорным" по отношению к их Отцу небесному"».

242) «„И поэтому написано: „И пусть закидают его все жители города его камнями"²⁹³ – это все остальные народы, которые метали в них камни и валили стены, и крушили башни". Но всё это „нисколько не помогает им", так как не одолели они Исраэль. „Когда Моше услышал это, он написал эту главу"».

243) «„И вместе с тем, „прекраснейшая из женщин"²⁶⁴ – самая лучшая и драгоценная из всех женщин мира," т.е. Малхут, „иди по следам овечьим"²⁶⁴ – мы уже объясняли, что это дома собраний и дома учения, „И паси козлят твоих"²⁶⁴ – это младенцы, изучающие Тору, которые еще никогда не испытывали вкуса греха. „У шатров пастушьих"²⁶⁴ – это те, кто обучает младенцев, и главы собраний"».

244) «„Другое объяснение. „У шатров пастушьих"²⁶⁴, без вав (ו)"» в слове «пастушьих (а-роим הרעים)»²⁶⁴, и это как «а-раим (הרעים злодеи)». Указывает на то, «„что они злодеи, – т.е. цари эморейские, у которых Исраэль отняли землю, для того чтобы пасти скот свой. И Исраэль сделали эту землю местом своего пастбища. И тогда услышал Балак, что на землю, которая была так важна, Исраэль встали войной и разорили ее настолько, что сделали ее местом пастбища. И тогда он постарался сделать всё, что сделал, и привлек к себе Билама"».

---

²⁹¹ Писания, Псалмы, 106:35. «И смешались они с народами и научились делам их».
²⁹² Тора, Бемидбар, 25:1-2. «И поселился Исраэль в Шитиме, и начал народ распутничать с дочерьми Моава. И звали они народ приносить жертвы божествам их, и ел народ, и кланялся божествам их».
²⁹³ Тора, Дварим, 21:21. «И пусть закидают его все жители города его камнями, и пусть умрет он; искорени же зло это из среды твоей, и весь Исраэль услышит и ужаснется».

ГЛАВА БАЛАК

Так сказал Творец

245) «„И увидел Балак"²⁹⁴. Рабби Хизкия провозгласил: „Так сказал Творец: „Храните правосудие и поступайте по справедливости, ибо спасение Мое скоро придет"²⁹⁵. Насколько же любимы Исраэль пред Творцом, что хотя они и грешили пред Ним, и грешат пред Ним во всякое время, Он делает Исраэлю злой умысел как заблуждение"».

246) «„И так сказал рав Амнуна Сава: „Трое врат суда установили в разделах Мишны:

1. Одни, первые, – это о четырех основных видах ущерба: бык и т.д.", и это Бава кама (первые врата).

2. „Вторые врата – это о поношенном талите", т.е. Бава мециа (средние врата).

3. „Третьи врата – это о совместном хозяйстве и пропажах", и это Бава батра (последние врата).

"В чем причина?" И отвечает: „Но Творец в любое время превращает для Исраэля злоумышления в заблуждения. И те, кто установили Мишну, и так установили – в виде трех врат", Бава кама, Бава мециа и Бава батра, „согласно этому изречению взяли, в котором написано: „По всякому рассматриваемому нарушению"²⁹⁶, и это нарушение, не совершённое злоумышленно", потому что Творец превращает злоумышления в заблуждения. „По поводу быка, осла, овцы"²⁹⁵ – это Бава кама, и здесь она" говорит „об этих случаях. „По поводу одежды"²⁹⁵ – это Бава мециа", где рассматриваются законы о поношенном талите. „О всякой пропаже"²⁹⁵ – это третья Бава (врата)"», т.е. Бава батра.

247) «„Потому что они придерживались последовательности этого изречения. А когда" рав Амнуна Сава „дошел до Бава мециа, то сказал: „Это начало, что занимается талитом, – почему

---

²⁹⁴ Тора, Бемидбар, 22:2. «И увидел Балак, сын Ципора, всё, что сделал Исраэль эморею».
²⁹⁵ Пророки, Йешаяу, 56:1. «Так сказал Творец: „Храните правосудие и поступайте по справедливости, ибо спасение Мое скоро придет, и справедливость Моя проявится"».
²⁹⁶ Тора, Шмот, 22:8. «По всякому рассматриваемому нарушению, – по поводу быка, осла, овцы, по поводу одежды и всякой пропажи, – о котором скажет, что таково она, до судей дойдет дело обоих; кого признают судьи виновным, заплатит вдвое ближнему своему».

оно?" Потому что Бава меция начинается с рассмотрения случая, когда двое держатся за талит.[297] И после того, как нашел это изречение по поводу одежды, сказал: „Несомненно, что этот порядок является законом, данным Моше с Синая, по которому выяснялись все речения мудрецов"».

248) «„Так (ко) сказал Творец"[294]. Спрашивает: „В чем различие, что в любом месте у пророков написано: „Так сказал Творец", а у Моше не написано так, но: „Вот повеление"[298]. И отвечает: „О Моше, пророчество которого исходило от высшего светящего зеркала", Зеир Анпина, „не написано: „Так (ко)", и это „Малхут так называется" – Ко. „Однако остальные пророки, и их пророчество исходило от зеркала, которое не светит", – т.е. Малхут, называемой Ко, – „пророчествовали от Ко"».

249) «„А теперь пойди, прошу, прокляни мне народ этот!"[299] Говорит: „А теперь"[298]. Рабби Эльазар сказал: „Сказал этот злодей: „Конечно же, время способствует мне сделать всё, что я пожелаю". Он видел, но видел не полностью. Видел, что многие тысячи из Исраэля падут из-за него за короткое время. Сказал: „Конечно же, теперь время способствует мне". И поэтому" сказал: „А теперь"[298], а не в другое время"».

250) «„Пойди (леха לְכָה)"[298], следовало сказать: „Пойди (лех לֵךְ)". Что значит: „Пойди (леха לְכָה)"[298]?" И отвечает: „Но этим сказал: „Поторопим себя" к сражению „с тем, кто распростер свои крылья над ними, – с тем, чье имя Ко", с Малхут. „А теперь пойди"[298], и мы сразимся в войне с этим Ко"».

251) «„Сказал: „До сих пор не было в мире того, кто мог бы одолеть их, из-за того самого защитника, который стоит за них. Теперь же время способствует нам, встанем на войну с Ко". И весь замысел этого злодея был против Ко, как написано: „А

---

[297] Мишна, раздел Незикин, трактат Бава меция, часть 1, мишна (закон) 1.
[298] Тора, Шмот, 16:16. «Вот что повелел Творец: „Собирайте его каждый столько, сколько ему съесть, по омеру на человека, по числу душ ваших, сколько у каждого в шатре, собирайте"».
[299] Тора, Бемидбар, 22:6. «А теперь пойди, прошу, прокляни мне народ этот, ибо он сильнее меня! Может быть, смогу я, разобью его, и изгоню я его из этой земли; ведь я знаю: тот, кого ты благословишь – благословен, а кого проклянешь – проклят».

я встречусь здесь (ко)"³⁰⁰ – то есть: „Искореню эту Ко из места ее". И оба они злоумышляли против этой Ко, как сказано: „Против Творца и против помазанника Его"³⁰¹. Но не знали они, что затем эта Ко искоренит их из мира"».

---

[300] Тора, Бемидбар, 23:15. «И сказал он Балаку: „Постой здесь у всесожжения твоего, а я встречусь здесь"».
[301] Писания, Псалмы, 2:2. «Встают цари земли и властелины совещаются вместе – против Творца и против помазанника Его».

ГЛАВА БАЛАК

Пойди, прошу, прокляни

252) «„Ибо он сильнее меня!"[298] Спрашивает: „До этого часа, где бы" Исраэль „ни вели с ними войну, они побеждали их, в каком бы месте не сталкивались с мечом" Исраэлевым, „они стойко сражались с ними, чтобы показать мужество свое, пока не узнал он, что Исраэль сильнее его". И если так, „что означают слова: „Ибо он сильнее меня"[298]?" И отвечает: „Однако этот злодей был умен и видел издалека – он предвидел, что царь Давид, происходящий от Рут-моавитянки, будет могуч и отважен как лев, и что он будет вести тяжелые войны и победит моавитян, и повергнет он их к ногам своим". Поэтому „сказал: „Он сильнее"[298] – в единственном числе, „т.е. от того, кто унаследовал это могущество (гвура), произойдет один из их царей", от Рут-моавитянки, „чтобы уничтожить Моав"».

253) «„Может быть, смогу я, разобьем его"[298]. Это изречение следовало сказать так: „Может быть, смогу я, разобью его", или: „Может быть, сможем мы, разобьем его", почему же он сказал: „Может быть, смогу я, разобьем его"[298]? Но умен был этот злодей, сказал: „Вижу я одну руку", т.е. одну силу, – „что могучий лев протягивает лапу свою. Может быть, вместе с тобой я смогу одолеть его, т.е. мы оба объединимся и отсечем лапу этому льву" – с помощью проклятья, „прежде, чем этот царь явится в мир; и не прогнать ему Моав с места его"». И поэтому написано: «Может быть, смогу я»[298] – в единственном числе, а «разобьем»[298] – во множественном, что означает: «Может быть, смогу я соединиться с тобой, и разобьем мы его вдвоем».

254) Спрашивает: «„Что значит: „Прокляни мне"[298]?" Сказал рабби Аба: „Этот злодей сказал Биламу на двух языках, – на одном сказал: „Прокляни мне (ара ли ли אָרָה לִי)"[298], а на другом сказал: „Прокляни мне (кава ли ли קָבָה לִי)"[302]. В чем отличие между одним и другим?" И отвечает: „Но сказал ему: „Прокляни мне (ара ли ли אָרָה לִי)"[298] – т.е. собери мне „траву и колдовства голов змеев, и положи их в колдовской чан. После того как он увидел, что есть у него бо́льшая сила в устах, сказал повторно: „И пойди, прошу, прокляни мне (кава ли ли קָבָה לִי) народ этот"[301]».

---

[302] Тора, Бемидбар, 22:16-17. «И пришли они к Биламу, и сказали ему: „Так сказал Балак, сын Ципора: „Прошу, не откажись прийти ко мне, ибо великие почести окажу я тебе, и все, что скажешь мне, сделаю! И пойди, прошу, прокляни мне народ этот!"».

255) «„И несмотря на это, этот злодей Балак не оставил своего колдовства, а собрал всевозможные травы и колдовские силы голов змеев, и взял колдовской чан, и погрузил его на глубину тысячу пятьсот локтей под землю, и упрятал его до наступления конца дней. Когда явился Давид, вырыл бездну на тысячу пятьсот локтей и извлек воду из бездны, и окропил жертвенник. В тот момент", когда кропил воду, "сказал: „Я омою" этой водой колдовской „этот чан" Балака. Как написано: „Моав – сосуд умывальный мой"[303]. „Сосуд умывальный"[302], конечно"».

256) «„На Эдом опущу я башмак свой"[302]. Спрашивает: „Что значит: „Опущу я башмак свой"[302]?" И отвечает: „Но это он тоже видел издалека. Как написано: „И сказал Эсав Яакову: „Дай похлебать мне красного, красного этого, ибо устал я"[304]. „Дай похлебать мне"[303] – означает „действительно хлебать, т.е. раскрывать рот и горло, чтобы проглотить. Сказал Давид этому желающему похлебать, любящему похлебки: „Я опущу на него", т.е. на уста его, „башмак свой, чтобы перекрыть горло его"». Поэтому сказал: «На Эдом опущу я башмак свой»[302].

257) «„Плешет вострубит обо мне"[302]. Это Давид тоже предвидел издалека. Сказал: „Кнаан – это сторона зла, принадлежащая ситре ахра, а плиштим – они оттуда", из Кнаана.[305] „И что нужно" сделать „ситре ахра? – Трубление, как написано: „А когда пойдете войной на земле вашей ... трубите"[306]. А трубление означает – разбиение, "т.е. разбить силу его и могущество. И поэтому: „Плешет вострубит обо мне"[302] – т.е. разобьет их, „ибо такое положено им"».

258) «„Ибо он сильнее меня!"[298] Рабби Хизкия провозгласил: „И будет справедливость опоясанием чресел его, а вера – опоясанием бедра его"[307]. Это изречение представляет собой одно целое. Что нового оно дает нам понять, ведь справедливость

---

[303] Писания, Псалмы, 60:10. «Моав – сосуд умывальный мой, на Эдом опущу я башмак свой, Плешет вострубит обо мне».
[304] Тора, Берешит, 25:30. «И сказал Эсав Яакову: „Дай похлебать мне красного, красного этого, ибо устал я". Потому нарек ему имя Эдом».
[305] См. Пророки, Йеошуа 13.
[306] Тора, Бемидбар, 10:9. «А когда пойдете войной на земле вашей против врага, теснящего вас, трубите (прерывисто) в трубы, и вспомнит о вас Творец Всесильный ваш, и будете вы спасены от врагов ваших».
[307] Пророки, Йешаяу, 11:5. «И будет справедливость опоясанием чресел его, а вера – опоясанием бедер его».

является верой, а вера справедливостью?" Поскольку обе они – имена Малхут. „Опоясанием чресел его"[306] означает – „опоясанием бедер его"[306]. Мы не находили изречения в подобном виде"».

259) И отвечает: «„Однако справедливость – она не как вера, хотя все и является одним целым", т.е. Малхут. „Но в то время, когда она", Малхут, „пребывает в суровом суде и получает от левой стороны, тогда она называется справедливостью, являясь на самом деле судом. „Ибо когда правосудие Твое на земле, жители мира учатся справедливости"[308]. Потому что эта ступень", называемая „правосудие", – это милосердие", Зеир Анпин. „И когда правосудие приближается к справедливости", т.е. суду, „тогда смягчается" справедливость, Малхут, „И жители мира могут вытерпеть суд справедливости"».

260) «„Верой" называется Малхут „в час, когда соединяется с ней истина", Зеир Анпин, чтобы радовать ее. „И все лики светятся, тогда называется" Малхут „верой, и в ней происходит прощение всего", т.е. прощение грехов. „И все поднимающиеся души отпетых злодеев, которые приговорены к многочисленным наказаниям, – и поскольку они поднимаются в качестве залога", т.е. после произнесения перед сном: „Дух мой я вручаю Тебе"[309], она милостиво возвращает" их души „И проявляет милосердие к ним. И тогда она называется верой. И нет веры без истины"». Иначе говоря, Малхут называется верой лишь в то время, когда находится в зивуге (слиянии) с Зеир Анпином, зовущимся истиной.

261) «„Теперь – „опоясанием чресел его"[306], и „опоясанием бедер его"[306], что означают эти два вида опоясывания здесь?" И отвечает: „Чресла" и „бедра" – хотя они и являются одним целым, это две ступени, одна – наверху, а другая – внизу. Наверху, в начале" чресел, „называется чреслами (поясницей), в конце" чресел „называются бедрами. Когда говорит: „А пояс – на бедра"[310], то есть, чтобы прикрыть наготу, поэтому

---

[308] Пророки, Йешаяу, 26:9. «Душа моя, стремился я к Тебе ночью, и дух мой, я буду искать Тебя внутри себя, ибо когда правосудие Твое на земле, жители мира учатся справедливости».

[309] Писания, Псалмы, 31:6. «Дух мой я вручаю Тебе, искупил Ты меня, Творец, Всевышний истины».

[310] Пророки, Йешаяу, 32:11. «Содрогнитесь, беззаботные, трепещите, беспечные, раздевайтесь, и обнажайтесь, а пояс – на бедра!»

называет их бедрами, так как они „в конце" чресел, „И над верхней частью бедер. Когда у женщины" родовые „схватки, напрягаются тазобедренные эти суставы от верхней части бедер, и она кладет руки на них" из-за „этой боли"».

262) «„И поэтому о могуществе, и о войне", сказано: „Справедливость опоясанием чресел его"³⁰⁶, и так должно быть", поскольку там место могущества человека. „А о милосердии и добре", сказано: „Вера – опоясанием бедер его"³⁰⁶. На одной ступени будет судить Машиах мир", т.е. Малхут. „И она властвует в двух сторонах: одна", т.е. вера, опоясывающая его бедра, – „это милосердие к Исраэлю, а другая", т.е. справедливость, опоясывающая чресла его, – „это суд для остальных народов"».

263) «„И если скажешь: (как) справедливость может быть суровым судом, – ведь сказано: „По справедливости суди ближнего своего"³¹¹, и также: „К справедливости, к справедливости стремись"³¹²? И их много", изречений. И отвечает: „Все это именно так, ведь справедливость не допускает уступок", но всё по суду. „И даже тот, кто судит товарища, не должен делать поблажек на суде вовсе, но по справедливости, несмотря на свою любовь к нему. „Весы верные (досл. справедливые)"³¹³ означает – „без всяких уступок той или иной стороне, ни тому, кто дает, ни тому, кто получает. И поэтому – это одна ступень, и она делится на две стороны, и эти две стороны", как мы сказали, что это „два опоясания, стоящие: одно – для остальных народов, а другое – для Исраэля. И в час, когда вышли Исраэль из Египта, то препоясывались этими двумя опоясаниями: одно – войны", и это справедливость, опоясывающая чресла его, „а другое – мира"», и это вера, опоясывающая бедра его.

264) «„Посоветовавшись, сказал Балак: „И изгоню я его из земли"²⁹⁸. Сказал: „Та ступень, с которой связаны" Исраэль, „происходит от земли, безусловно", т.е. от Малхут, называемой землей.

---

³¹¹ Тора, Ваикра, 19:15. «Не твори кривды в суде. Не угождай нищему и не оказывай предпочтения знатному; по справедливости суди ближнего своего».

³¹² Тора, Дварим, 16:20. «К справедливости, к справедливости стремись, чтобы жил ты и овладел землей, которую Творец Всесильный твой дает тебе».

³¹³ Тора, Ваикра, 19:36. «Весы верные, гири верные, эфа верная и ин верный будут у вас. Я Творец Всесильный ваш, который вывел вас из земли египетской».

„И это означает: „Ибо он сильнее меня"[298], разумеется, кто может воевать и выстоять против Исраэля – их ступень сильнее моей ступени. И поэтому: „И изгоню я его из земли"[298] – т.е. с их ступени, Малхут. „И если „изгоню я его из земли"[298] той, и будут изгнаны из нее", т.е. я смогу ввести их в грех, – „смогу сделать" с ними „все, что захочу. Их сила – в чем? В устах и в действии. Но ведь уста – твои, а действие – мое"». И одолеем его.

265) «„Ведь я знаю: тот, кого ты благословишь – благословен, а кого проклянешь – проклят"[298]. Спрашивает: „Но откуда он это знал?" И отвечает: „Ведь объяснялось, что вначале написано: „И он воевал с прежним царем Моава, и взял из руки его всю землю его"[314], – потому что он нанял Билама", чтобы проклясть его.[315] Но „ведь я знаю"[298] означает, „что он знал мудрость того?" И еще написано: „Тот, кого ты благословишь – благословен"[298] – зачем ему нужно было" упоминать „здесь благословение, ведь он шел для проклятия? И если он заведомо знал, что от Билама ему нужно проклятие, что означает: „Тот, кого ты благословишь – благословен"[298]?"»

266) И отвечает: «„Но есть здесь то, чего я не знал и чего я не удостоился, пока не пришел рабби Эльазар и не истолковал: „Благословлять буду Творца во всякое время, хвала Ему непрестанно в устах моих"[316]. И написано: „Благословлю (эт) Творца, который советовал мне"[317]. Кому нужно благословение от нижних? Это „эт", Малхут, „которая удерживается в них", в Исраэле, „как пламя в фитиле. И Давид, который знал это, сказал: „Благословлю (эт)"[316]. Сказал этот злодей" Биламу: „Эта их ступень", Малхут, „удерживается в них благодаря их благословениям, поскольку они благословляют ее каждый день". И, в таком случае, „у тебя есть сила благословить эту ступень и отобрать ее у них". И это означает: „Ведь я знаю: тот, кого ты благословишь – благословен"[298]», – т.е. что он тоже может благословить Малхут, называемую «эт», «„И с помощью этого мы сможем одолеть их. Благослови эту

---

[314] Тора, Бемидбар, 21:26. «Ибо Хешбон был городом Сихона, царя Эморейского; и он воевал с прежним царем Моава, и взял из руки его всю землю его до Арнона».

[315] Мидраш раба, книга Бемидбар, глава Хукат, раздел 19:30.

[316] Писания, Псалмы, 34:2. «Благословлять буду Творца во всякое время, хвала Ему непрестанно в устах моих».

[317] Писания, Псалмы, 16:7. «Благословлю Творца, который советовал мне, и ночами наставляли меня почки мои».

ГЛАВА БАЛАК Пойди, прошу, прокляни

ступень и прокляни „фитиль", т.е. Исраэль, в которых Малхут удерживается, как пламя в фитиле. „И поэтому сказал: „А я встречусь здесь (ко)"[299] – т.е. заберу у них" Малхут, называемую „Ко, чтобы она не соединялась с ними"».

267) «„И еще. „Встречусь здесь"[299] означает – „я буду управлять и привлеку эту его ступень, из-за прегрешений, нечистоты и семяизлияний, совершаемых сыновьями его, и она проклянет их"». И истолковывает «икаре (אִקָּרֵה встречусь)» в значении «кери (קֶרִי семяизлияние)». «„Сразу же: „И пошли старейшины Моава и старейшины Мидьяна, и ворожба в руке их"[318], – чтобы не сказал этот злодей, что у него нет всех необходимых средств колдовства, и не воспрепятствовал им"».

---

[318] Тора, Бемидбар, 22:7. «И пошли старейшины Моава и старейшины Мидьяна, и ворожба в руке их, и пришли они к Биламу, и говорили ему речи Балака».

ГЛАВА БАЛАК

А ты не бойся, раб Мой Яаков

268) «Провозгласил и сказал: „А ты не бойся, раб Мой Яаков, и не страшись, Исраэль"[319], „ибо Я с тобой"[320]. Мы это изречение учили. И оно объяснялось. Но нужно все же объяснить больше. „Ты"[318] – что это? Это – ковчег завета", Малхут, „ступень, которая уходит в изгнание вместе с сыновьями своими, святым народом. В час, когда Моше просил о милосердии к Исраэлю, что написано: „И если так Ты делаешь мне, лучше предай меня смерти"[321]. И это уже объяснялось"».

269) «„Однако Моше сказал так: „Ступень одна, которую Ты дал мне, называется „Ты (ата אתה)", Малхут, „поэтому нет у нее отделения от Тебя. Ее хэй (ה)"», т.е. хэй (ה) от «Ты (ата אתה)», «„соединилась с Исраэлем, и если Ты искоренишь их из мира, то хэй (ה) этого имени", Ты (ата אתה), „которая соединяется с Исраэлем, устраняется"» из имени Ты (ата אתה), и останется «ат». И это то, что написано: «„Если так Ты (את) делаешь мне"[320], т.е. если Ты уничтожишь Исраэль, „хэй (ה), которая является основой этого имени" Ты (ата אתה), „исчезнет"», и останется только «ат (את)» от «Ты (ата אתה)». Таким образом, из «Ты (ата אתה)» она превратится для меня в «ат». Это означает: «Ты (ат) делаешь мне»[320].

270) «„И поэтому сказал затем Йеошуа: „И что сделаешь Ты имени Твоему великому?"[322] – т.е. этому имени, Ты (ата אתה). „Ибо, безусловно, это имя является сутью и основой всего, как сказано: „Ты (ата אתה) – Творец"[323]. И Моше, хотя Творец и не сказал ему", что хэй (ה) будет отнята от имени Ты (ата אתה),

---

[319] Пророки, Йермияу, 46:27. «А ты не бойся, раб Мой Яаков, и не страшись, Исраэль. Ибо вот, спасу Я тебя издалека и потомство твое – из страны пленения их. И возвратится Яаков, и будет спокоен и безмятежен, и не будет страшиться».

[320] Пророки, Йермияу, 1:19. «И сразятся они с тобою, но не осилят тебя, ибо Я с тобой, – сказал Творец, – чтобы спасти тебя».

[321] Тора, Бемидбар, 11:15. «И если так Ты (ат – женский род) делаешь мне, лучше предай меня смерти, если я удостоился милости в глазах Твоих, чтобы не видеть мне бедствия моего».

[322] Пророки, Йеошуа, 7:9. «Ведь услышат кнаанеи и все жители земли, и окружат нас, и истребят имя наше с земли. И что сделаешь Ты имени Твоему великому?»

[323] Писания, Нехемия, 9:6. «Ты (ата) – Творец, един, Ты (ат) сотворил небеса, небеса небес, и всё воинство их, землю и всё, что на ней, моря и всё, что в них, и Ты (ата) оживляешь всех, и воинство небесное преклоняется пред Тобой».

"знал это, потому что одно зависит от другого", – т.е. буква хэй (ה) имени Ты (ата אתה) зависит от Исраэля, "И прегрешение является причиной" того, что хэй (ה) отнимается от имени Ты (ата אתה). И возвращается к изречению, с которого начал: "А ты не бойся, раб Мой Яаков, и не страшись, Исраэль"[318], Яаков и Исраэль – "всё это одно целое. "Ведь Я с тобой"[318], – уже объяснялось. "Ведь со Мной ты", – не написано, но – "ведь Я с тобой"[318]. И это указывает на то, что имя Ты (ата אתה) связано с Исраэлем, как мы уже сказали, и поэтому: "Ибо истреблю Я все народы, к которым Я изгнал тебя, а тебя не истреблю"[324], – т.е. все народы истреблю Я, только тебя не истреблю". И это из-за хэй (ה) имени Ты (ата אתה), которая связана с Исраэлем, как уже говорилось.

271) «"Рав Амнуна а-Ришон сказал: "Гнет и тяготы Исраэля – сколько блага и сколько пользы принесло это им! Слабость других народов", т.е. что нет у них угнетения и тягот в этом мире, – "сколько бед это принесло им!" И объясняет: "Гнет и тяготы Исраэля привели к тому, чтобы было у них благо и польза. И что они собой представляют? Истребление (кала כָּלָה) – когда всё гнет", то есть все буквы, которые слышатся в нем, находятся под ударением, т.е. ударная каф (כ) и ударная ламед (ל), и это указывает, что благодаря гнету они удостаиваются высшей невесты (кала כַּלָה), т.е. Шхины. "Слабость других народов", у которых нет тягот и гнета, "ведет их к ослаблению и злу. И это означает – истребление (хала כָלָה)", где хаф (כ) и ламед (ל) слабые, без ударения. "И так положено им, потому что любая слабость без гнета, которая была у них в этом мире, ведет их к слабости без гнета затем, и это истребление (хала כָלָה)", с безударными хаф (כ) и ламед (ל), как написано: "Ибо о полном истреблении (хала כָלָה) слышал я"[325]. "Ибо истреблю Я"[323] – т.е. истреблю (хала כָלָה) вследствие слабости", с хаф (כ) и ламед (ל) слабыми, "однако Исраэль, у которых были гнет и тяготы", удостаиваются "невесты (кала כַּלָה)", с ударными каф (כ) ламед (ל), "как написано: "И как невеста (калá

---

[324] Пророки, Йермияу, 46:28. «Ибо истреблю Я все народы, к которым Я изгнал тебя, а тебя не истреблю, и подвергну тебя страданиям для суда, но, наказывая, не истреблю тебя».

[325] Пророки, Йешаяу, 28:22. «И ныне не глумитесь, чтобы не стали узы ваши крепче, ибо о полном истреблении слышал я от Творца, Властелина воинств, на всей земле».

כַּלָּה) украсится драгоценностями своими"³²⁶». И невеста (кала כַּלָּה) – это Шхина.

272) Спрашивает: «"Что это за драгоценности"», о которых сказано: «И как невеста украсится драгоценностями своими»³²⁵? И отвечает: «"Это Исраэль, которые являются драгоценностями этой невесты", т.е. Шхины. "Потому что Исраэль, у которых были гнет и тяготы", удостаиваются сказанного: "Подниму Я падающий шатер Давида"³²⁷ – т.е. шатер мира", Шхину. "Но остальные народы, у которых была слабость в отношении гнета и тягот", – приходит к ним затем "истребление (хала כָּלָה) вследствие слабости", с безударными хаф (כ) ламед (ל), "так же как было у них раньше", – слабость вследствие гнета. "И поэтому: "Ибо истреблю Я все народы, к которым Я изгнал тебя, а тебя не истреблю"³²³, – поскольку не полагается тебе после того, как уже вначале подвергался гнету множество раз. И благодаря постоянному гнету изгнания – поэтому она станет для тебя невестой (кала כַּלָּה)"», отмеченной и нужной, т.е. Шхиной.

273) «"И подвергну тебя страданиям для суда"³²³. Спрашивает: "Это изречение надо было сказать так: "И подвергну тебя страданиям на суде", ибо когда есть страдания? – Во время суда. Что же означает: "И подвергну тебя страданиям для суда"³²³?" И отвечает: "Однако написано: "Творец явится на суд со старейшинами народа Своего"³²⁸. И в этот день Творец предваряет исцеление Исраэлю, прежде чем они поднимутся к суду, для того чтобы могли выстоять на нем. И что представляет собой это исцеление? Оно заключается в том, что каждый час Творец дает Исраэлю немного страданий, в любое время, в любом поколении, чтобы когда они поднимутся ко дню великого суда", – в момент, "когда оживут мертвые, – не был властен над ними суд"».

---

³²⁶ Пророки, Йешаяу, 61:10. «Радостью возрадуюсь в Творце, ликовать будет душа моя во Всесильном моем, ибо Он одел меня в одежды спасения, одеянием праведности облек меня, как жених облачится в великолепие и как невеста украсится драгоценностями своими».

³²⁷ Пророки, Амос, 9:11. «В тот день подниму Я падающий шатер Давида, и заделаю щели его, и восстановлю разрушенное, и отстрою его, как во дни древности».

³²⁸ Пророки, Йешаяу, 3:14. «Творец явится на суд со старейшинами народа Своего и с главами его: "Это вы разорили виноградник; награбленное у бедняка – в ваших домах"».

274) «„Но, наказывая, не истреблю тебя"[323]. Спрашивает: „Что это значит?" И отвечает: „Но когда Исраэль – они отдельно, и не поднимаются к суду вместе с остальными народами", то есть до конца исправления, „Творец не предает их суду и прощает их. А в то время, когда они поднимаются на суд вместе с другими народами", то есть в конце исправления, как уже было сказано, „что Он делает? Творец знает, что Сам, управляющий Эсавом, явится с тем, чтобы напомнить о прегрешениях Исраэля, и соберет все их" прегрешения „у Себя на день суда. И Творец уже предварил исцеление, т.е. за каждый грех наказал и очистил их, с помощью постепенных страданий. И это означает: „Но, наказывая"[323] – прежними страданиями. И поэтому во время суда истины", в будущем, „не истреблю тебя"[323] из мира посредством этого суда, вследствие того что ты уже постепенно переносил страдания"» в каждый момент.

275) «„И еще. „Не истреблю тебя"[323] означает – „хотя вы и сыновья Мои, не оставлю Я ваших грехов, но взыщу за них с вас постепенно, для того чтобы вы стали достойными дня великого суда. Когда они приходят на суд, является Сам с многочисленными списками против них, а Творец достает" в противоположность им „многочисленные списки страданий, которые терпели Исраэль за каждый грех, и все прегрешения были стерты, и Он не делает для них никаких уступок", но они уже получили свои наказания. „Тогда ослабевает сила и доблесть Сама, и он не может одолеть их. И" тогда „устраняется из мира и он, и вся его сторона, и все его народы. Это смысл сказанного: „А ты не бойся, раб Мой, Яаков"[318]. И поэтому" написано: „И подвергну тебя страданиям для суда, но, наказывая, не истреблю тебя"[323]».

ГЛАВА БАЛАК

Балак – ба лак, Билам – баль ам

276) «„И царь Давид сказал: „Ибо вот, нечестивые направляют лук, накладывают стрелу свою на тетиву"[329]. И хотя мы уже выясняли, что этот отрывок сказан о Шевне и Йоахе,[330] придворных царя Хизкияу, но этот отрывок сказан также о Саме и свите его, все деяния и замыслы которого – против Исраэля. Балак и Билам придерживались точно того же", что и Сам со свитой. „И вот мы учили, что они изготавливали сбор зла. Сказали: „Амалек (עֲמָלֵק)" состоит из букв „ам лак (бьющий народ עַם לָק)" – народ, который бил их подобно змею, бьющему хвостом своим. Сказали: „Ведь нас больше" него. „Потому что Балак (בָּלָק)" – это буквы „пришел бьющий (בָּא לָק)", т.е. пришел тот, кто бьет их по своему желанию, Билам (בִּלְעָם)" – это буквы „баль ам (בַּל עָם)", то есть нет народа, и нет пастыря. Наше имя ведет к уничтожению и истреблению их из мира"».

277) «„Но Творец иначе замыслил их имена, ибо в Балаке (בָּלָק) есть „баль בַּל", и в Биламе (בִּלְעָם) есть „баль בַּל", и когда они соединяются – „это „бильбель (запутал בִּלְבֵּל)". И что это за буквы, которые остались"», когда забрал у них буквы «бильбель (בִּלְבֵּל)»? Это «„эмек (глубина עֶמֶק)", алеф-мем (עמ) – от Билам (בִּלְעָם), и куф (ק) – от Балак (בלק). И это сочетание „приводит к глубокой путанице их замысла, чтобы не властвовали в мире, и не остались в мире"».

278) «Сказал рабби Шимон: „Эльазар, ты хорошо сказал. Но Балак, да сгинет дух его в аду, и Билам, пусть кости и дух его сотрутся там, сделали вот что: замыслили они дурное против защитника Исраэля, т.е. против этого Ко", против Шхины, называемой Ко, „И задумали искоренить эту Ко, думали вознести сторону зла с помощью речи", что в устах, „И действия"».

279) «„Сказал этот злодей: „Прежние пытались, но не смогли. Поколение раздора – пытались, но не смогли. Потому что они выполняли действия, а уст им недоставало, так как язык их перепутался, – и не смогли. Но у тебя, Билам, острый язык, и он исправно работает с двух сторон: „Тот, кого ты

---

[329] Писания, Псалмы, 11:2. «Ибо вот, нечестивые направляют лук, накладывают стрелу свою на тетиву, чтобы стрелять во тьме в прямых сердцем».
[330] См. Пророки, Йешаяу, 36.

благословишь – благословен"³³¹, – с одной стороны, „а кого проклянешь – проклят"³³⁰, – с другой стороны. „Та сторона, которую ты хочешь поднять, поднимается с помощью твоих уст и языка. А та сторона, которую ты хочешь проклясть, будет проклята силой уст твоих. И всё зависит от тебя. Потому что действие уже проделано" мной, „но всё зависит от речи. Поэтому действие змея выполню я, а ты доверши всё устами своими. Та сторона, которую ты благословишь, благословится, а та сторона, которую проклянешь, будет проклята"».

280) «„Но не знал он, что Творец „отнимает речь у преданных и разума стариков лишает"³³², и всё находится в Его власти. „Отнимает речь у преданных"³³¹ – это поколение раздора, язык которых Он перепутал, чтобы они вовсе не владели речью, как написано: „Чтобы один не понимал речи другого"³³³. „И разума стариков лишает"³³¹ – это Билам и Балак, и оба они были в одном сговоре, как сказано: „И вознес Балак и Билам тельца и овна на жертвеннике"³³⁴».

281) «„Смотри, этот нечестивец Билам, все его действия были во зло и в гордыне. Оба они возносили жертвы, как написано: „И вознес Балак и Билам"³³³. И все жертвенники готовил Балак, а этот злодей", Билам, „восхвалял себя, говоря: „Семь жертвенников соорудил я и вознес по тельцу и овну на жертвеннике"³³⁵, – так, словно Балак не участвовал в этом с ним. Сказал Творец: „Злодей, Я всё знаю, однако возвратись к Балаку, и ты не должен говорить, „но так (ко) будешь говорить"³³⁶,

---

[331] Тора, Бемидбар, 22:6. «А теперь пойди, прошу, прокляни мне народ этот, ибо он сильнее меня! Может быть, смогу я, разобьем его, и изгоню я его из этой земли; ведь я знаю: тот, кого ты благословишь – благословен, а кого проклянешь – проклят».

[332] Писания, Иов, 12:20. «Отнимает речь у преданных и разума стариков лишает».

[333] Тора, Берешит, 11:6-7. «И сказал Творец: „Вот народ один, и язык один у всех их, и такое стали делать. И теперь не воспрепятствуется им все, что замыслили, делать?! Давайте низойдем и смешаем там речь их, чтобы один не понимал речи другого"».

[334] Тора, Бемидбар, 23:2. «И сделал Балак, как говорил Билам, и вознес Балак и Билам тельца и овна на жертвеннике».

[335] Тора, Бемидбар, 23:4. «И встретился Всесильный Биламу, и сказал он Ему: „Семь жертвенников соорудил я и вознес по тельцу и овну на жертвеннике"».

[336] Тора, Бемидбар, 23:16. «И встретился Творец Биламу, и вложил Он слово в его уста, и сказал: „Возвратись к Балаку, но так будешь говорить"».

т.е. Шхина, называемая Ко, будет говорить. „И это означает: „И разума стариков лишает"³³¹».

282) «„Другое объяснение. „И разума стариков лишает"³³¹ – т.е. как написано: „И пошли старейшины Моава и старейшины Мидьяна, и ворожба в руке их"³³⁷. Лишил Он разума этих стариков, и перестали они владеть своими колдовствами вовсе. „И говорили ему речи Балака"³³⁶. Речи, сказанные во всеуслышание, а не шепотом". Потому что у него было плохо со слухом, „был он туг на ухо и с поврежденным глазом, и хромым на одну ногу – три места были у него повреждены, и он был увечен. Ибо был установлен для ситры ахра, и так нужно было ситре ахра, так как это место, в котором пребывает порок. И всякий вид следует за своим видом"».

---

[337] Тора, Бемидбар, 22:7. «И пошли старейшины Моава и старейшины Мидьяна, и ворожба в руке их, и пришли они к Биламу, и говорили ему речи Балака».

ГЛАВА БАЛАК

Проведите здесь эту ночь

283) «„И сказал он им: „Проведите здесь эту ночь, и дам я вам ответ, какой даст мне Творец"[338]. О них написано: „И говорили ему"[336]. Речь указывает на трудность, потому что он был туг на ухо. А о нем написано: „И сказал он им"[337], что указывает на мягкость произнесения, как принято в мире. „Проведите здесь эту ночь"[337] – это потому, что ночь является временем ситры ахра и колдунов, временем, когда присутствуют и властвуют плохие стороны, распространяющиеся в мире. „Какой даст мне Творец"[337] – превознесен был в восхвалении себя, от имени Творца"».

284) «„И остались вожди Моава с Биламом"[337]. Однако вожди Мидьяна отделились от них и не хотели оставаться там, но старейшины Моава остались. Как написано: „И остались вожди Моава"[337] – одни. Хорошо" бы „поступили мидьянитяне", если бы „отделились от них во всем, и если бы не нанесли удара в конце, следуя совету Билама подослать женщин своих Исраэлю в Шиттим, чтобы совратить их. И Писание указывает на их грех, как написано: „Ибо враждебны они вам своими кознями, какие строили вам в деле Пеора и в деле Козби, дочери вождя Мидьяна, сестры их"[339]. В двух этих (случаях) они прегрешили" – с Пеором и с Козби. „И вина их была велика. И нанесли удар по хвосту их", т.е. по окончанию их, „затем. И потому эти остались с ним, а эти пошли сами по себе"».

285) «„Другое объяснение. „И остались вожди Моава с Биламом"[337]. Как было бы хорошо Мидьяну от того, что пошли они, если бы сделали они это по своему желанию. Но когда остались эти, моавитяне, это оказало им добрую услугу оттого, что остались там, а то, что ушли эти, мидьянитяне, оказало им нехорошую услугу. И в чем была причина? Эти беспокоились об уважении к сказанному Творцом, и они вернулись, а этих ничто не беспокоило, и они отправились своим путем"».

---

[338] Тора, Бемидбар, 22:8. «И сказал он им: „Проведите здесь эту ночь, и дам я вам ответ, какой даст мне Творец". И остались вожди Моава с Биламом».

[339] Тора, Бемидбар, 25:17-18. «Враждуй с мидьянитянами, и поражайте их. Ибо враждебны они вам своими кознями, какие строили вам в деле Пеора и в деле Козби, дочери вождя Мидьяна, сестры их, убитой в день мора из-за Пеора».

286) И объясняет свои слова: «„В час, когда сказал этот злодей: „И дам я вам ответ, какой даст мне Творец"[337], – сразу же эти, моавитяне, содрогнулись, услышав это, и остались там. А этих, мидьянитян, это вообще не беспокоило, и они ушли себе. И" за это „были впоследствии наказаны. Поэтому: „И остались вожди Моава с Биламом"[337]. В эту ночь этот злодей шептал заклинания и занимался ворожбой, и притянул к себе дух свыше. Сразу же: „И явился Всесильный (Элоким) к Биламу"[340] – просто Элоким (без уточнения), т.е. Его ступень, которая в ситре ахра, находящаяся в левой стороне"».

---

[340] Тора, Бемидбар, 22:9. «И явился Всесильный к Биламу, и сказал: „Кто эти люди у тебя?"»

ГЛАВА БАЛАК

Кто эти люди у тебя

287) «„И сказал: „Кто эти люди у тебя?"[339] Его ступень, которая в левой стороне, должна была спросить это", потому что не знала. „И хотя товарищи объяснили это другим образом, сказав, что Творец испытал его, спросив об этом, поскольку было трое" тех, кого испытал Всесильный, „один – Хизкияу, другой – Йехезкель, и еще – Билам. Двое не выдержали это испытание как подобает, а один выдержал. И кто он? Это Йехезкель, как написано, (что Творец спросил его): „Оживут ли кости эти?"[341] А он ответил, сказав: „Господин мой, Всесильный, Ты знаешь!"[340] Хизкияу сказал: „Из земли далекой пришли они ко мне, из Вавилона (баве́ль בָּבֶל)"[342]. Билам сказал: „Балак, сын Ципора, царь Моава, послал ко мне"[343] – чтобы показать, „что он важен в глазах царей и правителей. Но Творец спросил его с тем, чтобы запутать его, как написано: „Возвеличивает народы и губит их"[344]».

288) «„Один иноверец спросил рабби Эльазара, сказав ему: „Я вижу огромную силу в Биламе, большую, чем у Моше. Ведь о Моше написано: „И возвал Он Моше"[345] – т.е. призвал его, чтобы тот явился к Нему. А о Биламе написано: „И встретился Всесильный Биламу"[334], а также: „И явился Всесильный к Биламу"[339]» – т.е. Всесильный являлся к нему.

289) «„Сказал ему: „(Это подобно) царю, который восседал на троне в своем чертоге. У входа раздался голос какого-то прокаженного. Спросил царь: „Кто это там стучится в двери?!" Ответили ему: „Прокаженный такой-то". Сказал (царь): „Не давайте ему зайти, чтобы не занес заразу в чертог. Знаю я, что если передам ему это с посланцем, он не испугается меня, и тогда пойдет мой сын и заразится, приблизившись к нему. Пойду-ка я сам и пригрожу ему, чтобы держался подальше от

---

[341] Пророки, Йехезкель, 37:3. «И сказал Он мне: „Сын человеческий! Оживут ли кости эти?" И сказал я: „Господин мой, Творец, Ты знаешь!"»

[342] Пророки, Йешаяу, 39:3. «И пришел Йешаяу, пророк, к царю Хизкияу и сказал ему: „Что сказали эти люди и откуда они пришли к тебе?" И сказал Хизкияу: „Из земли далекой пришли они ко мне, из Вавилона"».

[343] Тора, Бемидбар, 22:10. «И сказал Билам Всесильному: „Балак, сын Ципора, царь Моава, послал ко мне"».

[344] Писания, Иов, 12:23. «Возвеличивает народы и губит их, расстилает сеть народам и ловит их».

[345] Тора, Ваикра, 1:1. «И воззвал Он к Моше, и сказал Творец ему из Шатра собрания, говоря».

того места, где проживает мой сын, дабы не заразил он его". Подошел царь первым к нему, и пригрозил ему, и сказал ему: „Прокаженный, прокаженный! Избегай ходить по дороге, по которой ходит мой сын, а иначе, обещаю тебе, что мои слуги исполосуют тебя всего"».

290) «„Просит войти к царю любящий его. Царь спрашивает о нем: „Кто это?" Сообщают ему: „Имярек, любящий тебя!" Восклицает он: „Любимый мой, возлюбленный души моей! Лишь только мой голос, зовущий его, услышит он и ничей другой!" Воскликнул царь, обращаясь к нему: „Имярек, имярек, заходи! Возлюбленный души моей, дорогой мой! Готовьте палаты, чтобы говорить мне с ним"».

291) «„Также и Билам – это прокаженный, далекий от людей. Призывал он во вратах Царя. Услышал Царь, сказал: „Не войдет прокаженный, который нечист, и не занесет заразу в Мой чертог. Я должен пойти пригрозить ему, чтобы не приближался ко вратам сына Моего и не сделал нечистым его". Поэтому: „И явился Всесильный к Биламу"[339], сказал: „Прокаженный, прокаженный! Не иди с ними, не проклинай этот народ, ибо благословен он. Не приближайся к сыну Моему, ни для добра, ни для зла, потому что нечист ты во всем". Однако о Моше написано: „И возвал Он к Моше"[344] – т.е. голосом Царя, а не через другого посланца, „из Шатра собрания"[344] – т.е. из святого чертога, из предуготованного чертога, из величественного чертога, к которому стремятся высшие и нижние, и не могут приблизиться к нему"».

292) «„И сказал Билам Всесильному: „Балак, сын Ципора, царь Моава, послал ко мне"[342]. Он сказал: „Царь Моава"[342] – желая показать, что „важный царь послал к нему. „Царь Моава"[342], – только посмотрите на гордыню этого злодея", сказавшего, „как написано: „Царь Моава"[342], но не сказал: „(Царь) в Моаве", что значило" бы – „человек, который недостоин царствования, но стал царем в Моаве" по какой-то причине. „О прежнем" царе „что сказано: „И он воевал с прежним царем Моава"[346]», но не написано о нем: «С царем в Моаве», как

---

[346] Тора, Бемидбар, 21:26. «Ибо Хешбон был городом Сихона, царя Эморейского; и он воевал с прежним царем Моава, и взял из руки его всю землю его до Арнона».

написано: «А Балак, сын Ципора, был царем в Моаве»[347]. Потому что прежний царь был «"царем, потомком царей, – знатным, происходящим от знатных. Однако этот, написано: „(Балак, сын Ципора), был царем в Моаве"[346]. Писание свидетельствует: „Царем в Моаве"[346]», т.е. не был знатным. А Билам сказал Всесильному: «Балак, сын Ципора, царь Моава»[342], – «"И это является для меня признаком того, что он пребывал в большой гордыне своего сердца", сказав: „Все цари мира направляют ко мне посланцев"».

---

[347] Тора, Бемидбар, 22:4. «И сказал Моав старейшинам Мидьяна: „Теперь объест это общество все, что вокруг нас, как объедает бык полевую зелень". А Балак, сын Ципора, был царем в Моаве в ту пору».

ГЛАВА БАЛАК

Того, кто творит великие чудеса один

293) «Рабби Пинхас отправился повидать дочь свою, жену рабби Шимона, которая была больна, и товарищи шли вместе с ним, а он восседал на осле. Пока он еще находился в пути, встретились ему два араба. Спросил он их: „Пробуждался ли в этом поле когда-либо голос, со дня существования мира?" Сказали ему: „С начала существования мира мы не знаем, а в наши дни знаем, что в один из дней разбойники преследовали здесь людей, путь которых пролегал через это поле, и напали на евреев, и собрались их убить. И тогда стал слышен в этом поле донесшийся издалека голос этого осла", на котором ты восседаешь, „проревевшего дважды. И одновременно с этим голосом вышло огненное пламя и спалило их. И эти евреи были спасены". Сказал он им: „Арабы, арабы!" В награду „за то, что рассказали вы мне, вы будете спасены в этот день от разбойников, поджидающих вас в пути"».

294) «Заплакал рабби Пинхас и сказал: „Владыка мира! Это чудо Ты явил специально для меня – и эти евреи были спасены, а я не знал". Провозгласил и сказал: „Того, кто вершит великие чудеса один, ибо вовеки милость Его!"[348] Сколько блага несет Творец людям и сколько чудес совершает для них каждый день, и нет никого кроме Него, кто знал бы об этом! Человек встает утром, и к нему подползает змей, чтобы убить его". Сам того не заметив, „человек становится прямо на голову змея и убивает его – и никто не знает об этом, кроме самого Творца. Таким образом – „Того, кто вершит великие чудеса один"[347]. Человек идет по дороге, а разбойники уже поджидают, чтобы убить его. Но тут приходит другой и дает за него выкуп, и он спасен. И не знает он ни о милости, проявленной к нему Творцом, ни о чуде, случившемся с ним, и лишь один Творец знает об этом. Так что – „Того, кто творит великие чудеса один"[347]. Он один вершит и знает о них, а другой не знает"».

295) «Сказал он товарищам: „Друзья, я хотел выяснить у тех арабов, которые всегда находятся на этом поле, слышали ли

---

[348] Писания, Псалмы, 136:3-4. «Благодарите Властелина господствующих, ибо навеки милость Его, Того, кто вершит великие чудеса один, ибо навеки милость Его!»

они голос товарищей, занимающихся Торой. Потому что рабби Шимон и сын его, рабби Эльазар, и все остальные товарищи, идут впереди нас и ничего не знают об этом. И я спросил о них у этих арабов, ведь я знаю, что голос рабби Шимона потрясает поля и горы, и они поведали мне о том, чего я не знал"», – т.е. об этом чуде.

296) «Пока они шли, вернулись к ним эти арабы. Сказали ему: „Старик, старик! Ты спросил нас", пробуждался ли голос в этом поле „со дня существования мира, но не спросил нас об этом дне. И видели мы сегодня одно чудо за другим. Мы видели пятерых людей, которые сидели, и вместе с ними один старец, и видели птиц, которые собираются и простирают свои крылья над головами их. Одни из них удаляются, другие возвращаются, но тень не пропадает над головами их. И этот старец возносит свой голос к ним, и они слушают"».

297) «Сказал он: „Об этом я и спрашивал. Арабы, арабы! Идите, и путь этот будет исправлен пред вами во всем, в чем только пожелаете. Две вещи сказали вы мне, которым я радуюсь". Отправились они. Сказали товарищи: „Откуда мы знаем, что это – то место, в котором пребывал рабби Шимон?" Сказал им: „Отправляйтесь к тому, кто направляет шаги животных, и он направит их шаги туда". Он не направлял своего осла, и осел его отклонился на две мили в сторону от пути и пришел туда».

298) «Осёл проревел три раза. Сойдя с него, рабби Пинхас сказал товарищам: „Приготовимся к радушному приему Атика Йомина", т.е. Шхины, „потому что сейчас вышли соответственно ему большой лик и малый лик"» – т.е. рабби Шимон и ученики его. «Услышал рабби Шимон рев осла, сказал товарищам: „Давайте поднимемся, потому что голос осла, принадлежащего старцу-хасиду, пробудился для нас". Поднялся рабби Шимон и поднялись товарищи».

299) «Провозгласил рабби Шимон и сказал: „Псалом. Пойте Творцу новый гимн, ибо чудеса сотворил Он"[349]. Над словом „псалом (мизмор מִזְמוֹר)" стоит распрямленный тон", называемый пазер. Спрашивает: „Почему?" И отвечает: „Но таким

---

[349] Писания, Псалмы, 98:1. «Псалом. Пойте Творцу новый гимн, ибо чудеса совершил Он, спасла его десница Его и мышца святая Его».

образом записывается длинный тон (таам), так как этот псалом начинается, украшается высшей атарой наверху, над головой (рош), и" поэтому "стоит" над ним „распрямленный тон", т.е. пазер. „Кто произнес этот гимн? Те самые коровы, которые исполняли его своим мычанием: „Пойте Творцу новый гимн"[348]. Спрашивает: „Кому они говорили: „Пойте"[348]?" И отвечает: „Множеству колесниц (меркавот), множеству правителей, множеству ступеней, когда они являлись туда и выходили принять ковчег, – им они говорили: „Пойте"[348]».

ГЛАВА БАЛАК

Гимн – захар, песнь – нуква

300) «„Пойте Творцу новый гимн"[348] – это гимн „захар". Спрашивает: „В чем заключается отличие, что здесь гимн", и это захар, „а Моше вознес песнь, и это некева"», как сказано: «Тогда воспел Моше и сыны Исраэля эту песнь»[350]? «„Однако у Моше ковчег был отдельно, потому что зот (эта)", т.е. Малхут, называемая зот и называемая ковчегом, „вышла из изгнания – она вместе со всем своим множеством", Шхина и Исраэль, „но не более. И поэтому „эту песнь"[349], и это некева", – потому что она была произнесена о Шхине, являющейся некевой. „Однако здесь, ковчег", т.е. Малхут, „И то, что скрыто внутри него", т.е. Зеир Анпин, „вышло, и из-за того, кто скрыт внутри него", т.е. Зеир Анпина, являющегося свойством захар, „сказано: „Новый гимн"[348]».

301) «„Ибо чудеса совершил Он"[348] – которые совершил с филистимлянами и совершил с божествами их. „Спасла его десница Его"[348]. Кого? То есть его самого. Кто это – он сам? То есть, сам этот псалом", т.е. Шхину, называемую псалмом, „в котором был скрыт высший святой дух", Зеир Анпин. „Десница Его"[348] – что это? То есть то, что унаследовал старец", Авраам, свойство Хесед. „И эту десницу он удерживал с помощью этого псалма, и не оставлял его в руках другого"».

302) «„Здесь нужно раскрыть другую вещь. Всё то время, пока эта десница", Хесед, „желала вершить чудо, он держался за этот псалом и ставил" Исраэль, в который облачена Шхина, „перед собой. Он держался за него подобно тому, как отец положил правую руку на грудь сына своего перед собой и говорит: „Кто тот, что осмелится приблизиться к сыну моему?" Но когда сын совершает грех пред отцом, отец кладет руки свои на плечи его сзади и предает его руке врагов"».

303) И поясняет свои слова: «„Вначале, вроде бы, сказано: „Десница Твоя, Творец, величественна силой"[351]. Кто это – „силой"[350]?" То есть силой „того известного" – Исраэля. „Вечером называют мужскую грудь силой". И говорит Писание,

---

[350] Тора, Шмот, 15:1. «Тогда воспел Моше и сыны Исраэля эту песнь Творцу, и сказали так: „Воспою Творцу, ибо высоко вознесся Он; коня и всадника его поверг Он в море"».

[351] Тора, Шмот, 15:6. «Десница Твоя, Творец, величественна силой. Десница Твоя, Творец, сокрушит врага».

„что эта десница", т.е. Хесед, „величественна и удерживается в силе", т.е. в месте хазе Исраэля, называемом силой. И говорит: „Кто тот, что осмелится приблизиться к сыну моему?" А затем что написано: „Убрал Он десницу Свою пред врагом"[352] – т.е. переложил десницу Свою на плечи" Исраэля „И подтолкнул его в руки врагов. Вначале правая рука была перед ним", Исраэлем, „в месте его груди, чтобы держать его. А затем" десница Его „была сзади, на плечах, чтобы подтолкнуть его. А здесь" сказано: „Спасла его десница Его и мышца святая Его"[348] – т.е. двумя руками, чтобы держать его"».

---

[352] Писания, Эйха, 2:3. «В пылу гнева сразил Он всю мощь Исраэля, убрал Он десницу Свою пред врагом; и запылал Он в среде Яакова, как огонь пламенеющий, что (все) пожирает вокруг».

ГЛАВА БАЛАК

Крики осла, произносящего песнь

304) «„Если эти коровы, которые не привыкли к чудесам, но только в этот час, произносили эту песнь посредством своего мычания, то о криках осла, принадлежащего старцу-хасиду", т.е. рабби Пинхасу бен Яиру, „который привычен к чудесам, нечего и говорить, что он произносит песнь. Друзья, если вы скажете, что такое несвойственно ослу со дня сотворения мира", произносить песнь, „то посмотрите на ослицу злодея Билама, которая победила господина своего во всем. И что уж говорить об осле рабби Пинхаса бен Яира. И еще. Когда ослица Билама говорила, высший ангел пребывал над ней сверху"», т.е. пугал ее, однако осла рабби Пинхаса бен Яира никто не может напугать.

305) «„Теперь пришло время раскрыть тайну – слушайте, друзья! Уста этой ослицы, которая была сотворена в канун субботы, в сумерки, как вам кажется – были открыты с того времени, или же" объяснение этого, что „Творцом с того времени было поставлено условие? Но это не так, и здесь содержится тайна, которая передается мудрецам, не внимающим сердцу глупых. Уста ослицы – это ступень ослиц, та высшая" сила „стороны некевот, которая пребывала над этой ослицей". Ведь нет у тебя ничего внизу, над чем не пребывал бы ангел и покровитель наверху, „И он говорил за нее, и он зовется устами ослицы. И когда Творец создал эту ступень, которая называется устами ослицы, Он скрыл ее внутри отверстия великой бездны, и скрыл ее до этого времени. А когда пришло это время, открыл Он это отверстие" великой бездны, „И она вышла и пребывала над ослицей" Билама, „И говорила"».

306) «„Подобно этому: „И отверзла земля уста свои (эт пия)"[353]. „Эт" указывает на включение" ангела „Дума, который называется устами земли. „Уста (эт пи) ослицы"[354] – указывают на включение ангела Камриэля, называемого „уста ослицы". Подобно этому „уста колодца"[355] – Что это за „уста колодца"[354]?

---

[353] Тора, Бемидбар, 16:32. «И отверзла земля уста свои, и поглотила их и их дома, и всех людей, которые у Кораха, и все достояние».
[354] Тора, Бемидбар, 22:28. «И отверз Творец уста ослицы, и сказала она Биламу: „Что сделала я тебе, что ты бил меня уже три раза?"»
[355] Тора, Берешит, 29:2. «И увидел: вот, колодец в поле, и вот, там три стада мелкого скота расположены около него; потому что из того колодца поят стада, и камень большой на устье колодца (досл. уста колодца)».

Это та ступень, которая была назначена над ней снизу, которая под „устами Творца"[356], и зовется" ангелом „Йеадриэлем. Три эти вида уст", уста земли, уста ослицы и уста колодца, „были созданы в канун субботы, в сумерки. Поскольку в час, когда уже освятился день, поднялись уста, назначенные над всеми остальными устами. И кто это? То есть тот день, который поднялся и освятился во всем, – тот, что называется устами Творца", т.е. Малхут. „И в канун субботы, в сумерки, были созданы остальные уста", т.е. ангелы, управляющие ветвями этого мира, и это силы, действующие в будни. „Освятился этот день, поднялись уста, властвующие над всеми" силами, „т.е. уста Творца"».

307) «Тем временем они увидели приближавшегося рабби Пинхаса, пошли ему навстречу. Подошел рабби Пинхас и поцеловал рабби Шимона, сказал: „Поцеловал я уста Творца и наполнился ароматами сада Его". Возрадовались вместе и сели. Когда сели они, вспорхнули все птицы, создававшие над ними тень, и разлетелись. Рабби Шимон повернул голову и вознес к ним голоса, сказав: „Птицы небесные! Вы не видите величия Господина вашего, стоящего здесь?!" Птицы застыли на месте и не могли ни лететь дальше, ни приблизиться к нему. Сказал рабби Пинхас: „Скажи им, пусть продолжают свой путь, так как они не получили права вернуться"».

308) «Сказал рабби Шимон: „Я знаю, что Творец хочет сделать для нас чудо", – установить над нами тень из другого места. „Птицы, птицы, отправляйтесь своим путем и скажите правителю, который над вами, что вы находились сначала в его власти", и он отправлял вас установить надо мной тень. „Но теперь вы не находитесь в его власти, потому что рабби Пинхас бен Яир правит сейчас, и у него нет необходимости в вас. Однако я поднимусь вместе с вами к тому дню, который непреклонен как скала, когда поднимется облако между мощными зубами" солнечных лучей, – „И не" смогут „соединиться, чтобы создать тень". Разлетелись птицы и удалились».

309) «Тем временем три дерева распростерли свои ветви в трех направлениях над их головами» и создали для них тень. «И забил перед ними источник воды. Обрадовались все товарищи, и обрадовались рабби Пинхас и рабби Шимон. Сказал

---

[356] Тора, Бемидбар, 14:41. «И сказал Моше: „Зачем вы нарушаете веление Творца (досл. уста Творца)? Ведь не удастся вам это"».

рабби Пинхас: „Огромным трудом было для этих птиц вначале" создать тень, „а я не желаю тяжкого труда для живых существ. Ведь: „И милосердие Его – на всех созданиях Его"[357], – написано". Сказал рабби Шимон: „Я не принуждал их к тяжелому труду, но если Творец проявил милосердие к нам" и послал птиц, чтобы создать над нами тень, „мы не можем отвергать Его дары". Сели они под тенью дерева, и испили от этой воды, и наслаждались там».

---

[357] Писания, Псалмы, 145:9. «Добр Творец ко всем и милосердие Его – на всех созданиях Его».

ГЛАВА БАЛАК

Источник садов

310) «Провозгласил рабби Пинхас и сказал: „Источник садов, колодец вод живых, текущих с Леванона"³⁵⁸. Спрашивает: „Разве нет иного источника, кроме как из садов, ведь столько хороших и величественных источников есть в мире?" И отвечает: „Но не все наслаждения равны. Есть источник, выходящий в пустыне, в месте сухом. И есть в нем наслаждение для того, кто садится и пьет. Но „источник садов"³⁵⁷, – насколько же хорош и величественен, этот источник несет благодать травам и плодам. Тот, кто приближается к нему, получает наслаждение от всего – наслаждается от воды, наслаждается от трав, наслаждается от плодов. Источник этот увенчивается всем – множеством роз, множеством благоухающих трав вокруг него. Насколько же красота этого источника превосходит все остальные источники. Он – „колодец вод живых"³⁵⁷».

311) «„И мы так объясняли, что о Кнессет Исраэль", Малхут, „говорит всё, – она является источником садов. Что представляют собой эти сады?" И отвечает: „Пять садов есть у Творца", т.е. ХАГАТ Нецах Ход Зеир Анпина, „в которых Он наслаждается. И над ними – один источник", т.е. Бина, „скрытый и утаенный, и он орошает их и насыщает их, и все они дают плоды и порождения. Один сад находится под ними", т.е. Малхут, получающая от пяти этих садов, „И этот сад охраняется вокруг со всех сторон мира. Под этим садом есть другие сады", в БЕА, „производящие плоды по виду своему"».

312) «„И этот сад", Малхут, „преобразуется и становится орошающим источником" всех садов, что в БЕА, – „колодцем вод живых"³⁵⁷. И когда нужно – он источник, а когда нужно – колодец. В чем разница между тем и другим?" И отвечает: „Не похоже, когда вода поднимается сама", как в колодце, „на то, когда черпают воду для орошения", как в саду. „Текущих с Леванона"³⁵⁷. Что значит „текущих"³⁵⁷?" И отвечает: „Эти „текущие" снова становятся источником в то время, когда изливаются воды, стекая каплями сверху, одни за другими, – сладкие воды, за которыми стремится душа, – так эти пять источников", т.е. ХАГАТ Нецах Ход Зеир Анпина, „выходящие из Леванона", Бины, „становятся втекающими в этот источник",

---

³⁵⁸ Писания, Песнь песней, 4:15. «Источник садов, колодец вод живых, текущих с Леванона».

Малхут, куда они стекают капля за каплей. „Так Творец делает для нас чудо в этом месте, и поэтому я провозгласил это изречение об этом источнике"».

ГЛАВА БАЛАК

Если осаждать будешь город долгое время

313) «Еще провозгласил и сказал: „Если осаждать будешь город много дней, чтобы завоевать и захватить его, то не порти его дерева, поднимая на него топор, ибо от него есть будешь"[359]. Как хороши пути и тропинки Торы, ведь в каждом речении есть множество советов и множество благ для людей, множество жемчужин, сверкающих в каждой стороне. И нет у тебя речения в Торе, в котором не было бы множества свечей, светящих в каждой стороне. Счастлива участь того, кто всегда прилагает старания в Торе"».

314) «„Тот, кто прилагает старания в Торе, что написано о нем: „Только к учению Творца стремление его, и Тору Его изучает он днем и ночью. И будет он как дерево"[360]. Спрашивает: „Почему сразу за этим следует: „И будет он как дерево"[359]?" И отвечает: „Однако тот, кто прилагает старания в Торе днем и ночью, не станет как сухое дерево, а „как дерево, посаженное при потоках вод"[359]. Так же как дерево: есть у него корни, и есть у него кора (клипот) и сердцевина (моах), и есть у него ветви, и есть у него листья, и есть у него цветы, и есть у него плоды, – и эти семь категорий восходят к семи" раз „десять", т.е. „к семидесяти", поскольку это семь сфирот ХАГАТ НЕХИМ, каждая из которых состоит из десяти. „И так же в речениях Торы есть простое толкование сказанного, комментарий, намек, косвенно указывающий на мудрость, гематрии, скрытые тайны, непонятные тайны, одни над другими, непригодное и пригодное, нечистое и чистое, запрещенное и дозволенное. Отсюда и далее распространяются ветви во все стороны. И конечно же, он будет подобен дереву, но если нет", если нет у него этих ветвей, „то он не научился мудрости"».

---

[359] Тора, Дварим, 20:19. «Если осаждать будешь город много дней, чтобы завоевать и захватить его, то не порти его дерева, поднимая на него топор, ибо от него есть будешь, и его не руби. Разве дерево полевое – это человек, чтобы спрятаться от тебя в крепости?!»

[360] Писания, Псалмы, 1:2-3. «Только к учению Творца стремление его, и Тору Его изучает он днем и ночью. И будет он как дерево, посаженное при потоках вод, которое дает плод в срок свой и лист которого не вянет. И во всем, что делает, он преуспеет».

315) «„Смотри, насколько любимы они – те, кто занимается Торой пред Творцом, ведь даже в то время, когда суд навис над миром и губителю дано право уничтожать, Творец наказывает ему относительно тех, кто занимается Торой. И так сказал Творец" губителю: „Если осаждать будешь город"[358] – из-за многочисленных грехов, которые они совершили предо Мной, и призываются к суду. „Много дней"[358] – что значит „много"? Это три дня, идущих один за другим, когда становится известно об эпидемии в городе". Откуда нам известно, что „много дней"[358] – это три дня? Потому что написано: „И если у женщины кровотечение ее будет длиться много дней"[361]. Разве это много дней? Но если" видна кровь „три дня подряд, это называется „много дней"[360]. Так же и здесь: „Если осаждать будешь город много дней"[358] – это три идущих подряд дня, в течение которых становится известно об эпидемии в городе", и говорит Творец губителю: „Накажу-ка Я тебе о пребывающих в доме Моем: „Не порти его дерева"[358]. Это ученик мудреца, который в городе, – он Древо жизни, дерево, приносящее плоды"».

316) «Другое объяснение. „Его дерева (эца עֵצָה)"[358] – то есть того, которое дает совет (эца עֵצָה) жителям города, как спастись от суда, и обучает их пути, по которому они пойдут. И поэтому: „Не порти его дерева, поднимая на него топор"[358] – т.е. наводя на него суд, и не доставай против него меча пылающего, меча острого, того меча, который убивает остальных людей в мире. „Ибо от него есть будешь"[358]. Спрашивает: „Разве этот губитель ест, получая от ученика мудреца? Это не так, но: „Ибо от него есть будешь"[358] означает, что твердая скала, – та, от которой исходят все сильные духи святости", т.е. Малхут, – она будет питаться от него, „потому что у духа святости", т.е. Малхут, „есть только одно наслаждение и стремление в этом мире – Тора этого праведника, он словно заботится о ней и дает ей питание в этом мире большее, чем все жертвоприношения в мире"».

---

[361] Тора, Ваикра, 15:25. «И если у женщины кровотечение ее будет длиться много дней, не во время ее отлучения, или если она будет иметь истечение сверх ее отлучения, то во все дни истечения нечистота ее как во дни ее отлучения будет, нечиста она».

317) «„Что написано о жертвоприношении: „Отведал я соты мои с медом … Ешьте, друзья!"[362]. Но с того дня, когда был разрушен Храм и отменены жертвоприношения, у Творца есть только речения Торы, и Тора обновляется только из уст" ученика мудреца. „Поэтому" написано: „Ибо от него есть будешь"[358] – потому что пропитание в этом мире есть у нее только от него и от тех, кто подобен ему. И поскольку „от него есть будешь"[358], и он питает ее", поэтому: „И его не руби"[358] – то есть остерегайся того, чтобы приближаться к нему"».

318) «„Разве дерево полевое – это человек, чтобы спрятаться от тебя в крепости?!"[358], – потому что этот ученик мудреца называется человеком, известным наверху и внизу. „Дерево полевое"[358] – это большое могучее дерево того поля, которое благословил Творец", т.е. Малхут, называемая полем, „И она находится рядом с ним", потому что ученик мудреца питает ее, „И это дерево, известное в этом поле всегда. „Чтобы спрятаться от тебя в крепости"[358] – это возвращается к началу изречения: „Не порти его дерева"[358], что означает – того, что дает вам совет (эца) и исправляет жителей города, оно дает вам совет: „Чтобы спрятаться от тебя в крепости"[358], т.е. исправиться и совершить возвращение, и оно исправляет для них оружие, трубы и шофары. „Спрятаться от тебя"[358] – спрятаться от тебя и войти. „От тебя"[358] – от страха перед тобой. „В крепости"[358] – т.е. в месте, куда не могут войти ни высшие, ни нижние. И что оно собой представляет? Это ступень, на которую восходят совершающие возвращение. И кто это? Это возвращение", т.е. Бина, – „оно является крепостью, т.е. укрепленным местом и крепкой скалой"».

319) «„И поскольку вы принимаете" от мудреца „этот совет, Я искупаю ваши грехи, и вы становитесь желанными предо Мной. И всё это Творец указывает тем, кто прилагает старания в Торе, поэтому счастливы занимающиеся Торой,[363] – те, кто занимаются Торой, называются большими деревьями в этом мире"».

---

[362] Писания, Песнь песней, 5:1. «Пришел я в сад мой, сестра моя, невеста, собрал я мирры с бальзамом моим; отведал я соты мои с медом, пил я вино мое с молоком. Ешьте, друзья! Пейте до упоения, любимые!»
[363] См. выше, п. 315.

320) «„Смотрите, что сделал Творец, посадив эти деревья. Благословен этот путь. И недостаточно было одного дерева, но три больших дерева, простирающих ветви во все стороны, создал для нас Творец.[364] Да будет угодно небесам, чтобы эти деревья и этот источник никогда не исчезали из этого места. И до сегодняшнего дня стоят там эти деревья, и находится там этот источник воды. И называют их люди памятником рабби Пинхаса бен Яира"».

---

[364] См. выше, п. 309.

ГЛАВА БАЛАК

И увидел жен и детей

321) «Провозгласил рабби Шимон и сказал: „И поднял глаза свои и увидел жен и детей, и спросил: „Кто это у тебя?" И сказал он: „Дети, которых даровал Всесильный рабу твоему"[365]. Смотри, тот самый злодей, который поднял глаза, чтобы смотреть на женщин, – из-за него" Яаков „произвел свои исправления. Яаков сначала поставил рабынь, а за ними – сыновей их, которые были ему важнее, за ними – Лею, за ней – сыновей ее, за ними – Йосефа, а за ним – Рахель. А" сам „он пошел перед ними"».

322) (Это второй вариант, объясняющий другим путем). «„Когда все кланялись, что написано: „И подошли рабыни, они и дети их, и поклонились"[366]. А затем написано: „И подошла также Лея и дети ее, и поклонились"[367]. И тогда сказано: „А затем подошли Йосеф и Рахель, и поклонились"[366]. Спрашивает: „Но ведь Йосеф был последним, а Рахель была перед ним", и Йосеф не находился перед Рахелью? И отвечает: „Но хороший сын, любимый сын, праведник мира, Йосеф, когда увидел, что взгляд этого злодея обращен на женщин, испугался за свою мать", тогда „вышел из-за спины ее, расправил руки и тело свое и укрыл ее, чтобы не направлял этот злодей свой взгляд на мать его. Насколько увеличился? На шесть локтей в каждой стороне и укрыл ее, для того чтобы глаз этого злодея не был властен над ней"». Таким образом, вначале Йосеф был за ней, как и написано, но затем вышел из-за ее спины и шел перед ней.

323) «„Подобно этому: „И поднял Билам глаза свои"[368]. Написано: „Глаз его (эйно עֵינוֹ)" – тот самый дурной глаз, желавший смотреть на них", т.е. он пробудил на них нечестивую клипу, называемую дурным глазом. „И увидел Исраэль, расположившийся по коленам своим"[367]. Что значит: „Расположившийся по коленам своим"[367]?" И отвечает: „Но колено Йосефа и колено

---

[365] Тора, Берешит, 33:5. «И поднял глаза свои и увидел жен и детей, и спросил: „Кто это (досл. кто эти) у тебя?" И сказал он: „Дети, которых даровал Всесильный рабу твоему"».
[366] Тора, Берешит, 33:6. «И подошли рабыни, они и дети их, и поклонились».
[367] Тора, Берешит, 33:7. «И подошла также Лея и дети ее, и поклонились, а затем подошли Йосеф и Рахель, и поклонились».
[368] Тора, Бемидбар, 24:2. «И поднял Билам глаза свои, и увидел Исраэль, расположившийся по коленам своим, и был на нем дух Всесильного».

Биньямина были там. Колено Йосефа, над которым не властвует дурной глаз, как написано: „Росток плодоносный Йосеф, росток плодоносный на виду (аин)"³⁶⁹. Что значит: „Росток плодоносный"³⁶⁸ – то есть, что он разросся и расширился, чтобы укрыть мать свою" от дурного глаза Эсава, как мы объяснили в предыдущем пункте. „Росток плодоносный на виду"³⁶⁸ – т.е. над которым не властно злоязычие. Колено Биньямина, о котором написано: „И обитает между раменами (плечами) его"³⁷⁰. И написано: „Будет жить в безопасности"³⁶⁹. Что значит: „В безопасности"³⁶⁹ – то есть, что не боится дурного глаза и не боится вреда"».

324) «„Сказал этот злодей: „Я устраню" и уничтожу „этот ряд" колена Йосефа и колена Биньямина, „чтобы они не существовали в мире. Я посмотрю на них" своим дурным глазом „как полагается". Рахель была там и видела, что дурной глаз этот злодея направлен на причинение вреда. Что сделала: вышла и распростерла свои крылья над ними, закрыв сыновей своих. Это смысл сказанного: „И поднял Билам глаза свои, и увидел Исраэль"³⁶⁷. После того как увидел дух святости", т.е. Малхут, называемая Рахель, „острый взгляд Билама, сразу же сказано: „И был на нем дух Всесильного"³⁶⁷. На ком" был дух Всесильного? „На Исраэле – т.е." дух Всесильного „распростер свои крылья и укрыл их. И сразу же этот злодей отступил назад"».

325) «„Вначале сын укрыл мать,³⁷¹ а теперь мать укрыла сына своего". В тот самый час, когда Йосеф укрыл свою мать, Рахель, чтобы не был властен над ней дурной глаз этого злодея, „сказал Творец" Йосефу: „Обещаю тебе, что в час, когда прочий дурной глаз захочет взглянуть на сыновей твоих и на сыновей Моих, твоя мать укроет их. Ты укрыл мать свою, а мать твоя укроет их. Ты укрыл мать свою, а мать твоя укроет тебя"».

326) «„И поднял глаза свои и увидел жен"³⁶⁴. Это изречение сказано в тайне мудрости. В День искупления, когда жители мира предстают в суде, и Исраэль совершают возвращение пред Творцом, чтобы искупить грехи свои, и над ними стоит тот

---

³⁶⁹ Тора, Берешит, 49:22. «Росток плодоносный Йосеф, росток плодоносный на виду. Дочери, подходя, хотели узреть».

³⁷⁰ Тора, Дварим, 33:12. «Биньямину сказал: „Возлюбленный Творца будет жить в безопасности, полагаясь на Него, Он охраняет его весь день и обитает между раменами (плечами) его"».

³⁷¹ См. выше, п. 322.

самый обвинитель, желающий уничтожить их за их грехи, – они посылают ему тогда тот самый подарок", т.е. козла для Азазеля, и тогда написано: „Уйму гнев его приношением, идущим предо мной"[372]. После того как обвинитель получает это приношение, он становится защитником для них"».[373]

327) Обвинитель «„поднимает" глаза свои „И видит Исраэль – все они совершают воздержание, разуты. Он видит жен, видит детей, – все они соблюдают пост, все они пребывают в чистоте. И говорит он: „Кто эти (МИ ЭЛЕ מִי אֵלֶּה) у тебя?"[364] – то есть святое имя" Элоким (אֱלֹהִים), состоящее из букв „МИ ЭЛЕ (מִי אֵלֶּה), – у тебя они", у Исраэля. „Спросил о детях, и сказал: „Дети, которых даровал Всесильный рабу твоему"[364]. Спрашивает: „Но почему он должен был отвечать ему что-то?" И отвечает: „Поскольку тот получил мзду", т.е. козла для Азазеля, „он превратился для них в доброго заступника. Поднял глаза и увидел Исраэль соответствующим образом. Подумал, что из-за страха пред ним", чтобы не обвинил их, „они находятся в этом"», – соблюдают пост и испытывают раскаяние.

328) «„Другое объяснение. Спросил его о детях, и сказал: „Кто эти у тебя?"[364] Что значит: „Кто эти у тебя?"[364]?" И отвечает: „Но сказал (тем самым): „Правильно" то, что пост и раскаяние „у вас, поскольку вы прегрешили пред Царем, но эти дети зачем так соблюдают" пост? – „Кто эти у тебя?"[364] И сказал: „Дети". Дух святости сказал, и поэтому стоит распрямленный тон закеф", называемый закеф гадоль, над „И сказал (ва йомар וַיֹּאמַר)"[364], и над „дети (еладим יְלָדִים), в скрытом виде", чтобы показать, что произнес это дух святости. „Которых даровал Всесильный рабу твоему"[364]. Спрашивает: „Разве дух святости сказал" Эсаву: „Рабу твоему"[364]?" И отвечает: „Но дух святости сказал: „Вот дети, которые не грешили и не ведали вкус греха" в своем первом кругообороте, „И отдал их Творец в руки твоего правителя, который уничтожил их безгрешными". Как сказано: „И от руки их притеснителей сила"[374]. И это означает: „Рабу твоему"[364]. И смысл сказанного: „Которых даровал

---

[372] Тора, Берешит, 32:21. «И скажите: „Вот и раб твой Яаков за нами". Ибо он сказал: „Уйму гнев его приношением, идущим предо мной, и потом увижу лицо его; может быть, он простит меня"».
[373] См. Зоар, главу Ваера, пп. 381-387.
[374] Писания, Коэлет, 4:1. «И вновь увидел я всех притесненных, которые созданы под солнцем, и вот слезы притесненных, но нет им утешителя, и от руки их притеснителей сила, но нет им утешителя».

Всесильный"³⁶⁴ – т.е. Всесильный оказал милость „рабу твоему", правителю твоему, и дал ему души детей, которые не ведали вкуса греха"».

329) «„Когда услышал он об этих детях, сразу же поднялся пред Творцом и сказал: „Владыка мира, все пути Твои – в истинном суде. И если суд пребывает над Исраэлем, то это из-за их грехов, – дети же их, которые не грешили пред Тобой, зачем Ты отдал их на уничтожение безгрешными?" Творец благодаря этому принимает его слова и проявляет милосердие к ним. И в этот час", в День искупления, „нет дифтерии у детей"».

330) «„И этот обвинитель начинает завидовать правителю, который подчинен ему. Сказал: „Если мне дал Творец тех, кто облачается в грехи и провинности, то почему этому правителю, подчиненному мне, Он передал безгрешных детей, не ведавших вкуса греха?" Немедленно отправляется вывести их из-под его власти, чтобы тот не был властен над ними. И поэтому поспешил" дух святости „И сказал ему: „Дети, которых даровал Всесильный рабу твоему"³⁶⁴, – тому самому рабу", то есть позволил передать ему детей „невинных и безгрешных. И для того, чтобы слава правителя, подчиненного ему, не превышала его славу, он хочет вывести их из-под его власти"».

Пояснение статьи. Есть пять свойств души, называемые нефеш руах нешама хая ехида (НАРАНХАЙ), без которых человек не достигает совершенства.³⁷⁵ Однако немногочисленны те, кто удостаиваются этих НАРАНХАЙ за один кругооборот. И есть такие, кто удостаивается только ГАР де-руах и умирают, и совершают повторный кругооборот, чтобы приобрести остальные части души. И те души, которые умерли в свойстве ГАР де-руах, называются младенцами (тинокот), поскольку эти мохин являются мохин вскармливания (еника), и они также называются детьми мира.³⁷⁶ И считается, что они умерли безгрешными, потому что в ГАР де-руах светит Хохма левой линии, отдаляющая от них все грехи. Почему же они умирают? Это

---

³⁷⁵ См. Зоар, главу Берешит, часть 2, п. 56, со слов: «Внутренний смысл сказанного. Человек не становится совершенным прежде, чем постигнет пять свойств души, называемых НАРАНХАЙ (нефеш руах нешама хая ехида)...»

³⁷⁶ См. «Предисловие книги Зоар», п. 5, со слов: «И сказано: „А если бы они не показались к этому времени, то не могли бы остаться в мире"...»

в тайне сказанного: „И от руки их притеснителей сила"[373] – т.е. благодаря тому, что предаются смерти, они приобретают силу удостоиться остальных частей души. И когда это? Это в День искупления, ибо тогда отдается ситре ахра козел для Азазеля, который подобен этим мохин вскармливания, потому что козел для Азазеля является свойством ГАР левой линии, когда с помощью умерщвления этих младенцев отменяются эти мохин ГАР левой линии. И поэтому Сам завидует правителю, подчиненному ему, который умерщвляет этих детей, так как тот портит свечение свойства «козел для Азазеля».[377] И поэтому дух святости, т.е. Шхина, напоминает ему об этих душах младенцев (тинокот). И это смысл сказанного: «Дух святости сказал: „Вот дети, которые не грешили и не ведали вкус греха, и отдал их Творец в руки твоего правителя, который уничтожил их безгрешными"»[378], – то есть души, которые удостоились лишь мохин вскармливания (еника), и передал их Творец ситре ахра, чтобы умертвить их, с тем чтобы они приобрели от них силу через обвинителя, который становится защитником в День искупления благодаря силе свечения Азазеля, полученной им. И это смысл сказанного: «Когда услышал он об этих детях, сразу же поднялся пред Творцом и сказал: „Владыка мира, все пути Твои – в истинном суде. И если суд пребывает над Исраэлем, то это из-за их грехов, – дети же их, которые не грешили пред Тобой, зачем Ты отдал их на уничтожение безгрешными?"»[379] – потому что почувствовал, что вследствие передачи их ситре ахра для умерщвления, портится свечение Азазеля, которое он получил, и поэтому он становится защитником для них. И это означают слова: «Как сказано: „И от руки их притеснителей сила"»[377] – так как без того, чтобы они были преданы смерти, главный обвинитель не стал бы их прямым защитником в День искупления, и поскольку этот обвинитель стал их защитником, получается, что притеснители дали силу этим душам получить совершенство остальных частей души. Ведь «признание самого обвиняемого подобно показанию ста свидетелей»[380]. И это смысл сказанного: «Творец благодаря этому принимает его слова и проявляет милосердие к ним»[378] – т.е. восполняет их остальными частями мохин. И это смысл сказанного: «И этот обвинитель начинает завидовать правителю,

---

[377] См. выше, п. 228, комментарий Сулам.
[378] См. выше, п. 328.
[379] См. выше, п. 329.
[380] Вавилонский Талмуд, трактат Бава мециа, лист 3:2.

который подчинен ему»[381] – то есть потому, что тот портит свечение козла для Азазеля, принадлежащего ему. И поскольку этот правитель относится к свойству суровых судов, то для того чтобы ему одолеть его и отменить его свечение, – что и означает: «И для того, чтобы слава правителя, подчиненного ему, не превышала его славу, он хочет вывести их из-под его власти», – он должен спасти детей от руки его, чтобы тот не одолел его и не отменил его свечение Азазеля. И тогда ступень его будет более значительной, чем у того.

331) «„Когда молитвы Исраэля поднимаются в этот день пред Творцом, что написано: „А сам он прошел перед ними"[382]. Это дух святости", Малхут, „прошел перед ними"[381], как сказано: „И царь их прошел перед ними"[383]. И он безусловно, прошел перед ними, „И поклонился до земли семь раз"[381], – дух святости", т.е. Малхут, „уменьшил себя по отношению к высшему", Зеир Анпину, „в семь раз – по отношению к семи высшим ступеням", ХАГАТ НЕХИМ Зеир Анпина, „что над ней, и уменьшил он себя для того, чтобы включить их в себя, каждую из них. „Пока не подступил к брату своему"[381] – т.е. к той самой ступени милосердия", которой является Зеир Анпин, называемый братом духа святости, Малхут. „Ибо сын и дочь они" – для Бины. И поэтому они братья. Зеир Анпин называется „сын", как написано: „Сын Мой, первенец Мой, Исраэль"[384] – то есть Зеир Анпин, называемый Исраэлем. „Дочь" – это Кнессет Исраэль", то есть Малхут. „Дух святости произвел уменьшение в себе, пока не подступил"» к брату своему, Зеир Анпину.

Объяснение. Вначале Малхут была такой же большой, как и Зеир Анпин, в состоянии «два больших светила», но тогда она не могла наполнять Исраэль. И для того чтобы наполнять Исраэль, она уменьшила себя в семь раз, т.е. вышла из всех своих семи больших сфирот и стала точкой под Есодом. А затем отстроилась заново и стала достойной включать в себя все

---

[381] См. п. 330.
[382] Тора, Берешит, 33:3. «А сам он прошел перед ними и поклонился до земли семь раз, пока не подступил к брату своему».
[383] Пророки, Миха, 2:13. «Поднялся пред ними проламывающий (стены), проломили и прошли ворота, и вышли через них. И царь их прошел перед ними, и Творец – во главе них».
[384] Тора, Шмот, 4:22. «И передай Фараону, что так сказал Творец: „Сын Мой, первенец Мой, Исраэль"».

семь сфирот Зеир Анпина.³⁸⁵ И это смысл сказанного: «Уменьшил себя по отношению к высшему в семь раз – по отношению к семи высшим ступеням» – то есть для того, чтобы она могла отстроиться из семи сфирот ХАГАТ НЕХИМ Зеир Анпина. И это означает: «Дух святости произвел уменьшение в себе, пока не подступил», – т.е. Малхут, называемая духом святости, сократила себя до такой степени, что стала способна соединиться с Зеир Анпином, как мы уже сказали. И если бы она не сократила себя, то не смогла бы подступиться к нему.

332) «„После того, как" Малхут „подошла к нему", к Зеир Анпину, „она обратилась к нему с просьбой и сообщила ему о страданиях сыновей их внизу", в этом мире. „И тогда оба они", Зеир Анпин и Малхут, „входят в скрытый и сокровенный чертог Дня искупления", т.е. Бины, „их матери (има)", потому что в День искупления ЗОН поднимаются в Иму, „И просят за Исраэль – искупить их. Тогда написано: „Ибо в этот день совершит искупление над вами, чтобы чистыми сделать вас"³⁸⁶. „Совершу искупление над вами", – не написано, а „совершит искупление над вами"³⁸⁵», в третьем лице, что указывает на Бину.

333) «„А теперь этим детям, т.е. мудрецам, о которых говорится здесь, Творец передает тайны Торы, чтобы увенчаться ими и прийти к совершенству с помощью них. Над ними не властен дурной глаз, потому что добрый глаз и дух святости рабби Пинхаса пребывают над ними. Подошел рабби Пинхас и поцеловал его", рабби Шимона. „Сказал: „Если бы шел этим путем только для того, чтобы услышать эти слова, мне было бы достаточно. Благословен этот путь за то, что пришел я к тебе"».

334) «„Творец здесь, поскольку согласен с нами, и мало" того, что дал нам „одно дерево, но три" дерева Он дал нам. „Однако этот источник представляет собой высшую форму, соответствующую скрытому и сокровенному источнику", Бине. „Три этих дерева являются тремя кедрами, называемыми „кедры Леванона", и они представляют собой образ трех могучих деревьев, свойство праотцев", т.е. ХАГАТ Зеир Анпина. И они называются кедрами Леванона, потому что исходят

---

³⁸⁵ См. Зоар, главу Берешит, часть 1, пп. 110-115. «Когда луна была вместе с солнцем в едином слиянии, луна пребывала в своем свете…»

³⁸⁶ Тора, Ваикра, 16:30. «Ибо в этот день совершит искупление над вами, чтобы чистыми сделать вас; от всех ваших грехов пред Творцом чисты будете».

от Бины, называемой Леваноном. „Благословенна наша доля в тот час"».

335) «Пригнулись деревья, одно – над головой рабби Шимона, одно – над головой рабби Пинхаса, и одно – над головой рабби Эльазара. И ветви их распростерлись во все стороны над головами товарищей. Заплакал рабби Пинхас и сказал: „Благословенна доля моя и благословенны глаза мои, видевшие это. И я радуюсь не только твоему и своему, но также и принадлежащему рабби Эльазару, нашему сыну, я радуюсь, что он важен святому Царю, как и каждый из нас"». Потому что над головой рабби Эльазара дерево пригнулось так же, как и над головами рабби Шимона и рабби Пинхаса. «Встал и поцеловал его. Сказал рабби Шимон: „Эльазар, поднимись на том месте, где ты стоишь, и произнеси перед Господином твоим речи свои"», т.е. речения Торы. «Встал рабби Эльазар».

ГЛАВА БАЛАК

Что сделал Я тебе и чем утомил тебя?

336) «Провозгласил и сказал: „Народ Мой, вспомни, прошу тебя, что советовал Балак, царь Моава"[387]. „Народ Мой"[386] – насколько же Творец является милосердным отцом для сыновей своих, – несмотря на то, что они грешили в отношении Него, все речения Его – с любовью к ним, как отец к сыну своему. Согрешил сын в отношении отца своего, наказал он его, но сколько он его не наказывал, не обращается тот от путей своих. Упрекает он его в речах своих, но тот не воспринимает от него. Сказал отец его: „Не желаю я больше так поступать со своим сыном, как я поступал до сих пор. Если я накажу его, это станет для него головной болью, и я буду причиной его боли. Если буду упрекать его, он ведь изменится в лице. Что же мне делать? Пойду-ка я и упрошу его, и поговорю с ним мягко, чтобы не огорчать его"».

337) «„Так Творец испробовал все пути к Исраэлю. Начал с того, что наказывал их, – не воспринимали они. Упрекал их – не воспринимали. Сказал Творец: „Я вижу по Своему сыну, что совершаемые Мной наказания стали для них головной болью. Но, увы, Я чувствую их боль, как написано: „В каждой их беде Он сам страдал"[388]. Буду их упрекать – ведь они изменятся в лице, как написано: „Чернее черного стали лица их, не узнать их на улицах"[389]. Горе, когда смотрю Я на них и не узнаю! Теперь буду молитвенно упрашивать их: „Народ Мой! Что сделал Я тебе и чем утомил тебя?"[390] Сын Мой единственный, возлюбленный души Моей, посмотри – сколько Я для тебя сделал. Поставил Я тебя над всеми своими приближенными, поставил тебя над всеми царями мира. А если Я делал что-то

---

[387] Пророки, Миха, 6:5. «Народ Мой, вспомни, прошу тебя, что советовал Балак, царь Моава, и что ответил ему Билам, сын Беора, (и что сделал Я для тебя) от Шиттима до Гильгаля ради познания благодеяний Творца».

[388] Пророки, Йешаяу, 63:9. «В каждой их беде Он сам страдал, и ангел лика Его спасал их, в любви Своей и милосердии Своем Он избавлял их, и носил их, и возвышал во все былые времена».

[389] Писания, Эйха, 4:8. «Чернее черного стали лица их, не узнать их на улицах; сморщилась на костях их кожа, стала сухой, как дерево».

[390] Пророки, Миха, 6:3. «Народ Мой! Что сделал Я тебе и чем утомил тебя? Свидетельствуй против Меня!»

другое, „свидетельствуй против Меня!"³⁸⁹ Ты выступи свидетелем против меня"».

338) «„Народ Мой, вспомни, прошу тебя, что советовал Балак, царь Моава, и что ответил ему Билам, сын Беора"³⁸⁶. „Вспомни, прошу тебя"³⁸⁶, – и не забывай, что он советовал. Сейчас надо всмотреться, что Балак советовал сделать со святым народом. И Тора не придавала такого значения Балаку, как" придавала „Лавану, как написано: „Арамеец вознамерился погубить отца моего"³⁹¹»... (продолжение отсутствует).

---

[391] Тора, Дварим, 26:5. «И возгласишь ты и скажешь пред Творцом Всесильным твоим: „Арамеец вознамерился погубить отца моего; а (затем) он спустился в Египет и проживал там с немногими, и стал там народом великим, могучим и многочисленным"».

ГЛАВА БАЛАК

С высот Я на него взираю, и он сделал шаг наружу

339) «„Ибо с вершины скал его вижу и с высот Я на него взираю"[392] – истинные представление и образ Отца запечатлелись в нем. И с того времени, когда он был в утробе матери, с ее стороны он распространился и сделал еще один шаг наружу". И объясняет: „Ибо с вершины скал (цурим) его вижу"[391] – это истинные образ и представление об Отце его. Когда он был в материнской утробе, „Я на него взираю"[391], он сделал шаг наружу. Это напоминает вав (ו)"».

Объяснение. Объясняет это изречение, что оно о высшем Исраэле, т.е. Зеир Анпине, образ которого в точности как Отца его, представляющего собой Хохму правой линии, т.е. высшие Абу ве-Иму, свойство укрытых хасадим. И это означает: «„Ибо с вершины скал его вижу"[391] – истинные представление и образ Отца запечатлелись в нем» – т.е. хасадим, укрытые от Хохмы, как высшие Аба ве-Има, у которых йуд (י) никогда не выходит из их свойства «воздух (авир אויר)».[393] «Когда он был в материнской утробе» – т.е. включился в Бину и произвел там три линии,[394] тогда «Я на него взираю»[391], и это как сказано: «Утвердил Ты стопы мои»[395] – т.е. шаги. Иными словами, он проделывает шаги, выходя за пределы Отца его, и в нем раскрывается Хохма. И этим шагом является Малхут, соединенная с Зеир Анпином. И в этой Малхут раскрывается Хохма. «Это напоминает вав (ו)» – в которой мы видим распространение и выход наружу. Поскольку Зеир Анпин со стороны Абы должен был быть йуд (י), потому что Аба – это йуд (י), как известно. Но вследствие того, что распространился, сделав шаг наружу, он

---

[392] Тора, Бемидбар, 23:9. «Ибо с вершины скал его вижу и с высот Я на него взираю: это народ, живущий отдельно, и с народами он не будет считаться».

[393] См. Зоар, главу Берешит, часть 1, п. 308. «Теперь выясняется различие между зивугом высшего мира Бины и зивугом нижнего мира Бины. И говорится, что высший мир опускается в нижний мир, чтобы создать нижний мир де-ЗОН – малые ЗОН...»

[394] См. Зоар, главу Берешит, часть 1, п. 363. «Трое выходят благодаря одному, один находится в трех, входит между двумя, двое питают одного, и один питает многие стороны...»

[395] Писания, Псалмы, 17:5. «Утвердил Ты стопы мои на путях Твоих, не пошатнулись ноги мои».

вытянулся и приобрел форму вав (ו), и его распространение больше, чем у Абы.

340) «„И это означает: „И с высот Я на него взираю"³⁹¹, потому что Има называется высотами, и оттуда Зеир Анпин сделал шаг наружу, как объяснялось в предыдущем пункте. В высшем собрании „высоты (гваот גְּבָעֹת)" без вав (ו). В небесном собрании „И с высот (гваот גְּבָעוֹת)"³⁹¹ с буквой вав (ו). И эта вав (ו) восполняет две стороны. Одна" – это над Зеир Анпином, „потому что эта высота никогда не разлучается со своим сыном", Зеир Анпином, „И никогда не оставляет его. И поэтому вав (ו) соединяется с ней навеки"». И поэтому написано: «И с высот (гваот גְּבָעוֹת)»³⁹¹ с вав (ו). «„И одна" – это над Машиахом бен Давидом, „потому что в высоту, которая внизу", в Малхут, „включен сын ее", Машиах бен Давид. „В грядущем будущем, когда придет царь Машиах, должна его принять высшая высота", т.е. Бина, „И ввести его под свои крылья, чтобы укрепить его и подготовить к высшей жизни Бины, и от нее выйдет в этот день Машиах бен Давид"». И на него указывает буква вав (ו) в слове: «И с высот (умигваóт וּמִגְּבָעוֹת)»³⁹¹.

341) «„И тайна эта – это: „Обращусь к закону! Творец сказал мне: „Ты – сын Мой, сегодня Я породил тебя"³⁹⁶. И это означает, что „в будущем Мне предстоит сказать тому месту, которое называется законом", т.е. Малхут, „И сообщить ему: „Творец (АВАЯ)" – Бина, „сказал мне: „Ты – сын Мой, сегодня Я породил тебя"³⁹⁵, потому что Малхут поднялась и облачила Бину, и произвела Машиаха бен Давида от самого свойства Бины. И поэтому „именно в этот день", являющийся свойством Бины, „выводит его этот закон", Малхут, „из-под крыльев ее", Бины, „во множестве жизней, во множестве венцов, с многочисленными благословениями, как подобает"». Объяснение. Потому что Машиах – это сын Малхут. Но в таком случае, как же он говорит: «Творец (АВАЯ) сказал мне: „Ты – сын Мой"» – из чего следует, что он сын Бины? Однако объяснение заключается в том, что Малхут вместе со своим сыном, Машиахом бен Давидом, поднимаются оба в Бину, и Машиах включается в света Бины, и хотя он вышел от Малхут, всё же считается, словно вышел от Бины, так как она находилась в месте Бины.

---

³⁹⁶ Писания, Псалмы, 2:7. «Обращусь к закону! Творец сказал мне: „Ты – сын Мой, сегодня Я породил тебя"».

342) «„И этот закон", т.е. Малхут, „не останется в одиночестве" после того, как выходит из него Машиах бен Давид, „ибо тогда с Малхут соединится другой Машиах" – Машиах „бен Йосеф. И там", в Малхут, „он укрепится, а не в другом месте", то есть не в Бине, как Машиах бен Давид, „так как является нижней высотой", Малхут, „в которой нет жизни", – потому что у Малхут нет ничего своего, а только то, что дает ей Зеир Анпин, который притягивает от Бины и передает Малхут. И поскольку Машиах бен Йосеф прилепляется только лишь к Малхут, и ни к какому другому месту, „этот Машиах лишится жизни и будет убит", потому что Малхут со своей стороны совершенно нечего ему дать. „И будет мертв до тех пор, пока эта высота", Малхут, „не соберет жизненные силы от верхней высоты", Бины, и не наполнит Машиаха бен Йосефа светами Бины. „И возродится"» тогда Машиах бен Йосеф к жизни.

343) «„И поэтому в небесном собрании", слово „И с высот (умигваóт וּמִגְּבָעוֹת)"[391] полное, с буквой вав (ו)", указывающей „на две стороны", на Зеир Анпина и на Машиаха. „Однако в высшем собрании"» слово «высоты (гваот גְּבָעֹת)» – «„неполное, без вав (ו), и это указывает на то, в чем нет вопросов и сомнений. „Это народ, живущий отдельно"[391], – в единстве, без всяких чужеродных примесей"».

Объяснение. Высшее собрание – это Бина, а небесное собрание – это Малхут. И поскольку вав (ו) в слове «И с высот (умигваот וּמִגְּבָעוֹת)» включает Зеир Анпина и Машиаха, которые ниже ступени Бины, так как в Бине нет удержания внешних свойств, а в них есть удержание внешних, поэтому в небесном собрании, являющемся уже местом Малхут, указывается буква вав (ו) в слове «И с высот (умигваот וּמִגְּבָעוֹת)», т.е. в Бине, потому что она уже находится в месте Малхут. Однако к Бине на своем месте, в высшем собрании, не может прилепиться буква вав (ו), так как там место Бины, и нет в ней удержания внешних, как у Зеир Анпина и Машиаха. И это смысл сказанного: «Однако в высшем собрании неполное, без вав (ו)», – то есть там нет никакой возможности удержания для клипот и внешних, представляющих собой вопросы и сомнения. Поэтому сказано: «„Это народ, живущий отдельно"[391], – в единстве, без всяких чужеродных примесей"», – так как получают от Бины, где нет удержания внешних свойств.

ГЛАВА БАЛАК

Вершина, ствол и тропинка

344) «"Все совершенное единство здесь – оно" в именах „Творец (АВАЯ) – Всесильный наш (Элокейну), Творец (АВАЯ)"³⁹⁷. Потому что суть его – „с вершины скал"³⁹¹ она", и это высший Аба, "И он соединяется с вершиной, стволом и тропинкой". АВАЯ – „это высшая вершина (рош), поднимающийся воздух"», т.е. вершина скал, и это Аба, являющийся свойством «чистый воздух». «„Всесильный наш (Элокейну)" – это ствол, как сказано: „Ствол Ишая"³⁹⁸», т.е. Бина, на которую указывает слово «И с высот (умигваот וּמִגְּבָעוֹת)», как мы уже объясняли. «„АВАЯ – это нижняя тропинка"», и это Зеир Анпин, т.е. буква вав (ו), о которой сказано: «Я на него взираю»³⁹¹, в тайне выхода наружу, как мы объясняли в предыдущем пункте. «„И для этого соединяется с ним как подобает. И поскольку распространяется в нем, в вав (ו), тропинка", в качестве выхода наружу, „нужно (отсутствует текст) ... тайна, которая выявляется в двух собраниях"».

345) «„Счастлив твой удел, рабби Шимон, ибо удостоился ты постичь высшие речения Господина твоего, и Господин твой благоволил к тебе. Какова мера распространения этой тропинки в высшей мере, в вершине, – стволе и тропинке, – и облачились они в это распространение. И поэтому распространение алеф (א) – это мера шести окончаний (ВАК), и все объединяется в этой букве, и поэтому сказано: „Живущий отдельно"³⁹¹, как подобает"». (Из-за того, что отсутствует начало, нельзя это объяснить).

346) «„И с народами он не будет считаться"³⁹¹. Исраэль – есть у них письмо и язык, и они в любое время могут изучать подобие и образ в надлежащем виде", чтобы понять высшие тайны, заключенные в них. Но „с народами"³⁹¹, идолопоклонниками, „он не будет считаться"³⁹¹ – эта тайна, потому что у тех нет письма и языка" подлинных, образованных согласно высшим формам, „И им нечего изучать и постигать" в форме их письма, ибо „тщета они, плод заблуждения"³⁹⁹. Потому что письмо

---

³⁹⁷ Тора, Дварим 6:4. «Слушай, Исраэль! Творец – Всесильный наш, Творец един».
³⁹⁸ Пророки, Йешаяу, 11:1. «И выйдет отросток из ствола Ишая, и даст плоды побег, (что) от корней его».
³⁹⁹ Пророки, Йермияу, 10:15. «Тщета они, плод заблуждения, в час их расплаты пропадут они».

и язык их – это всего лишь соглашения, когда люди согласились с этой формой и языком. И „он не будет считаться"³⁹¹ – имеется в виду, с их мышлением и взглядом" на формы букв их, „ибо нет у них письма. Счастливы Исраэль"».

347) «„Кто исчислил прах Яакова и число доли Исраэля!"⁴⁰⁰ – эта высшая точка", т.е. высшие Аба ве-Има, „вершина и ствол, и тропинка ее", т.е. рош-тох-соф, ХАБАД ХАГАТ НЕХИ, „она находится в скрытии, и она не установлена для вопроса снаружи", потому что в Абе ве-Име йуд (י) не выходит из воздуха (авир אויר). „Но с того часа, когда она начала отстраиваться и возводить чертог в желании Его, называемый МИ", т.е. ИШСУТ, „начала отстраиваться настоящая форма Его", Абы ве-Имы, т.е. Зеир Анпин, у которого есть образ отца (Абы), т.е. высших Абы ве-Имы.⁴⁰¹ А затем он „произвел свою Нукву", Малхут, „в образе своей матери (Имы)"», и это ИШСУТ, т.е. Бина.

348) «„Что такое МИ – это вершина, ствол, тропинка", т.е. рош-тох-соф, ХАБАД ХАГАТ НЕХИ парцуфа ИШСУТ, „который распространился, чтобы отстроиться в распространении одного чертога, в двух сторонах отстроил", Зеир Анпина и Малхут. „И хотя он вывел Исраэль, т.е. вав (ו)", Зеир Анпин, „он вывел" также и Нукву „свою вместе с ним, и призвал ее к себе. „Кто исчислил"³⁹⁹ – это означает, „как сказано: „И назначил им царь"⁴⁰². А также: „И отправления подарков"⁴⁰³. То есть МИ", ИШСУТ, „дал ему", Зеир Анпину, „большой и величественный подарок", Малхут, „И вывел ее вместе с ним. В произведенном им распространении, он вывел их вместе, в одночасье"». Объяснение. Бина вывела ЗОН одновременно. И смысл сказанного: «Кто (МИ) исчислил прах Яакова?»³⁹⁹ следующий – МИ, Бина, т.е. ИШСУТ, «исчислил» – дал огромный подарок, т.е. «прах», Малхут, называемую прахом, «Яакову» – т.е. Зеир Анпину, называемому Яаковом.

---

[400] Тора, Бемидбар, 23:10. «Кто исчислил прах Яакова и число доли Исраэля! Умрет душа моя смертью праведных, и пусть будет кончина моя, как его!»

[401] См. выше, п. 339.

[402] Писания, Даниэль, 1:5. «И назначил им царь повседневно пищу с царского (стола) и вино из своих напитков, и (приказал) растить их три года, по истечении которых они должны будут предстать перед царем».

[403] Писания, Мегилат Эстер, 9:19. «Поэтому иудеи, живущие в городах неукрепленных, делают четырнадцатый день месяца адара днем веселья и пиршества, и днем праздника и отправления подарков друг другу».

349) «„И число доли Исраэля"[399]. Тайна доли (рова) Исраэля передана для тебя, рабби, благословенна твоя участь. „Доли Исраэля"[399] означает – четверть (ревиит) от меры Исраэля", Зеир Анпина, называемого Исраэлем, „И это союз", т.е. Есод Зеир Анпина. „И почему называется долей? Потому что мера тела – четыре союза есть в мере его. И союз – это доля (четверть) от всей меры тела, всё вывел МИ"», Бина. И потому говорит: «Кто (МИ) исчислил прах Яакова и число доли Исраэля?»[399] – потому что МИ создала всё.

Объяснение. Средняя линия называется телом, и три линии есть в средней линии, Зеир Анпине:

1. Правая линия – это Хохма, Хесед и Нецах.
2. Левая линия – это Бина, Гвура и Ход.
3. Средняя линия – это Кетер, Даат, Тиферет, Есод.

Таким образом, в теле, в средней линии, есть четыре сфиры: Кетер, Даат, Тиферет, Есод. И получается, что Есод является четвертой частью средней линии. И это смысл сказанного: «Мера тела – четыре союза есть в мере его», т.е. нужно отнести ко всему телу четыре союза, т.е. четыре раза как мера союза, и это четыре сфиры: Кетер, Даат, Тиферет, Есод. Таким образом, получается, что союз – это Есод, являющийся четвертью (долей) тела. И поэтому слова «доля Исраэля» говорят о Есоде.

ГЛАВА БАЛАК

Творец, утром услышь голос мой

350) «Рабби Эльазар шел навестить рабби Йоси, своего тестя. И рабби Аба с товарищами шли вместе с ним. Провозгласил рабби Эльазар и сказал: „Творец, утром услышь голос мой!"[404] „Творец, утром"[403] – что такое утро?" И отвечает: „Но это утро Авраама", т.е. Хесед, „которое пробудилось в мире. Как написано: „И встал Авраам рано утром"[405]. Ведь когда утро наступает, это утро", т.е. Хесед, „пробуждается в мире, и это время благоволения для всего, и время проявления милости ко всему миру, к праведникам и грешникам, и тогда это время молитвы, чтобы молиться пред святым Царем"».

351) «„И поэтому в час, когда наступает утро, все узники Царя", т.е. грешники, закованные в цепи греха, „находят покой, и это – время молитвы для них, и тем более – для тех, кто раскаялся и обращают просьбы свои к святому Царю. Ибо в этот час выходит в южной стороне", Хесед, „один правитель по имени Рефаэль, и всевозможные исцеления (рефуот) в его власти (досл. в его руке). И с южной стороны", Хесед, „выходит один дух и приходит к этому правителю, отвечающему за исцеление", Рефаэлю. „И когда молитва предстает пред Творцом, Он повелевает своей судебной палате, чтобы не начинали суда, потому что жизнь находится в руках Творца, а не в их руках"».

352) «„И поскольку это время благоволения, Творец просит об оправдании человека. И если тот возносит молитву или пришел к раскаянию, Он проявляет милосердие к нему. И в это время слышен крик гнездящихся птиц, как написано: „И там гнездятся птицы"[406] – потому что эти птицы благодарят и восславляют Творца. И пробуждается в мире „утренняя лань" и говорит: „Как велико благо Твое, которое укрыл Ты

---

[404] Писания, Псалмы, 5:4. «Творец, утром услышь голос мой! Утром приготовлю для Тебя и уповать буду!»

[405] Тора, Берешит, 22:3. «И встал Авраам рано утром, и оседлал осла своего, и взял с собою двух отроков своих и Ицхака, сына своего, и наколол дров для всесожжения, и встал, и пошел к месту, о котором сказал ему Всесильный».

[406] Писания, Псалмы, 104:16-17. «Насыщаются деревья Творца – кедры Леванона, которые насадил Он. И там гнездятся птицы, жилище аиста – в кипарисах».

для боящихся Тебя"⁴⁰⁷. И тогда выходит тот самый правитель, отвечающий за исцеление, и делает всё, что велено ему"».

353) «„И если скажешь, что всевозможные исцеления не находятся в его власти", этого правителя, „как мы уже сказали, то это не так, потому что исцеления находятся лишь во власти святого Царя. Но в час, когда Творец повелевает исцелить того человека, выходит этот правитель, которого боятся все обвинители, отвечающие за тяжелые болезни. В это время дух, который приходит с южной стороны", дух Хеседа, „простирает" милость „к этому человеку, и тогда наступает исцеление". Но „всё находится во власти Творца"».

354) «„И поэтому написано: „Творец, утром услышь голос мой"⁴⁰³, но не написано: „Творец, услышь голос мой", потому что говорит об утре Авраама. „Утром приготовлю для Тебя и уповать буду!"⁴⁰³ Спрашивает: „Почему два „утра"⁴⁰³?" И отвечает: „Но одно „утро" принадлежит Аврааму", свойству Хесед, „а другое „утро" – Йосефу, как написано: „Утром на рассвете"⁴⁰⁸, и истолковывается это – „светлым утром", т.е. светящим, „которое, конечно же, светит". И разница в том, что утро Авраама – это Хесед, укрытый от Хохмы, а утро Йосефа – это Хесед, в котором раскрыто свечение Хохмы. „Приготовлю для Тебя и уповать буду!"⁴⁰³ Что означает"» – «приготовлю для Тебя»⁴⁰³? «Но это означает – приготовлю Твою свечу, чтобы зажечь, то есть как сказано: „Приготовил Я свечу помазаннику Моему"⁴⁰⁹. И это говорит по отношению к утру Йосефа, потому что приготовление этой свечи относится к нему"».

355) Говорит: «И уповать буду»⁴⁰³. Спрашивает: «„Что означает: „И уповать буду"⁴⁰³ – ведь все жители мира уповают на милость (хесед) Творца и ждут ее, даже звери полевые, в чем же превосходство восславления Давида по сравнению со всеми жителями мира?" И отвечает: „Но я это спрашивал, и мне так ответили: „Это слово истины, идущее издалека"», т.е. свойство Хохмы, как сказано: «Думал я обрести мудрость (хохма),

---

⁴⁰⁷ Писания, Псалмы, 31:20. «Как велико благо Твое, которое укрыл Ты для боящихся Тебя, сделал тем, кто уповает на Тебя, под стать сынам человеческим».
⁴⁰⁸ Тора, Берешит, 44:3. «Утром на рассвете эти люди были отосланы, они и ослы их».
⁴⁰⁹ Писания, Псалмы, 132:17. «Там взращу Я рог Давиду (дам силу ему), приготовил Я свечу помазаннику Моему».

но она далека от меня»⁴¹⁰. «„Первый свет, созданный Творцом, светил так сильно, что миры не способны были вытерпеть его. Что сделал Творец? Он создал свет для света Своего, чтобы они облачились друг в друга, и так же – все остальные света", т.е. каждая высшая ступень облачена в ступень ниже нее, „так что все миры могут существовать и способны вытерпеть"».

356) «„И поэтому распространились ступени и облачили эти света, и они" облачения, с помощью которых нижний облачается на высшего, „называются высшими крыльями. Пока они не достигают этого утра Йосефа, и тогда он получает все высшие света", потому что Есод является включающим все света, которые выше него. „И поскольку все высшие света зависят от него, сияние его восходит от края мира и до края его, находящегося наверху, в такой мере, что миры, которые ниже" него, „не способны вытерпеть его. Пришел Давид и установил ту самую свечу, которая является покрытием того утра Йосефа, которое скрывается в ней, с тем чтобы установить миры, что внизу, в порядке этой свечи. И поэтому написано: „Утром приготовлю для Тебя и уповать буду"⁴⁰³, как сказано: „И покрыл его чистым золотом"⁴¹¹. И поскольку это – та самая свеча Давида", т.е. строение для Малхут, „И он зависит от нее, сказал, что она будет укрытием для этого утра" Йосефа. «Подошел рабби Аба и поцеловал его. Сказал: „Если бы я отправился в путь, чтобы услышать это, мне было бы достаточно"».

Объяснение. Ты уже узнал, что утро Йосефа – это Хохма и хасадим,⁴¹² и это потому, что Есод включает все света, которые выше него. И это означает сказанное: «Распространились ступени и облачили эти света, и они называются высшими крыльями. Пока они не достигают этого утра Йосефа, и тогда он получает все высшие света. И поскольку все высшие света зависят от него, сияние его восходит от края мира и до края его». Поскольку Есод включает все света Хохмы и хасадим, он светил наверху от края мира и до края его. Однако он не мог наполнять то, что ниже него, потому что свет Хохмы не

---

⁴¹⁰ Писания, Коэлет, 7:23. «Всё это я испытал в мудрости. Думал я обрести мудрость (хохма), но она далека от меня».
⁴¹¹ Тора, Шмот, 37:2. «И покрыл его чистым золотом изнутри и снаружи, и сделал к нему золотой венец вокруг».
⁴¹² См. выше, п. 354.

передается сверху вниз.⁴¹³ И это смысл сказанного: «В такой мере, что миры, которые ниже, не способны вытерпеть его», – поскольку не могут вытерпеть того, что его свет распространяется сверху вниз, так как при этом усиливаются в нем суды, как известно. Поэтому им было необходимо исправление Малхут, свойства некевы, светящей только снизу вверх, и только она могла гарантировать, что свет Хохмы, имеющийся в Есоде, не будет передаваться вниз. И поэтому сказано: «Пришел Давид и установил ту самую свечу, которая является покрытием того самого утра Йосефа, которое скрывается в ней», – т.е. чтобы свет Хохмы, имеющийся в Есоде, был укрыт в сфире Малхут, называемой свечой, таким образом, чтобы вообще не светил сверху вниз. «С тем чтобы установить миры, что внизу», – и тогда все миры будут способны получить наполнение от Малхут и смогут существовать. И об этом написано: «Утром приготовлю для Тебя и уповать буду»⁴⁰³ – т.е. он устроит это таким образом, чтобы свет Хохмы, имеющийся в Есоде, светил снизу вверх. И с помощью этого «уповать буду»⁴⁰³, что указывает на покрытие, «как сказано: „И покрыл его чистым золотом"⁴¹⁰» – то есть Малхут укроет и скроет этот свет, чтобы он не распространялся сверху вниз. «Приготовлю для Тебя»⁴⁰³ – указывает на порядок свечения, и он снизу вверх, а «уповать буду»⁴⁰³ – указывает на скрытие и непропускание света, чтобы не светил сверху вниз.

---

⁴¹³ См. Зоар, главу Берешит, часть 1, п. 50. «Разногласие, которое было исправлено согласно высшему подобию...»

ГЛАВА БАЛАК

Сын рабби Йоси из Пкиина

357) «Пока они шли, подлетела одна голубка к рабби Эльазару и, опустившись перед ним, начала ворковать. Сказал рабби Эльазар: "Голубка чистая, ты всегда верная посланница, отправляйся и скажи ему", рабби Йоси, его тестю, "что ведь товарищи идут к нему, и я вместе с ними. И чудо случится с ним в течение этих трех дней, и не нападет на него страх, потому что мы с радостью идем к нему". Во второй раз ответил, сказав: "Не слишком я рад. Ибо очень нехорошо, на мой взгляд, поступили с тем полным гранатом, который дали вместо него", – который умер вместо него, "И имя его Йоси". Улетела от него эта голубка. И пошли товарищи"».

358) «Сказал рабби Аба рабби Эльазару: "Что это за великое чудо, которое я видел?" Сказал ему: "Эта голубка прилетела ко мне с посланием от рабби Йоси, моего тестя, который охвачен болезнью. И я узнал от этой голубки, что он уже спасен, и ему найдена замена", т.е. другой человек должен будет умереть вместо него, "И он исцелится"».

359) «Пока они шли, встал перед ними один ворон и, издав призывный крик, громко закаркал. Сказал рабби Эльазар: "Для этого ты и стоишь, и в этом твое предназначение", – сообщать дурные вести. "Отправляйся своим путем, поскольку мне это уже известно". Сказал рабби Эльазар: "Пойдем и проявим милосердие к гранату, который был полон всего, и имя его – рабби Йоси из Пкиина. Ибо ушел он из этого мира, и нет того, кто был бы достоин позаботиться о нем. И он близок к нам"».

360) «Отклонились от своего пути и направились туда. Увидев их, все жители города вышли им навстречу, и товарищи эти вошли туда, в дом рабби Йоси из Пкиина. У него был маленький сын, у рабби Йоси, и он никому не разрешал приближаться к постели отца своего после смерти, и только он один стоял рядом с ним и плакал над ним, и прикладывал уста свои к его устам».

361) «Заговорил этот ребенок, сказав: "Владыка мира! Сказано в Торе: "Если встретится тебе птичье гнездо на дороге, на каком-либо дереве или на земле, с птенцами или с яйцами, и мать сидит на птенцах или на яйцах, то не бери матери,

сидящей над детьми. Отпусти мать, а детей возьми себе"⁴¹⁴. Ребенок издал громкий крик и заплакал. Сказал: „Владыка мира! Выполни сказанное в Торе. Нас было двое детей от отца и матери моих, я и сестра моя, которая младше меня, нас Ты должен был взять и выполнить сказанное в Торе"» – «Отпусти мать, а детей возьми себе»⁴¹³. «„И если скажешь: „Владыка мира! „Мать"⁴¹³, – написано, а не „отца", то здесь всё – отец мой и мать. Мать умерла, и Ты забрал ее у детей, а теперь также и отца, который защищал нас, Ты забрал у детей! Где же здесь правосудие Торы?!" Расплакались рабби Эльазар с товарищами, проникнувшись плачем и криками этого ребенка».

362) «Провозгласил рабби Эльазар: „Высота небес и глубина земли, и сердце царей – непостижимы"⁴¹⁵. Не успел рабби Эльазар произнести это изречение, как столп огня отрезал их от покойника. Но этот ребенок припал устами своими к устам отца, не разлучаясь с ним. И тогда прекратился столп огня. Сказал рабби Эльазар: „(Поэтому прекратился столп огня) – либо Творец желает совершить чудо", оживить его, „либо желает, чтобы не занимался им другой человек. Но речи этого ребенка и слезы его я не могу вытерпеть"».

363) «Пока они сидели, услышали голос, произнесший: „Счастлив ты, рабби Йоси, ибо речи этого малого козленочка и слезы его вознеслись к престолу святого Царя, и был произведен суд. И тринадцать человек пригласил Творец ради тебя к ангелу смерти, чтобы обменять на тебя. И вот, тебе добавили двадцать два года, чтобы ты обучил Торе этого совершенного козленочка, любимого Творцом"».

364) «Встали рабби Эльазар с товарищами, не позволяя никому находиться в доме. Сразу же увидели, как исчезает огненный столп, и рабби Йоси открыл глаза свои. А ребенок этот прижимался устами к его устам. Сказал рабби Эльазар: „Счастлива наша участь, ибо видели мы воочию возрождение из мертвых". Приблизились к нему, но ребенок спал так,

---

⁴¹⁴ Тора, Дварим, 22:6-7. «Если попадется тебе птичье гнездо на дороге, на каком-либо дереве или на земле, с птенцами или с яйцами, а мать сидит на птенцах или на яйцах, то не бери матери, сидящей над детьми. Отпусти мать, а детей возьми себе, чтобы было тебе хорошо и продлились дни твои».

⁴¹⁵ Писания, Притчи, 25:3. «Высота небес и глубина земли, и сердце царей – непостижимы».

словно оставил этот мир. Сказали: „Счастлива участь твоя, рабби Йоси, и благословен Милосердный, явивший тебе чудо за крики и плач твоего сына! И за слова его, за то, что он речами своими прекрасными открыл врата небесные, благодаря его речи и слезам добавили тебе жизнь"».

365) «Взяли этого ребенка и расцеловали его, и плакали с ним вместе от величайшей радости, и привели его в другой дом, пробудив его» ото сна, «но не сообщили ему сразу» о возрождении отца его, «а лишь впоследствии. И они пребывали там в радости три дня, и совершили вместе с тем самым рабби Йоси многочисленные открытия в Торе».

366) «Сказал им рабби Йоси: „Друзья! Мне не дано право раскрывать то, что я видел в том мире, но только лишь через двенадцать лет. Однако триста шестьдесят пять слез, пролитые сыном моим, были засчитаны святым Царем. И скажу я вам, друзья, что в час, когда мой сын произнес это изречение", приведенное выше, „И вознес с криком эти слова, содрогнулись триста тысяч скамей, которые были в небесном собрании, и все" души „предстали пред святым Царем и просили о милосердии ко мне, и поручились за меня", что я не прегрешу за это время. „И Творец преисполнился милосердием ко мне"».

367) «„И понравились Ему эти речи" сына моего, „И как он отдавал за меня душу. И один попечитель", т.е. непосредственный защитник и заступник, „выступил перед Ним, сказав: „Владыка мира! Ведь сказано: „Из уст младенцев и грудных детей основал Ты силу – из-за неприятелей Твоих, чтобы остановить врага и мстителя"[416]. Да будет воля Твоя, чтобы за чистоту Торы и чистоту этого ребенка, готового отдать душу за отца своего, проявил Ты милосердие к нему, и будет он спасен"».

368) «„И тринадцать человек пригласил к нему из-за меня, т.е. дал ему", ангелу смерти, „залог", т.е. выкуп за меня, чтобы избавить меня „от этого тяжкого суда. Тогда призвал Творец ангела смерти и повелел ему относительно меня, чтобы он вернулся через двадцать два года, потому что" тринадцать человек, которых Он дал за меня, „не считаются для него залогом" достаточным за меня, чтобы навсегда избавить меня от смерти,

---

[416] Писания, Псалмы, 8:3. «Из уст младенцев и грудных детей основал Ты силу – из-за неприятелей Твоих, чтобы остановить врага и мстителя».

"но они даны ему как залог, остающийся в его руках". Иными словами, так или иначе, всех этих тринадцать человек в конце ждет смерть, и они находятся в руках этого ангела смерти. И поэтому они продлили ему время, но не являются залогом и выкупом, чтобы окончательно избавить его от смерти, а только продлили время его на двадцать два года. „И вот, друзья, поскольку увидел Творец, что вы истинные праведники, произошло это чудо на ваших глазах"».

ГЛАВА БАЛАК

Творец умерщвляет и оживляет

369) «Провозгласил рабби Йоси и сказал: „Творец умерщвляет и оживляет, низводит в преисподнюю и поднимает"[417]. Следует вдуматься в это изречение. Разве Творец (АВАЯ) умерщвляет? Ведь это имя", АВАЯ, „является для всех эликсиром жизни, и то, что называется смертью, не пребывает в Нем. И повсюду это имя несет жизнь всему миру. Что значит: „Творец (АВАЯ) умерщвляет"[416] – разве люди думают, что Он умерщвляет всех людей? Но Творец (АВАЯ), конечно же, умерщвляет. Как Он умерщвляет? Если скажешь, что из-за того, что Он отдаляется от человека", тот умирает, – „ведь когда Он находится над человеком, к нему не могут приблизиться никакие обвинители в мире и причинить ему вред, но только лишь в час, когда Он отдаляется от него, сразу же все обвинители мира одолевают его, и человек умирает, – то это не так"».

370) И отвечает: «„Творец (АВАЯ) умерщвляет. Кого Он умерщвляет? То самое продолжение нечестивой ситры ахра", т.е. тело. „Когда это продолжение ситры ахра видит сияние величия Творца, оно тут же умирает,[418] и не может оно существовать даже одного мгновения. После того, как это продолжение ситры ахра умирает и устраняется из мира, Он сразу же „оживляет"[416]. Кого Он оживляет? То самое продолжение духа святости, исходящее от стороны святости", т.е. душу (нешама), – „Он оживляет ее и приводит к совершенному существованию. И всё это делает Творец одновременно"» – умерщвляет тело и оживляет душу. И поэтому написано: «Творец умерщвляет и оживляет»[416]. «„А то, что говорит: „Низводит в преисподнюю и поднимает"[416] – означает, что низводит этот дух святости", т.е. душу, „И делает ему там омовение" в огне, что в преисподней, „для очищения, и сразу же поднимает ее и вводит в надлежащее место в Эденском саду"».

371) «„И я, друзья, – в тот самый час, когда ушел я из мира, – мой дух удалился и сразу умер на краткое время, пока не оживил меня Творец, и тело было мертво. В час, когда мой сын начал произносить эти слова, воспарила душа его

---

[417] Пророки, Шмуэль 1, 2:6. «Творец умерщвляет и оживляет, низводит в преисподнюю и поднимает».
[418] См. Зоар, главу Ваера, п. 30. «„И явился ему Творец в Элоней Мамрэ" – здесь говорится о смертном часе человека...»

и встретилась с моей душой, которая поднималась после очищения и омовения, и вошла она в то место, в которое вошла, и там судили ее, и дали двадцать два года жизни благодаря слезам и речам сына моего. Отсюда и далее я должен усердствовать в том, что видел, ибо не должен я прилагать усердия больше в том, что относится к этому миру, после того как я увидел то, что увидел, и волей Творца не должен я ничего растерять и забыть из этого"».

ГЛАВА БАЛАК

Наказать наказал меня Творец

372) «Провозгласил и сказал: „Наказать наказал меня Творец, но смерти не предал"[419]. Царь Давид сказал: „Наказать наказал меня Творец"[418] – за всё, что он сделал в этом мире, а об уверенности в том мире, которая была у него, сказал: „Но смерти не предал"[418]. И на все, что он прошел в этом мире, где его преследовали, и он пребывал в гонениях в земле чужой, в земле Моава и в земле плиштим, и от всех его спас Творец, не дав погибнуть, сказал он это"»; «но смерти не предал»[418], – «„об уверенности в том мире"», вечном.

373) «„Сказал Давид: „Если я прегрешил здесь, пред Творцом, – ведь я был осужден здесь, и получил свое наказание, и очистил Он меня от всего, в чем прегрешил я, и не оставил мне наказания в том мире, после смерти. Конечно же, „наказать наказал меня Творец"[418] в этом мире, для того чтобы очистить меня. „Но смерти не предал"[418] в том мире, чтобы там потребовать возмещения от меня"». И снова рабби Йоси заговорил о себе. И сказал: «„А меня уже Творец один раз очистил в этом мире, отныне и далее мне нужно" следить, „чтобы не испытывать мне стыд в мире будущем"».

---

[419] Писания, Псалмы, 118:18. «Наказать наказал меня Творец, но смерти не предал».

ГЛАВА БАЛАК

Отец наш умер в пустыне

374) «Провозгласил этот ребенок и сказал: „Отец наш умер в пустыне, и он не был в сборище восставших против Творца"[420]. Над „отец наш (авину אָבִינוּ)"[419] стоит тон (таам)", называемый зарка, звучание которого „удлиняет слово и делает продолжительным его звучание. Посмотрите, святые праведники, как продолжительно выражается скорбь при произнесении „отец наш"[419]! Ничто не вызывает в духе и душе большей скорби и боли, чем „отец наш"[419], произнесенное с болью в сердце. „Умер в пустыне"[419]. Спрашивает: „Разве другие не умерли в пустыне, что записывает его и сказал, что он умер в пустыне, – ведь тысячи и десятки тысяч умерли в пустыне?"»

375) И отвечает: «„Но у людей нет ни малейшего представления об этом. Одни из них говорят, что" Цлофхад „корчевал деревья, поскольку сказано: „И за грех свой умер"[419]. Одни говорят одно, а другие другое. Но я изучил: в тот день, когда моего отца свалила болезнь, научили меня этому, и увидел я то, что увидел, но мой отец велел мне не раскрывать этого". И учил я, что „ведь очень многие умерли в пустыне, и не из-за греха Кораха, и не из-за греха разведчиков, когда был вынесен приговор", что все они умрут в пустыне. „Но" умирали „еще до вручения Торы, и после того, как сделали золотого тельца, – те, что запутали мир", т.е. большой сброд, „И те, что потянулись за ними"», и Цлофхад мог находиться среди них, и сказанное: «И за грех свой умер»[419] не является свидетельством того, что корчевал деревья.

376) «„Но претензией, которую предъявили эти дочери, было то, что Цлофхад, умерший в пустыне, был значительным человеком в доме Йосефа, но поскольку не знал надлежащим образом путей Торы", то „не был его главой. И он был одним из тех, кто не оберегал уста свои и выступал против Моше"». Как написано: «И роптал народ на Всесильного и на Моше: „Зачем вывели вы нас из Египта?"[421]», – и Цлофхад произнес это. «„И о нем написано: „И погибла значительная часть народа из

---

[420] Тора, Бемидбар, 27:3. «Отец наш умер в пустыне, и он не был в сборище восставших против Творца, в общине Корах, и за грех свой умер, а сыновей у него не было».

[421] Тора, Бемидбар, 21:5. «И роптал народ на Всесильного и на Моше: „Зачем вывели вы нас из Египта? Чтобы умереть в пустыне? Ведь хлеба нет, и воды нет, и душе нашей опротивела эта негодная пища!"»

Исраэля"⁴²² – потому что он был человеком, не знающим Тору, и он был значительным человеком в семье, значительным из рода Йосефа, из потомков Менаше. Но поскольку он прегрешил в пустыне, выступив против Моше", его дочери "думали, что Моше воздаст" ему "ненавистью. И потому они представили дело "перед Моше и перед Эльазаром-коэном, и перед вождями"⁴²³, и перед главами колен, и говорили с Моше только при них, потому что опасались недоброжелательства с его стороны"».

377) «"Отсюда следует, что если кто-то сомневается в судье, то он заботится о том, чтобы привлечь к делу других судей и многочисленных людей вместе с ним, чтобы внимательно послушали, как ведется суд, и тогда он будет бояться их, и судить как полагается, в противном же случае его отстранят от суда. Но не знали они, что "Моше был очень скромен, более всех людей, что на земле"⁴²⁴. И они не знали, что Моше не такой"».

378) «"Когда Моше увидел это, сказал: "Я вижу, что всё собрание великих людей Исраэля и все главы домов, и все вожди приближаются ко мне". Моше сразу же показал свою непричастность к суду, и это смысл сказанного: "И представил Моше этот суд перед Творцом"⁴²⁵ – скромность Моше позволила представить этот суд перед Творцом. Другие судьи так не поступают, хотя и подчиняются большому собранию. Эти судьи называются высокомерными, и нет в них ничего от скромности Моше. Счастлива участь Моше". Возрадовались рабби Эльазар и товарищи».

379) «Сказал этот ребенок: "Я повторяю сказанное вначале: "Отец наш умер в пустыне"⁴¹⁹ – этот тон"», называемый зарка, что над словом «авину (אָבִינוּ отец наш)», образ его «"подобен змею, схваченному сзади за голову и подтягивающему свой хвост к устам. Этот образ характерен тону" зарка, "протягивающемуся сверху", над словом авину (отец наш). "Умер в пустыне"⁴¹⁹ – за произнесенное устами его.⁴²⁶ Быстро подбежал

---

⁴²² Тора, Бемидбар, 21:6. «И наслал Творец на народ ядовитых змеев, и жалили они народ, и погибла значительная часть народа из Исраэля».
⁴²³ Тора, Бемидбар, 27:2. «И стали они перед Моше и перед Эльазаром-коэном, и перед вождями и всей общиной при входе в Шатер собрания, говоря».
⁴²⁴ Тора, Бемидбар, 12:3. «А этот муж, Моше, был очень скромен, более всех людей, что на земле».
⁴²⁵ Тора, Бемидбар, 27:5. «И представил Моше этот суд перед Творцом».
⁴²⁶ См. выше, п. 376.

ребенок, чтобы поддержать сзади голову отца, и, заплакав, сказал: „Цлофхад умер за свои слова, а ты, отец, благодаря словам вернулся в этот мир"» – т.е. благодаря речам и слезам этого ребенка.[427] «Отец снова расцеловал и обнял его. Заплакали рабби Эльазар и все товарищи, и отец его плакал вместе с ними. Все они взяли его и расцеловали в уста, в голову, и в глаза, и отец его плакал вместе с ним».

380) «Сказал ему рабби Эльазар: „Сын мой! Если ты это сказал", скажи, „что означает: „И за грех свой умер"[419]? Но поскольку замешан тот змей, спрашивают: „Ведь одного слова „умер" им было бы достаточно, почему же написано: „Умер в пустыне", и также: „И за грех свой умер"[419]? Однако из-за того, что змей с поджатым хвостом, наверху, в изображении зарка над словом „отец наш", удлиняет тон (таам), поэтому написано: „За грех свой (досл. за грех его)". Что значит „за грех его"[419]? – За грех того змея. И в чем он заключается? В том, что изрек устами", – т.е. говорил против Моше. Ибо „И за грех свой умер"[419] – это знак (таам) притяжения от этого змея с поджатым хвостом", потому что своей речью против Моше он притянул силу скверны от первородного змея, и это означает – „за грех свой"[419], безусловно"».

381) «Рабби Эльазар прижал его к своей груди, обхватив руками, и все товарищи плакали. Сказал им" ребенок: „Мудрецы, оставьте меня с отцом моим, ибо до сих пор не успокоился дух мой". Сказал рабби Эльазар рабби Йоси: „Скажи, сколько же дней и лет этому ребенку?" Сказал им: „Друзья, прошу вас, не пытайтесь узнать об этом, ведь ему еще не исполнилось и пяти лет"».

382) «Сказал ему рабби Эльазар: „Ни в коем случае, я желаю ему только хорошего. И те пять лет, о которых ты говоришь, это пять лет, когда нет ни пахоты, ни жатвы. И" ты тоже „никогда не сможешь ничего пожать на нем". Сказал рабби Эльазар рабби Абе: „Поселимся здесь на семь дней для того, чтобы" эта душа „вселилась в дом, потому что все семь дней после того как душа выходит из тела, она остается в обнажении. И теперь, после того как" душа рабби Йоси ушла и „вернулась, она все еще не вселилась на свое место, до семи дней"».

---

[427] См. выше, п. 363.

ГЛАВА БАЛАК

За одиннадцать вещей насылаются язвы

383) «Сказал рабби Аба: „Написано: „Да будет раскрыта рука твоя для брата твоего, бедняка твоего и нищего твоего"[428]. И мы ведь учили это изречение – что не должен человек оставлять бедняка своего и давать другому бедняку. Ведь рабби Йоси, тесть твой, лежит больной. Давай пойдем к нему и поддержим его. А после того, как вернемся, сделаем это" еще раз. „И ведь каждый раз, отправляясь и возвращаясь этим путем, мы будем видеть возрождение мертвых". Сказал рабби Эльазар: „Конечно же, это так". Поцеловали этого ребенка и благословили его. И пошли».

384) «Сказал рабби Аба: „Удивляюсь я детям этого поколения. Насколько велика их сила. И они – горы большие и высокие". Сказал рабби Эльазар: „Счастлива доля отца моего, ибо он – предводитель этого поколения. Ведь в его дни желает Творец исправить два Своих собрания и сделать их большим и высшим сообществом, как полагается. Так как не будет поколения, подобного этому, до прихода царя Машиаха". Пошли».

385) «Пока еще шли, сказал рабби Аба: „Мы ведь учили, что за одиннадцать вещей приходят язвы на людей. И это следующие: за идолопоклонство, и за проклинание имени Творца, и за кровосмешение, и за воровство, и за злоязычие, и за ложное свидетельство, и за нарушение судьей ведения дела, и за ложную клятву, за вторжение во владения ближнего, за злой умысел, за внесение раздора между братьями. А некоторые утверждают, что и за дурной глаз. И мы все их изучали в Мишне"».

386) «„Откуда нам это известно", что язвы появляются из-за идолопоклонства? „Потому что написано: „И посмотрел Моше на народ – насколько распущен он, ибо позволил ему распуститься Аарон"[429]. Что значит: „Насколько распущен он"[428]? То есть они были поражены проказой. Сказано здесь: „Насколько распущен он"[428], а в другом месте сказано: „У прокаженного, на

---

[428] Тора, Дварим, 15:11. «Ибо не переведется нищий на земле, потому я заповедую тебе так: да будет раскрыта рука твоя для брата твоего, бедняка твоего и нищего твоего на твоей земле».

[429] Тора, Шмот, 32:25. «И посмотрел Моше на народ – насколько распущен он, ибо позволил ему распуститься Аарон».

теле которого язва, одежды должны быть разорваны, а волосы на голове распущены"⁴³⁰. И как там проказа, так же и здесь проказа. А за проклинание имени Творца" откуда нам известно? „Потому что написано: „В этот день предаст (досл. заключит) тебя Творец в руку мою"⁴³¹ – то есть филистимлянина, который оскорблял и проклинал имя Творца, и написано" о прокаженном: „И заключит его коэн"⁴³². Учим гзера шава⁴³³: как там это проказа, здесь это тоже проказа"».

---

[430] Тора, Ваикра, 13:45. «У прокаженного, на теле которого язва, одежды должны быть разорваны, а волосы на голове распущены, и до уст себя покроет, и „нечист, нечист" будет кричать».

[431] Пророки, Шмуэль 1, 17:46. «В этот день предаст тебя Творец в руку мою, и я побью тебя, и сниму с тебя голову твою, и отдам трупы стана Плиштим сегодня же птицам небесным и зверям земным, и узнает вся земля, что есть Всесильный у Исраэля».

[432] Тора, Ваикра, 13:5. «И осмотрит его коэн на седьмой день, и вот сохранила язва оттенки свои, не распространилась язва на коже; и заключит его коэн на семь дней второй раз».

[433] Один из тринадцати методов толкования Торы, заключающийся в том, что, если в двух местах Торы встречаются одинаковые слова или выражения, то сказанное в одном месте относят и ко второму.

ГЛАВА БАЛАК

Глаз Давида и глаз Билама

387) «Сказал рабби Аба: „Это изречение" о филистимлянине „мне непонятно, и я должен разобраться в нем". Сказал рабби Эльазар: „Этот филистимлянин относился к родословной Давида и был сыном Орфы. То есть, как написано: „Из боевых порядков (маарахот) филистимлян"[434]. Читай не „из боевых порядков (маарахот מַעַרְכוֹת)", а „из укрытий (меарот מְעָרוֹת) филистимлян", т.е. он сделал для матери своей что-то наподобие такого укрытия. И поскольку написано: „И проклял филистимлянин Давида богами своими"[435], посмотрел на него Давид недобрым взглядом. И в любом месте, где" Давид „смотрел недобрым взглядом, всевозможные язвы насылались от взгляда Давида. И так было с Йоавом. После того как Давид посмотрел на него недобрым взглядом, сказано: „И да не переведется в доме Йоава ни истекающий слизью, ни прокаженный"[436]».

388) «„И здесь, на этого филистимлянина, после того как он проклял имя Творца, посмотрел Давид недобрым взглядом, и увидел, что на челе того показалась язва. Сразу же написано: „И камень вонзился в лоб его"[437] – так как проказа пристала ко лбу его. И всё это было из-за недоброго взгляда, поразившего проказой чело его, т.е. камень этот поразил его прямо в лоб. Отсюда ясно, что он был прокаженный"».

389) «„Глаз преступного злодея Билама являл собой противоположность глазу Давида. Глазу Давида были присущи переливы всевозможных цветов, не было в мире глаза более

---

[434] Пророки, Шмуэль 1, 17:23. «И когда он разговаривал с ними, то вот, поднялся единоборец по имени Гольят, филистимлянин из Гата, из боевых порядков филистимлян, и сказал те же слова; и услышал Давид».

[435] Пророки, Шмуэль 1, 17:43. «И сказал филистимлянин Давиду: „Разве я собака, что ты идешь на меня с палками?" И проклял филистимлянин Давида богами своими».

[436] Пророки, Шмуэль 2, 3:27-29. «И когда возвратился Авнер в Хеврон, отвел его Йоав внутрь ворот, чтобы тихо поговорить с ним, и там поразил его в живот. И умер тот за кровь Асаэла, брата его. И услышал потом об этом Давид, и сказал: „Не виновен я и царство мое пред Творцом вовек за кровь Авнера, сына Нера. Да падет она на голову Йоава и на весь дом отца его; и да не переведется в доме Йоава ни истекающий слизью, ни прокаженный, ни опирающийся на палку, ни падающий от меча, ни нуждающийся в хлебе"».

[437] Пророки, Шмуэль 1, 17:49. «И опустил Давид руку свою в сумку, и взял оттуда камень, и метнул, и поразил филистимлянина в лоб, и камень вонзился в лоб его, и упал он лицом на землю».

красивого, чем глаз Давида. Все краски мира искрились в нем, и всё это обращалось любовью к тому, кто боится греха, как написано: „Боящиеся Тебя увидят меня и возрадуются"⁴³⁸ – т.е. они наполнялись радостью, когда видели его, а все эти грешники боялись его"».

390) «„Но глаз нечестивого Билама был дурным глазом во всем и вся. Любое место, куда бы он ни бросил взгляд, уничтожал он словно пламенем огня. Потому что нет дурного глаза в мире, подобного глазу этого злодея, являющемуся противоположностью глазу Давида"».

391) «„О кровосмешении" – откуда мы знаем, что наказывают проказой? „Как написано" о кровосмешении: „Поразит Творец язвой темя дочерей Циона"⁴³⁹. И написано о проказе: „И (закон) об опухоли и язве"⁴⁴⁰ – так же как там проказа, здесь тоже проказа. „О воровстве" – откуда мы знаем, что наказывается проказой? „Поскольку написано: „Я навлек ее, – слово Владыки воинств, – и придет она в дом вора, и в дом клянущегося ложно именем Моим, и пребывать будет в доме его, и истребит его, и деревья его, и камни его"⁴⁴¹. Что уничтожает деревья и камни? Это проказа. Как сказано: „И пусть разрушат дом, камни его и дерево его"⁴⁴²».

392) «„О злоязычии" – откуда мы знаем, что наказывается проказой? „Поскольку написано: „И говорили Мириам и Аарон против Моше"⁴⁴³. И сказано: „И взглянул Аарон на Мириам, и вот – прокажена она"⁴⁴⁴. О ложном свидетельстве" – откуда

---

[438] Писания, Псалмы, 119:74. «Боящиеся Тебя увидят меня и возрадуются, ибо на слово Твое полагался я».

[439] Пророки, Йешаяу, 3:17. «Поразит Господин наш язвой темя дочерей Циона, и обнажит Творец срам их».

[440] Тора, Ваикра, 14:56. «И (закон) об опухоли и язве, и о пятне».

[441] Пророки, Зехария, 5:4. «Я навлек ее, – слово Владыки воинств, – и придет она в дом вора, и в дом клянущегося ложно именем Моим, и пребывать будет в доме его, и истребит его, и деревья его, и камни его».

[442] Тора, Ваикра, 14:45. «И пусть разрушат дом, камни его и дерево его, и всю землю дома, и вынесут за пределы города на место нечистое».

[443] Тора, Бемидбар, 12:1. «И говорили Мириам и Аарон против Моше по поводу кушитки, которую он взял, ибо жену-кушитку взял он себе».

[444] Тора, Бемидбар, 12:8-10. «„Устами к устам говорю Я ему, и явственно, а не загадками, и облик Творца он зрит. Почему же не убоялись вы говорить против раба Моего, против Моше?" И возгорелся гнев Творца на них, и ушел Он. И облако отошло от Шатра, и вот – Мириам покрыта проказою, как снегом. и взглянул Аарон на Мириам, и вот – прокажена она».

мы знаем, что наказывается проказой? „Ибо вследствие того, что Исраэль дали ложное свидетельство и сказали: „Вот твои божества, Исраэль"[445], в полный голос, как написано: „Шум битвы в стане"[446]. И поэтому сказано: „Повели выслать из стана всякого прокаженного и всякого, истекающего слизью"[447]».

393) «„О судье, нарушающем судопроизводство" – откуда мы знаем, что наказывается проказой? „Поскольку написано: „Как солому съедает язык огня и как сено тлеет в пламени, так корень их станет тленом, и цвет их поднимется, как пыль"[448]. В чем причина? „Ибо отвергли они Тору Творца воинств"[447]. И не бывает „цвет их"[447] иной, но лишь проказа, как написано: „А если проказа расцветет на коже"[449]. О вторжении во владения ближнего" – откуда мы знаем, что наказывается проказой? „Из того, что сказано об Узияу, вошедшем во владение коэнов: „И проказа появилась на лбу его"[450]. О внесении раздора между братьями" – откуда мы знаем, что наказывается проказой? „Потому что написано: „И поразил Творец Фараона"[451] – из-за того, „что он посеял рознь между Авраамом и Сарой. А о дурном глазе" – откуда нам известно? „Это как мы изучали", что недобрый взгляд Давида поражал проказой тех, кто не боялся Творца. Таким образом, дурной глаз приносит проказу. „И всё это было в нем, в этом злодее Биламе"».

---

[445] Тора, Шмот, 32:4. «И взял он из их рук и увязал это в платок, и сделал это тельцом литым. И сказали они: „Вот (досл. эти) твои божества, Исраэль, которые вывели тебя из земли египетской"».

[446] Тора, Шмот, 32:17. «И услышал Йеошуа голос народа во зле его, и сказал он Моше: „Шум битвы в стане!"»

[447] Тора, Бемидбар, 5:1-2. «И сказал Творец Моше, говоря: „Повели сынам Исраэля выслать из стана всякого прокаженного и всякого, истекающего слизью, и всякого, нечистого от умершего"».

[448] Пророки, Йешаяу, 5:23-24. «За взятки, оправдывающие виновного и отнимающие у правого правоту его, – за это, как солому съедает язык огня и как сено тлеет в пламени, так корень их станет тленом, и цвет их поднимется, как пыль, ибо отвергли они Тору Творца воинств и презрели слово Святого Исраэля».

[449] Тора, Ваикра, 13:12. «А если проказа расцветет на коже, и покроет проказа всю кожу язвенного от головы до ног, сколько могут видеть глаза коэна».

[450] Писания, Диврей а-ямим 2, 26:19. «И разгневался Узияу, – а в руке у него совок для воскурения; когда разгневался он на коэнов, и проказа появилась на лбу его, перед лицом коэнов, в доме Творца, у жертвенника воскурения».

[451] Тора, Берешит, 12:17. «И поразил Творец Фараона и дом его большими язвами за Сарай, жену Аврама».

394) «„Смотри, что написано: „В Птор, что на реке"⁴⁵². Что значит „на реке"⁴⁵¹?" И отвечает: „Так как он бросил недобрый взгляд на ту реку, которая находится в Исраэле", а это Есод Зеир Анпина, „как написано: „Вот Я простираю к нему, как реку, мир"⁴⁵³. И Билам явился в этот Птор (птора פְּתוֹרָה)", т.е. Малхут ситры ахра, „И искушал их"». Объяснение. Он искушал Исраэль, получающих от этой реки, так как хотел притянуть наполнение от этой реки к своей Малхут, называемой Птора. И это смысл сказанного: «Птора, что» воюет «за реку (досл. на реке)»⁴⁵¹, чтобы притянуть ее на свою сторону.

395) «Сказал рабби Аба: „Конечно же, все это было у Билама, но откуда нам известно, что кровосмешение" было у Билама? И отвечает: „Потому что написано: „Ведь они соблазняли сынов Исраэля, по совету Билама, изменить Творцу ради Пеора"⁴⁵⁴. Таким образом, здесь идолопоклонство" Пеору „И кровосмешение" Козби, дочери Цура.⁴⁵⁵ „Ложное свидетельство" – откуда мы знаем, что относилось к Биламу? „Поскольку написано: „И знающего мысль Всевышнего"⁴⁵⁶. Но он даже мысли своего животного не знал" – ведь не знал, почему его ослица сбивалась с пути. „Нарушение судопроизводства" – откуда нам известно, что относилось к Биламу? „Поскольку написано: „Пойдем, я дам тебе совет"⁴⁵⁷ – то есть он ждал" и зависел от „суда", удостоятся Исраэль или нет. „И он дал дурной совет – причинить вред" Исраэлю, „И уклонился от суда", чтобы не следил за ним, „И давал дурные советы против них"».

---

⁴⁵² Тора, Бемидбар, 22:5. «И отправил он послов к Биламу, сыну Беора, в Птор, что на реке, в землю сынов народа его, чтобы позвать его, сказав: „Вот, народ вышел из Египта, и вот, покрыл он лик земли и расположился напротив меня"».

⁴⁵³ Пророки, Йешаяу, 66:12. «Ибо так сказал Творец: „Вот Я простираю к нему, как реку, мир и, как ручей разливающийся, – богатство народов, и питаться будете, на стороне (у плеча) носимы будете и на коленях лелеяны"».

⁴⁵⁴ Тора, Бемидбар, 31:16. «Ведь они соблазняли сынов Исраэля, по совету Билама, изменить Творцу ради Пеора, и был мор в общине Творца!»

⁴⁵⁵ Тора, Бемидбар, 25:15. «А имя убитой женщины, мидьянитянки, Козби, дочь Цура, – глава народов отчего дома в Мидьяне он».

⁴⁵⁶ Тора, Бемидбар, 24:16. «Речь слышащего речения Всесильного и знающего мысль Всевышнего, видящего явление Всемогущего, падающего и прорицающего».

⁴⁵⁷ Тора, Бемидбар, 24:14. «И ныне, вот я ухожу к моему народу. Пойдем, я дам тебе совет: что сделает этот народ твоему народу – в конце дней».

396) «„Вторжение в чужое владение" – откуда мы знаем, что относилось к Биламу? „Поскольку написано: „И вознес по тельцу и овну на жертвеннике"⁴⁵⁸. И написано: „Семь жертвенников соорудил я"⁴⁵⁷ – но принесение жертв относится к коэнам, а не к нему. „Сеющий раздоры между братьями"⁴⁵⁹ – это относилось к нему, потому что он сеял раздоры „между Исраэлем и их Отцом небесным. Злоязычие" было в нем, „потому что не было в мире" владеющего злоязычием „как он", ибо вся сила его пребывала в устах. „Проклинание имени Творца" относилось к нему. Как написано: „А я встречусь здесь (ко)"⁴⁶⁰ – т.е. он желал искоренить Малхут, называемую Ко, в Исраэле.⁴⁶¹ „И всё это было в нем. Сглаз, как мы учили. И всё из-за этой реки Исраэля", Есода Зеир Анпина, „он обращал свой взгляд, чтобы соблазнить его", – привлечь изобилие его на сторону зла. „В землю сынов народа его"⁴⁵¹. Спрашивает: „Разве и так не ясно, что это – земля сынов его народа?" И отвечает: „Однако это указывает на то, что все сыновья народа его были преданы ему. И мы это уже учили"».

---

⁴⁵⁸ Тора, Бемидбар, 23:4. «И встретился Всесильный Биламу, и сказал он Ему: „Семь жертвенников соорудил я и вознес по тельцу и овну на жертвеннике"».

⁴⁵⁹ Писания, Притчи, 6:16-19. «Вот шесть, которые ненавидит Творец, и семь, которые мерзость душе Его: глаза гордые, язык лживый и руки, проливающие кровь невинную; сердце, кующее злые замыслы, ноги, быстро бегущие ко злу; лжесвидетель, произносящий ложь и сеющий раздоры между братьями».

⁴⁶⁰ Тора, Бемидбар, 23:15. «И сказал он Балаку: „Постой здесь, у всесожжения твоего, а я встречусь здесь"».

⁴⁶¹ См. выше, п. 250.

ГЛАВА БАЛАК

Недоброжелатель

397) «„И увидел Балак, сын Ципора"[462]. Рабби Йоси провозгласил: „Не вкушай хлеба недоброжелателя"[463] – это Билам", который был недоброжелателем и „благословлял Исраэль, „И не возжелай яств его"[462] – это Балак, и Творец отвергал жертвоприношения, которые тот возносил Ему"».

398) «„Смотри, в час, когда Балак увидел, что убиты Сихон и Ог, и земля их захвачена, он увидел" еще одно. Спрашивает: „Что он увидел", о чем" Писание „говорит: „И увидел"[461]?" И отвечает: „Но он увидел благодаря своей мудрости, что сам он и пятеро самых знатных людей Мидьяна вместе с народом его попадут в руки Исраэля. Увидел, но не был уверен" окончательно. „И поэтому поспешил к Биламу, чья сила в устах", благословлять и проклинать, „подобно Исраэлю, сила которых – в их устах"».

399) «„И Билам даже был еще омерзительнее, чем Балак. И то знание, которое он постигал, он постигал только ночью. Потому что эти низкие сфирот и ослы" клипы „присутствуют только в первой смене ночи".[464] И в первой смене ревет осёл.[465] „И поэтому была у него ослица, относящаяся к этой стороне, чтобы соединились эти ослы с ней в начале ночи"».

---

[462] Тора, Бемидбар, 22:2. «И увидел Балак, сын Ципора, всё, что сделал Исраэль эморею».

[463] Писания, Притчи, 23:6-7. «Не вкушай хлеба недоброжелателя и не возжелай яств его, ибо как он думает в душе своей, таков он и есть. „Ешь и пей!" – скажет он тебе, а сердце его не с тобою».

[464] См. Зоар, главу Беар, п. 2. «„Это всесожжение на кострище его на жертвеннике всю ночь". Смотри, когда наступает ночь, и врата заперты, нижние суды пробуждаются в мире, выходят и снуют ослы, ослицы и собаки...»

[465] См. Вавилонский Талмуд, трактат Брахот, лист 3:1.

ГЛАВА БАЛАК

«И явился Всесильный Биламу» – это был правитель

400) «„И если скажешь: „Ведь написано: „И явился Всесильный Биламу ночью"⁴⁶⁶, – то так оно и есть, безусловно. И мы объясняли, что это тот самый правитель, который был назначен над ними, и он являлся к нему. Подобно этому: „И явился Всесильный Лавану-арамейцу во сне ночью"⁴⁶⁷. И все это одно целое", ибо это их правитель. Поскольку Всесильный – это имя, относящееся также и к людям. „Поэтому сказал Балаку: „Переночуйте здесь эту ночь"⁴⁶⁸».

401) «„Когда являлся этот правитель, Билам взбирался на свою ослицу и производил свои деяния, и произносил речи, и тогда ослица извещала его. И он открывал выполнение действия, чтобы воцарялся над ним этот дух. И что же он открывал? Он знал, что эти ослы появляются и бродят в начале ночи. Тогда он открывал действие и ставил свою ослицу в установленное место прямо напротив осла, и производил свои деяния и выстраивал свои речи. И тогда появлялся тот, кто появлялся, и сообщал ему через ослицу"» то, что нужно.

402) Спрашивает: «„Если в первую ночь сказал ему: „Не ходи с ними"⁴⁶⁹, в чем причина того, что он повторно спросил об этом?" И отвечает: „Однако они находились в высшей власти, и мы учили, что человека ведут тем путем, по которому он желает идти. Вначале написано: „Не ходи с ними"⁴⁶⁸. Когда увидел Творец, что он желает идти, то сказал ему: „Встань, иди с ними, но только то, что Я говорить буду тебе, то делай"⁴⁶⁵. Что сделал Билам? Всю эту ночь он размышлял и думал: „Но где же, в таком случае, почтение ко мне, если я связался единой связью", то есть с помощью высшей власти? „Всю эту ночь

---

⁴⁶⁶ Тора, Бемидбар, 22:20. «И явился Всесильный Биламу ночью, и сказал ему: „Если звать тебя пришли люди эти, встань, иди с ними, но только то, что Я говорить буду тебе, то делай"».

⁴⁶⁷ Тора, Берешит, 31:24. «И явился Всесильный Лавану-арамейцу во сне ночью, и сказал Он ему: „Берегись, чтобы не говорил ты с Яаковом от доброго до худого"».

⁴⁶⁸ Тора, Бемидбар, 22:8. «И сказал он им: „Переночуйте здесь эту ночь, и дам я вам ответ, как говорить будет мне Творец". И остались князья Моава у Билама».

⁴⁶⁹ Тора, Бемидбар, 22:12. «И сказал Всесильный Биламу: „Не ходи с ними, не проклинай народа этого, ибо благословен он"».

он пытался увидеть с помощью своего колдовства, и не нашел стороны, которая была бы в его собственной власти, но лишь со стороны своей ослицы"». Иными словами, с помощью силы своей ослицы он отключится от высшей власти и придет к своей собственной.

403) «„То есть, как сказал рабби Ицхак, сказал рабби Йегуда: „В этих нижних сфирот есть правая сторона и левая сторона. С правой стороны – это ослы", т.е. захары, „как мы объясняли, а с левой – это ослицы", некевот. „И мы учили, что десять – в правой стороне, и десять – в левой"», то есть соответственно десяти сфирот святости, ибо «одно против другого создал Всесильный»[470]. «„И это то, что сказал рабби Йоси: „Когда Йосефа отлучили от отца его, он знал из высшей мудрости свойства святых высших сфирот. А будучи в Египте, он изучил и их мудрость, – эти нижние сфирот" ситры ахра, „как они соотносятся – те, что в правой стороне, и те, что в левой, то есть десять правой стороны и десять левой, и это ослы и ослицы. И поэтому он намекнул отцу своему на то, что он изучал там, как написано: „А отцу своему послал он также десять ослов"[471]».

404) «Сказал рабби Йоси: „Все десять правой включены в одного, называемого ослом, и это тот самый осел, о котором написано: „Не паши на быке и осле вместе"[472]. И это тот осел, над которым будет властвовать в будущем царь Машиах, как мы уже объясняли"» внутренний смысл сказанного: «Беден и восседает на осле»[473]. «„А все эти" десять „левой включены в одну, называемую ослицей, потому что с ее стороны выходит осленок, обвиняющий детей"», и это «осленок, сын ослиц», «„как мы изучали. И это то, что написано: „Беден и восседает на осле и на осленке, сыне ослиц"[472]. „Ослиц (атонот אתנת)"[472] написано без одной вав (ו), потому что эти десять включены в одну"» ослицу, как мы уже сказали.

---

[470] Писания, Коэлет, 7:14. «В день благой радуйся, а в день несчастья – узри: одно против другого создал Всесильный, как говорят, для того чтобы человек ничего не мог постичь после Него».

[471] Тора, Берешит, 45:23. «А отцу своему послал он также десять ослов, несущих из лучшего, что есть в Египте, и десять ослиц, несущих зерно, хлеб и пищу для отца своего в дорогу».

[472] Тора, Дварим, 22:10. «Не паши на быке и осле вместе».

[473] Пророки, Зехария, 9:9. «Возликуй, дом Циона, издавай крики радости, дочь Йерушалаима: вот царь твой придет к тебе, праведник и спасенный он, беден и восседает на осле и на осленке, сыне ослиц».

405) «„И это то, что сказал рабби Шимон, как написано: „Привязывает к виноградной лозе своего осленка"[474]. „Привязывает к виноградной лозе"[473] – т.е. для Исраэля, называемых виноградной лозой"», как написано: «Виноградную лозу из Египта перенес Ты»[475]. «В будущем Творец привяжет этого осленка, являющегося их обвинителем. И поскольку" Исраэль „называются лозой благородной, как сказано: „И Я посадил тебя благородной лозою"[476], написано: „(И к лозе благородной) – сына ослицы своей"[473] – то есть тот, кто выходит со стороны этой ослицы"», привяжет ее и усмирит ее.

406) «„И эти десять в правой стороне и десять в левой, включенные в этих двух", т.е. осла и ослицу, как мы уже сказали, „все они относятся к колдовству. А есть десять других правой стороны и десять левой, относящихся к ворожбе. И поэтому сказано: „Ибо нет ворожбы против Яакова и колдовства против Исраэля"[477], потому что „Творец Всесильный его с ним"[478]. Со стороны ворожбы выходит бык, со стороны колдовства – осел. И это те самые бык и осел. И поэтому, когда Билам знал, что установил связь с иной властью" наверху, и Он сказал ему: „Но только то, что Я говорить буду тебе, то делай"[465], – ему это не понравилось, и сказал он: „Где же уважение ко мне?" Сразу же начал искать с помощью своего колдовства, и" ничего „не нашел, что могло бы" вернуть его „к власти, кроме этой ослицы"».

407) «„Тотчас: „И встал Билам поутру, и оседлал ослицу свою"[479] – чтобы выполнить волю свою с помощью нее, и волю Балака. И поэтому: „И воспылал гнев Всесильного за то, что

---

[474] Тора, Берешит, 49:11. «Привязывает к виноградной лозе своего осленка, и к лозе благородной – сына ослицы своей. Омывал в вине свое одеяние и в крови виноградной свое облачение».

[475] Писания, Псалмы, 80:9. «Виноградную лозу из Египта перенес Ты, изгнал народы и посадил ее».

[476] Пророки, Йермияу, 2:21. «И Я посадил тебя благородной лозою, вся ты – семя истины; как же превратилась ты у Меня в одичавшую чужую лозу?!»

[477] Тора, Бемидбар, 23:23. «Ибо нет ворожбы против Яакова и колдовства против Исраэля; в свое время рассказано будет Яакову и Исраэлю о том, что совершал Всесильный».

[478] Тора, Бемидбар, 23:21. «Не увидел лжи в Яакове, не узрел нечестия в Исраэле, – Творец Всесильный его с ним и трубление Царя у него».

[479] Тора, Бемидбар, 22:21. «И встал Билам поутру, и оседлал ослицу свою, и пошел с князьями Моава».

пошел он"⁴⁸⁰. Вот именно – „он", потому что вывел себя из-под Его власти" с помощью ослицы своей, как мы уже сказали, „не выполнив сказанного ему: „Но только то, что (Я говорить буду тебе, то делай)"⁴⁶⁵. Смотри, ведь так оно и есть, – поскольку вначале Он дал ему позволение, сказав: „Встань, иди с ними"⁴⁶⁵, теперь же, когда „пошел он"⁴⁷⁹, почему: „И воспылал гнев Всесильного"⁴⁷⁹? Но „за то, что пошел он"⁴⁷⁹, „он"⁴⁷⁹ означает – по своей воле, отделившись от Того, кто сказал ему: „Но только то, что Я говорить буду тебе, то делай"⁴⁶⁵».

408) «„Сказал ему Творец: „Злодей! Ты настраиваешься и делаешь всё возможное, чтобы выйти из-под Моей власти?! Но можешь не сомневаться, что ты и ослица твоя будете в Моей власти!" Тотчас: „И встал ангел Творца на пути препятствием для него"⁴⁷⁹. Что значит: „И встал"⁴⁷⁹?" Сказал рабби Аба: „Выходил и вставал с помощью ремесла, отличающегося от его ремесла, потому что этот ангел был ангелом милосердия", а не суда, как Билам. „То есть, как сказал рабби Шимон: „Грешники обращают милосердие в суд". И поэтому написано: „Препятствием (досл. сатаном) для него"⁴⁷⁹ – а не для другого, „ибо это было не его ремеслом"», так как тот был свойством милосердия.

409) «Сказал рабби Эльазар: „Ничего не изменил ангел и не отошел от своего ремесла, но поскольку этот ангел был со стороны милосердия и встал против него, он опроверг его мудрость и помешал желанию его. Это смысл сказанного: „Препятствием (сатаном) для него"⁴⁷⁹ – для него он был сатаном и предстал сатаном, но для другого не был сатаном"».

410) «„Мы учили, – сказал рабби Шимон, – насколько Билам благодаря своим колдовствам был мудрее всех людей в мире, ведь в час, когда он искал способ, как выйти из-под власти Творца, он прибегнул к колдовству, и не нашел ничего, кроме той самой ослицы", с помощью которой вышел из-под власти Творца. „Что написано: „И оседлал ослицу свою"⁴⁷⁸ – т.е. возложил на нее все те колдовства и чародейства, которые знал, и передал ей, приобщив ее к этому более всех остальных, чтобы проклясть Исраэль. Сразу же: „И воспылал гнев Всесильного

---

⁴⁸⁰ Тора, Бемидбар, 22:22. «И воспылал гнев Всесильного за то, что пошел он, и встал ангел Творца на пути препятствием для него, а он ехал на ослице своей, и два отрока его с ним».

за то, что пошел он"⁴⁷⁹. „Он"⁴⁷⁹ – именно так, как мы учили", что он вывел себя из-под власти Творца, как объяснялось в предыдущем пункте. „Что сделал Творец? Поставил перед ним ангела милосердия, чтобы тот встал против него и опроверг его колдовства и чародейства"».

411) «„И смотри, до сих пор не написано: „Творец (АВАЯ)", так как Он не проявляется вследствие колдовства и чародейства. И мы уже объясняли это. А теперь, после того как он подготовил ослицу свою и поторапливал ее с помощью колдовских приготовлений со стороны суда проклясть Исраэль, поспешил Творец поставить против него ангела милосердия, и во имя милосердия, для того чтобы опровергнуть его мудрость и увести ослицу его с этого пути. Как сказано: „И свернула ослица с пути"⁴⁸¹ – с пути его колдовства. И поэтому не сказано: „И предстал ангел Всесильного", „И встал ангел Всесильного", а: „Ангел Творца (АВАЯ)"⁴⁷⁹, являющийся милосердием"».

412) «„Сказал Творец: „Злодей! Ты нагрузил на свою ослицу колдовства во многих сторонах суда против сыновей Моих, Я же устраню всю твою поклажу, и отвратится от этого пути". Сразу же поставил ангела милосердия „препятствием (сатаном) для него"⁴⁷⁹. „Для него"⁴⁷⁹ – в точности как мы учили"», но не для другого, как объяснялось в предыдущем пункте.

---

⁴⁸¹ Тора, Бемидбар, 22:23. «И увидела ослица ангела Творца, стоящего на пути с обнаженным мечом в руке его, и свернула ослица с пути, и пошла по полю. И ударил Билам ослицу, чтобы вернуть ее на путь».

ГЛАВА БАЛАК

И увидела ослица ангела Творца

413) «„И увидела ослица ангела Творца"[480]. Сказал рабби Ицхак: „Так почему же" ослица „видела, а Билам, который был столь мудрым, не видел?" Сказал рабби Йоси: „Еще не хватало, чтобы этот злодей всматривался в образ святости"», чтобы мог видеть ангела Творца. «Сказал ему: „Если так, то ведь написано: „Падает и прорицает"[482]?" Сказал ему: „Я ничего об этом не слышал, и не говорю". Сказал ему: „Я слышал, что когда ему нужно было созерцать, он падал, и видел, но теперь", в случае с ангелом, „не должен был созерцать"», и поэтому не видел.

414) «Сказал ему: „В таком случае", Билам „находился на ступени более высокой, чем все верные пророки, ведь он воочию видел и созерцал величие Творца. Но ведь рабби Шимон сказал, что Билам своими колдовствами познавал те нижние сфирот, что внизу, как написано: „И Билама, сына Беора, колдуна"[483]. Колдуном называет его Писание, что указывает на мерзкую скверну, – как же он мог созерцать величие Господина его? И, кроме того, рабби Шимон сказал, что в одном прозрении, когда видел согласно происходящему, как написано: „И открыл Творец глаза Билама"[484], искажалось зрение его. А ты говоришь, что он видел воочию и созерцал величие Творца"».

415) «Сказал ему: „Я беру назад свои слова, противоречащие тебе. Твое и мое требует чистоты" и выяснения. „Разумеется, тайны Торы являются самыми высокими, и жители мира не могут стоять на них. И поэтому запрещено объяснять что-то в речениях Торы прежде, чем услышит и во всей полноте постигнет это". Пришли к рабби Шимону. Рассказали все это ему».

---

[482] Тора, Бемидбар, 24:3-4. «И произнес он притчу свою, и сказал: „Речь Билама, сына Беора, мужа прозорливого, – речь слышащего речения Всесильного, который явление Всемогущего зрит, падает и прорицает"».
[483] Пророки, Йеошуа, 13:22. «И Билама, сына Беора, колдуна, убили сыны Исраэля мечом в числе убитых ими».
[484] Тора, Бемидбар, 22:31. «И открыл Творец глаза Билама, и увидел он ангела Творца, стоящего на дороге с обнаженным мечом в руке его, и преклонился, и пал ниц».

ГЛАВА БАЛАК

Аза и Азаэль, «падающий и прорицающий»

416) «Провозгласил и сказал: „Что есть человек, чтобы Ты помнил о нем?"[485] Это изречение объяснялось, что его произнесли правители мира в тот час, когда у Творца возникло желание сотворить человека". Тогда „призвал Он ангелов-служителей самых разных уровней и усадил их пред Собой. Объявил им: „Я хочу создать человека".[486] Сказали пред Ним: „Но человек в великолепии не сможет пребывать"[487]. Направил на них Творец перст Свой и испепелил их. Усадил Он перед Собой другие уровни (ангелов). Сказал им: „Я хочу создать человека". Сказали пред Ним: „Что есть человек, чтобы Ты помнил о нем?"[484] – что значат деяния этого человека? Сказал им: „(Я хочу создать человека), чтобы он был в образе Нашем, а мудрость его превышала вашу мудрость"».

417) «„После того как Он создал человека, и тот прегрешил, и был вынесен ему приговор, явились Аза и Азаэль. Сказали пред Ним: „У нас есть основание обратиться к Тебе – ведь человек, которого Ты создал, согрешил пред Тобой!" Сказал им: „Если бы вы были наряду с ними, то были бы еще хуже него". Что сделал Творец: низринул их со ступени святости, на которой находились они на небесах"».

418) «Сказал рабби Шимон: „Теперь я вернусь к вашему вопросу о том, что сказал Билам: „Падает и прорицает"[481]. Если сказано, что это было не так", но „желал восславить себя, как же допускает Творец написание в Торе ложного? А если это истина, то как может быть превознесен злодей на ступень более высокую, чем все пророки веры? И, кроме того, ведь высшая святость пребывает лишь в подобающем ей месте"», но не в этом нечестивце?!

---

[485] Писания, Псалмы, 8:5. «Что есть человек, чтобы Ты помнил о нем, и сын человеческий, чтобы Ты вспоминал его?»

[486] См. Тора, Берешит, 1:26. «И сказал Всесильный: „Создадим человека в образе Нашем, по подобию Нашему! И властвовать будут они над рыбой морской и над птицей небесной, и над скотом, и над всею землей, и над всем ползучим, что ползает по земле"».

[487] Писания, Псалмы, 49:13. «Но человек в великолепии не сможет пребывать, подобен он животным погибающим».

419) «„А теперь я вернусь к сказанному вначале. После того как Творец низринул" Азу и Азаэля „с их места святости, те начали путаться с женщинами мира и совратили мир. Здесь следует разобраться, ведь написано: „Он делает ангелов посланниками Своими"[488], а эти как раз были ангелами – как же они могли существовать на земле?" И отвечает: „Но смотри, все те ангелы, что наверху, находятся и могут находиться лишь в высшем свете, который светит им и поддерживает их существование, а если выйдет из них этот высший свет, они не могут находиться. И тем более у этих ангелов, которых низринул Творец и забрал у них высший свет, – изменилось свечение их. И поэтому, когда они опустились, и властвовал в них воздух мира, они изменились для другой ступени"».

420) «„Смотри, ман, который опускался Исраэлю в пустыне, этот ман был от высшей росы, ниспадающей от Атика, самого скрытого из всех скрытых", т.е. Кетера. „И когда он опускался, свет его светил во всех мирах, и от него получал питание яблоневый сад", Малхут, „И высшие ангелы. А когда этот ман опускался вниз, и властвовал в нем воздух мира, застывало и изменялось свечение его, и становилось свечение его только как написано: „Ман же был похож на семя кориандровое"[489], но не более того. И тем более ангелы", которых низринул Творец, „после того как опустились, и в них властвовал воздух, – они изменились по сравнению с той первой ступенью, на которой они были"».

421) «„Что сделал Творец? Увидел, что они", Аза и Азаэль, „путают мир, приковал их железными цепями в горах тьмы. В каком месте они находятся? В долине гор. Посадил Азу и наслал на него тьму, потому что в тот час, когда приковывал их Творец, тот противился и вызывал высший гнев, и" поэтому „Творец низверг его вглубь по самую шею, и покрыл его тьмой. Азаэля, который не противился, Он посадил рядом с Азой и озарил для него тьму"».

422) «„И жители мира, которые знают их место", Азы и Азаэля, „приходят к ним, и те обучают людей колдовству, ворожбе

---

[488] Писания, Псалмы, 104:4. «Он делает ангелов посланниками Своими, служителями Своими – огонь пылающий».

[489] Тора, Бемидбар, 11:7. «Ман же был похож на семя кориандровое, а вид его, как вид хрусталя».

и чародейству. И эти горы тьмы называются горами востока. В чем причина? Потому что тьма была прежде света, и поэтому эти горы тьмы называются горами востока (досл. прежними). И Лаван с Биламом учились у них колдовству, то есть, как сказал Билам: „Из Арама привел меня Балак, царь Моава, от гор восточных"[490]».

Пояснение сказанного. Тема Азы и Азаэля и обвинение ими Адама Ришона, более чем всеми ангелами, уже были выяснены ранее.[491] Аза и Азаэль были от свойства ахораим Абы ве-Имы, а это ГАР Хохмы, которые действовали во время Некудим. И поскольку они препятствовали возвращению Адама, Он низринул их на землю, в горы тьмы, и заковал их в железные цепи – в клипу, называемую железом, как объясняется там.[490] И вот Аза и Азаэль – это захар и некева. И поэтому Аза, являющийся свойством захар, противился в то время, когда заковывали его, т.е. хотел притянуть Хохму сверху вниз и отменить ту клипу, которая заковывала его. И поскольку он противился, Творец обрушил на него тьму, и властвовали над ним две клипы: одна – железные цепи, а другая – тьма. Однако Азаэль, являющийся свойством некева, не производил никаких действий в это время, потому что некева является пустующей землей (досл. почвой мира), и с ней не производятся действия, и поэтому он не противился, и Творец озарил ему тьму.

423) «„Смотри, Билам восславлял себя из этого места и сказал: „Речь слышащего речение Всесильного"[492] – потому что Аза и Азаэль говорили с жителями мира, прибегая к высшим речениям, которые они знали с самого начала", с того времени, когда находились „наверху", на небесах. „И они рассказывали о происходящем в мире святости, в котором были. И это означает: „Слышащего речения Всесильного"[491], не написано: „Слышащего голос Всесильного", а „речения Всесильного"[491], – именно те речи, которые говорили" Аза и Азаэль „от Него", от

---

[490] Тора, Бемидбар, 23:7. «И произнес он притчу свою, и сказал: „Из Арама привел меня Балак, царь Моава, от гор восточных, – пойди, прокляни мне Яакова, и пойди, призови гнев на Исраэль"».

[491] См. «Предисловие книги Зоар», статью «Небо и земля», п. 156, со слов: «А теперь выясним, что представляют собой ангелы Аза и Азаэль. Нам надо знать, что Аза и Азаэль относятся к самым возвышенным ангелам...»

[492] Тора, Бемидбар, 24:16. «Речь слышащего речения Всесильного и знающего мысль Всевышнего, видящего явление Всемогущего, падающего и прорицающего».

Всесильного. Как „тот, кто пришел после прослушивания урока" в доме учения. „И спрашивают его: „Откуда ты идешь?" И сказал: „С прослушивания речений святого Царя". Так же и „речь слышащего речения Всесильного"[491]. „И знающего мысль Всевышнего"[491] – т.е. он знал час, когда над миром нависает суд, и на этот час он был направлен в колдовствах своих"».

424) «„Который явление Всемогущего зрит"[481]. Что значит „явление Всемогущего"[481]? – Это „падающего и прорицающего"[491], и это Аза и Азаэль. „Падающего"[491] – это Аза". И почему он называется падающим? – „Потому что Творец погрузил его в глубину тьмы, и он сидит глубоко, по самую шею. И тьма покрыла его. И поэтому он называется падающим, так как он упал один раз с небес, а во второй раз упал затем в глубину тьмы. Азаэль – он „прорицающий"[491], потому что на него не была брошена тьма, так как не сопротивлялся и не вызывал наверху гнев, подобно тому", Азе. „И Билам называет их „явление Всемогущего"[491], и это „падающего и прорицающего"[491]».

425) «„В это время в мире не осталось никого, кто мог бы найти" Азу и Азаэля, „кроме него", Билама, „И он каждый день укрывался вместе с ними в этих горах, как сказано: „И привел меня Балак, царь Моава, от гор восточных"[489]. „От гор восточных"[489], разумеется, а не с земли жителей востока"», иначе говоря, от гор тьмы, о которых уже говорилось.

426) «Сказал рабби Шимон: „Сколько раз я уже говорил это, а товарищи не задумываются. Творец помещает свою Шхину только в святом месте, в месте, в котором подобает пребывать. И при этом Творец провозглашает, говоря: „Да не найдется у тебя проводящего сына своего и дочь свою через огонь, мага, чародейств, и гадателя, и колдуна, и заклинателя, и вызывающего духов, и ведуна, и вопрошающего мертвых"[493]. А он", Билам, „приходил, чтобы общаться с ними. Однако счастлива участь Исраэля, которых освятил Творец, чтобы находиться среди них, как написано: „Ибо Творец Всесильный твой ходит

---

[493] Тора, Дварим, 18:10-11. «Да не найдется у тебя проводящего сына своего и дочь свою через огонь, мага, чародейств, и гадателя, и колдуна, и заклинателя, и вызывающего духов, и ведуна, и вопрошающего мертвых».

среди стана твоего"⁴⁹⁴. И поскольку Он „ходит среди стана твоего"⁴⁹³, и написано: „И будет стан твой свят"⁴⁹³, и написано: „И будьте святы"⁴⁹⁵, и написано: „Не оскверняйтесь всем этим"⁴⁹⁶, и написано: „И возгнушался Я ими"⁴⁹⁷, – ведь Я не могу приблизиться к ним, и они заставляют Меня оставаться снаружи. Счастлива участь Исраэля и счастлива участь верных святых пророков, которые праведны, и есть у них доля участия в высшей святости"».

---

[494] Тора, Дварим, 23:15. «Ибо Творец Всесильный твой ходит среди стана твоего, чтобы избавлять тебя и низлагать врагов твоих перед тобой. И будет стан твой свят, чтобы не увидел Он у тебя наготы и не отступился от тебя».

[495] Тора, Ваикра, 20:7. «Освящайте же себя, и будьте святы, ибо Я Творец Всесильный ваш».

[496] Тора, Ваикра, 18:24. «Не оскверняйтесь всем этим, ибо всем этим оскверняли себя народы, которых Я изгоняю от вас».

[497] Тора, Ваикра, 20:23. «И не ходите по обычаям народа, который Я изгоняю от вас; они все это делали, и возгнушался Я ими».

ГЛАВА БАЛАК

И увидела ослица ангела Творца

427) «„И увидела ослица ангела Творца, стоящего на пути с обнаженным мечом в руке его"[498]. „На пути"[497] – на пути, в котором тот погряз", т.е. пути колдовства и чародейства. „С обнаженным мечом в руке его"[497]. Спрашивает: „Но если он выступил против ослицы, то зачем ему нужен меч? А если он выступил против Билама, то почему ослица видела его, а тот не видел его?" И отвечает: „Однако он предстал всем" – как ослице, так и Биламу. „Ангел встал на пути ослицы, чтобы увести ее с пути, которым нагрузили ее", – т.е. колдовства и чародейства, которыми нагрузили ослицу.[499] „И посредством чего" он увел ее? „Посредством милосердия. А против Билама он встал, чтобы наказать его за то, что тот хотел идти по своей воле, а не по высшей воле"».

428) «Сказал рабби Йоси: „Теперь следует спросить: если речения Билама исходили со стороны нижних сфирот, а не с другой стороны, почему написано: „И явился Всесильный Биламу"[500], а также: „Но только то, что Я говорить буду тебе"[499]?" Сказал рабби Ицхак: „Я так учил, что этот „Всесильный (Элоким)"[499] здесь, – все они были ангелом, а тот исходил со стороны сурового суда, в котором содержится сила и мощь тех нижних кетеров, которыми пользовался Билам. И поэтому" написано: „И явился Всесильный Биламу"[499], „И сказал Всесильный Биламу"[501], – потому что ангел иногда называется высшим именем"».

429) «„И свернула ослица с пути"[497] – т.е. свернула с того пути, на котором несла поклажу со стороны сурового суда против Исраэля" Спрашивает: „А каким образом увидел Билам, что она свернула с этого пути?" „Но что, – сказал рабби Шимон, – даже находясь в пути, Билам желал навредить Исраэлю с помощью своей ослицы. А когда не получилось у него, что написано:

---

[498] Тора, Бемидбар, 22:23. «И увидела ослица ангела Творца, стоящего на пути с обнаженным мечом в руке его, и свернула ослица с пути, и пошла по полю. И ударил Билам ослицу, чтобы вернуть ее на путь».
[499] См. выше, п. 410.
[500] Тора, Бемидбар, 22:20. «И явился Всесильный Биламу ночью, и сказал ему: „Если звать тебя пришли люди эти, встань, иди с ними, но только то, что Я говорить буду тебе, то делай"».
[501] Тора, Бемидбар, 22:12. «И сказал Всесильный Биламу: „Не ходи с ними, не проклинай народа этого, ибо благословен он"».

„И ударил он ослицу палкой"⁵⁰². И это означает, что „нагрузил ее и облек силами суда, сурового и тяжкого. Это значит: „Палкой"⁵⁰¹, – именно палкой, являющейся судом суровым и тяжким. „Своей палкой", – не написано, а „палкой"⁵⁰¹», – то есть известной палкой, являющейся суровым судом.

430) «„Смотри, какой силой обладала мудрость этого злодея и стремление его навредить Исраэлю, если ему удалось выйти из-под высшей власти", не позволяющей ему сделать это, „из-за его стремления прославиться и навредить Исраэлю"».

431) «„И стал ангел Творца на тропинке виноградников"⁵⁰³. Что написано выше. Вначале написано: „И свернула ослица с пути, и пошла по полю"⁴⁹⁷, – то есть пошла прямым путем, со стороны поля", Малхут, „уйдя от того, что у нее было", – от пути колдовства, которым нагрузил ее Билам. „И ударил Билам ослицу, чтобы вернуть ее на путь"⁴⁹⁷, – то есть „чтобы вернуть ее с пути поля", Малхут святости, „на его путь, колдовства". Сказал рабби Йоси: „Между ангелом и между Биламом тяжко пришлось ослице. Затем, когда увидел Билам, что он не может" заставить ее повернуть с пути поля, „тогда: „И ударил он ослицу палкой"⁵⁰¹, как мы учили"», что палка – это суровый суд.

432) «Сказал рабби Аба: „Насколько же мы должны внимательно вглядываться в речения Торы, – эти фразы указывают на высшую мудрость. Ведь не просто так вышел этот ангел, чтобы встать на пути одной лишь ослице или преградить ей путь между виноградниками, один раз в одном месте, а другой раз – в другом? Но всё это является высшей тайной, и всего этого Творец желал, чтобы оберечь Исраэль, и чтобы не властвовала в них всякая нечисть, так как они являются уделом Творца"».

433) «„И стал ангел Творца на тропинке виноградников"⁵⁰². Мы учили, что когда она", Малхут, „венчается со стороны Имы, то выходят в ее венце (атара) тысяча пятьсот сторон, запечатленные украшениями ее. И когда она", Малхут, „желает соединиться с Царем", Зеир Анпином, „она украшается одним венцом четырех цветов. Эти цвета пылают в четырех сторонах мира,

---

⁵⁰² Тора, Бемидбар, 22:27. «И увидела ослица ангела Творца, и легла она под Биламом. И воспылал гнев Билама, и ударил он ослицу палкой».
⁵⁰³ Тора, Бемидбар, 22:24. «И стал ангел Творца на тропинке виноградников, ограда с одной стороны и ограда с другой».

каждый из цветов пылает трижды в этой стороне его, и это двенадцать запечатленных границ, и они входят и включаются в двенадцать других"».

Объяснение. Он хочет выяснить здесь, что означает «тропинка виноградников»[502], и что это за выжимка, которую получают народы и все внешние от этой тонкой тропинки, называемой тропинкой виноградников. Поэтому он выясняет сначала большие венцы Зеир Анпина и Малхут, и их широкое воздействие, которое приходит только к Исраэлю. А затем выясняет, что выжимка этого большого наполнения приходит через «тропинку виноградников» к народам и внешним (желаниям). И тайна: «И стал ангел Творца на тропинке виноградников»[502] – означает, что он закрыл от них также эту тонкую тропинку, как это выяснится нами в продолжение всей статьи. И вначале выясняет два венца Малхут: один – тот, который она получает от высшей Имы, а второй венец – это тот, который она получает от ее зивуга с Зеир Анпином.

И известно, что Малхут вначале получает от левой линии Имы, т.е. свойство Хохмы без хасадим, поскольку правую линию получает Зеир Анпин. И считается тогда, что Зеир Анпин берет полторы сфиры от правой линии Имы, и это Хохма и правая половина Даат, и обе они являются лишь свойством хасадим. А Малхут получает полторы сфиры от левой линии Имы, и это Бина и левая половина Даат. И это смысл сказанного: «Когда она венчается со стороны Имы» – потому что когда Малхут получает не от Зеир Анпина, а от левой стороны Имы, «то выходят в ее венце (атара) тысяча пятьсот сторон, запечатленные украшениями ее». Ее венец означает – ее ГАР, потому что ГАР называется венцом, но она получает не весь ГАР, исчисляемый как три тысячи, а только полторы сфиры – Бину и левую половину Даат, и это тысяча пятьсот. И они отпечатываются и запечатлеваются в ее украшениях, т.е. в ее венце. И после того как выяснил венец, который Малхут получает от Имы, и вся она только из левой линии, выясняет затем венец, который получает от Зеир Анпина, когда есть в ней все три линии.

И это смысл сказанного: «И когда она желает соединиться с Царем» – т.е. когда Малхут хочет соединиться с Зеир Анпином, и получить от него наполнение, «она украшается одним венцом четырех цветов» – она получает от ее зивуга (соединения) с Зеир Анпином один венец, в котором есть четыре цвета, и это – белый-красный-зеленый-черный. «Эти цвета пылают в четырех сторонах мира» – и это ХУГ ТУМ, потому что Хесед – это белый цвет, Гвура – красный, Тиферет – зеленый, Малхут – черный. И они также называются юг-север-восток-запад. «Каждый из цветов пылает трижды в этой стороне его» – в свойствах трех линий: правой, левой и средней. Таким образом, здесь есть двенадцать видов светов, и это ХУГ ТУМ, в каждом из которых – три линии, и это смысл сказанного: «И это двенадцать запечатленных границ» – т.е. двенадцать границ, которые есть в Малхут. «И они входят и включаются в двенадцать других» – то есть они входят и включаются в двенадцать диагональных границ, которые в Зеир Анпине, представляющие собой те же самые свойства, ХУГ ТУМ, в каждом из которых – три линии. И когда они в зивуге, двенадцать в Малхут включают в себя двенадцать Зеир Анпина. И есть в этом венце (атаре) Малхут три свойства, рош тох соф, и сейчас выяснилось свойство тох этого венца. А далее, в следующем пункте, выясняет свойство рош этого венца.

434) «„В рош венца есть четыре ряда в четырех сторонах", север-юг-восток-запад, „И это" ряды „башен, как сказано: „Башни ароматных смесей"[504]. Что значит: „Ароматных смесей"[503]? Это как сказано: „Всякими порошками торговца (благовониями)"[505]. И на каждой башне три входа, выложенные драгоценными камнями с каждой стороны, и венец этот светит переливами офирского золота, чтобы воздать славу Царю. Как написано: „Сделаю мирянина драгоценнее золота, а человека – золота офирского"[506]».

Объяснение. Раскрытие Хохмы, что в Малхут, называется башней (мигдаль), в тайне: «А этих кто растил?»[507] Потому что Хохма указывает на большое состояние (гадлут). И говорит, что в рош венца есть четыре ряда башен в четырех сторонах,

---

[504] Писания, Песнь песней, 5:13. «Щеки его – гряды благовоний, башни ароматных смесей, губы его – лилии, источают мирру текучую».

[505] Писания, Песнь песней, 3:6. «Кто она, восходящая из пустыни, словно дымные столбы, окуриваемая миррою и фимиамом, всякими порошками торговца (благовониями)».

[506] Пророки, Йешаяу, 13:12. «Сделаю мирянина драгоценнее золота, а человека – золота офирского».

[507] Пророки, Йешаяу, 49:21. «И ты скажешь в сердце своем: „Кто родил мне этих? Я же потеряла детей своих и одинока (была), изгнана и покинута: а этих кто растил? Ведь я оставалась одна – эти, где они (были)?"».

и это ХУБ и ТУМ, что в Даат, и они светят только в трех линиях и поэтому называются тремя входами у каждой башни. Ведь без этих трех линий башня вообще не светит. И это смысл сказанного: «Как сказано: „Башни ароматных смесей"[503]. Что значит: „Ароматных смесей"[503]? Это как сказано: „Всякими порошками торговца (благовониями)"[504]», т.е. башня светит лишь благодаря включению «мирры, фимиама и всяких порошков торговца»[504], т.е. трех линий. «Мирра» – левая, «фимиам» – правая, «всякие порошки торговца» – средняя линия. И это включение называется ароматной смесью. И ты уже узнал, что Малхут не возвращается в состояние паним-бе-паним с Зеир Анпином прежде, чем уменьшается до точки под Есодом.[508] И возвращение в состояние точки называется каплей крови с горчичное зернышко,[509] и также называется пятном. А затем, когда она снова отстраивается снаружи в состоянии паним, необходимо очистить Малхут от этого пятна ради величия Царя. Это смысл сказанного: «И венец этот светит переливами офирского золота, чтобы воздать славу Царю». Ибо с помощью переливов этого венца, во всем его объеме, согласно трем линиям, когда он производит переливы из правой линии в левую, из левой в среднюю, а из средней в правую, – с помощью этого притягивается свечение Хохмы, облаченное в многочисленные хасадим, и свечение ее очень сильное, и поэтому она отказывается от этого золота и отдает его. И это смысл сказанного: «Как написано: „Сделаю мирянина драгоценнее золота, а человека – золота офирского"[505]», – ибо после того как Малхут получила это золото офирское, она передает его человеку, и тогда сказано о человеке: «Сделаю мирянина драгоценнее золота, а человека – золота офирского»[505]. И смотри в Новом Зоаре, который говорит следующее: «И когда она „в золоте офирском"? – Когда она совершает зивуг с Царем, в тот момент, когда Кетер спускается, минуя» ступень, «светя со стороны Имы, и пребывает над головой Царицы...»[510]. И вот выяснились рош и тох венца, а далее выясняет свойство соф этого венца.

435) «„Под этим венцом висят вокруг золотые колокольчики, – золотой колокольчик с одной стороны, и золотой

---

[508] См. Зоар, главу Берешит, часть 1, пп. 110-115.
[509] См. выше, п. 228, в комментарии Сулам.
[510] См. Новый Зоар, главу Хукат, п. 115. «„В золоте офирском" – это как ты говоришь: „(Сделаю мирянина драгоценнее золота), а человека – золота офирского"...»

колокольчик с другой стороны, и один гранат. А внутри этого граната – есть в нем тысяча колокольчиков, и каждый из этих колокольчиков пламенеет красным и белым цветами. Этот гранат делится на четыре дольки и находится в раскрытом состоянии, чтобы были видны из него эти колокольчики. Триста двадцать пять колокольчиков в этой стороне, и так в каждой стороне, пока не воспламеняются четыре стороны мира от вида каждой дольки. И они называются дольками граната. Как написано: „Как долька граната – твоя щека из-под фаты твоей"[511]».

Объяснение. Теперь выясняет свойство соф венца (атары) Малхут, т.е. свойства келим ее ахораим. И ты уже узнал, что когда она находится в состоянии паним-бе-паним с Зеир Анпином, Хохма раскрывается только в келим ее ахораим,[512] и совокупность этих келим де-ахораим называется гранатом, в тайне того, что сказали на изречение: «Как долька граната – твоя щека»[510], – что даже те, кто пусты в тебе, т.е. келим де-ахораим, считаются как пустые по отношению к келим де-паним, наполнены заповедями, словно гранат, т.е. наполнены светами. Иными словами, когда они соединяются с келим де-паним и зависят от них, поскольку тогда они тоже получают свечение трех линий от келим де-паним. И тогда свечения делятся на правое и левое, и на двенадцать свойств, называемых колокольчиками. И совокупность этих колокольчиков называется гранатом (римон), так как свечение его возвышается (митромемет) снизу вверх.

И это смысл сказанного: «Под этим венцом висят вокруг золотые колокольчики» – то есть келим де-ахораим, в которых раскрывается Хохма, и в час, когда они висят и соединены вокруг с келим де-паним в этом венце (атара), называются они золотыми колокольчиками[513]. И они распространяются вправо и влево, т.е. в хасадим и в Хохму, и это смысл сказанного: «Золотой колокольчик с одной стороны, и золотой колокольчик с другой

---

[511] Писания, Песнь песней, 4:3. «Как алая нить – губы твои, и речи твои милы; как долька граната – твоя щека из-под фаты твоей».

[512] См. «Предисловие книги Зоар», статью «Ростки», п. 5, со слов: «И сказано: „А если бы они не показались к этому времени, то не могли бы остаться в мире". Дело в том, что Нуква вначале была создана в свойстве „два великих светила", и находилась на равной ступени с Зеир Анпином, однако пребывала в ахораим (обратной стороне) Зеир Анпина...»

[513] Тора, Шмот, 28:33. «И сделай по подолу его гранатовые яблоки из синеты и пурпура, и червленицы, по его подолу вокруг, и золотые колокольчики внутри них вокруг».

стороны», и все они включаются в один гранат. И это смысл сказанного: «И один гранат», потому что основное название келим де-ахораим – это «гранат». Однако свечения, которые он получает вследствие своего соединения с келим де-паним от правой и левой сторон, называются золотыми колокольчиками. И это смысл сказанного: «А внутри этого граната – есть в нем тысяча колокольчиков», – т.е. светящих свечением Хохмы, называемым тысячей (элеф אֶלֶף), в тайне сказанного: «И я научу тебя (ва-аалефхá וַאֲאַלֶּפְךָ) мудрости»[514]. Однако: «И каждый из этих колокольчиков пламенеет красным и белым цветами» – т.е. каждый колокольчик из них светит красным цветом, то есть левой линией и свойством Хохмы, и светит белым цветом, правой линией и свойством хасадим. И они достигли этого в силу их соединения с келим де-паним, однако от их корня, прежде чем они соединились с келим де-паним, у них была лишь Хохма без хасадим, и это левая линия без правой, т.е. только красный цвет. И то, что говорит «пламенеет», а не говорит «светит», – это по той причине, что они являются келим де-ахораим, свечение которых (происходит) с судами.

Кроме этого, они получают от келим де-паним свойство двенадцати границ,[515] и вместе с обобщающим (свойством) – их тринадцать. И это смысл сказанного: «Этот гранат делится на четыре дольки» – то есть соответственно четырем свойствам ХУБ ТУМ, что в нем. «И находится в раскрытом состоянии, чтобы были видны из него эти колокольчики» – иначе говоря, эти колокольчики светят из каждой дольки, от четырех долек, что в нем. «Триста двадцать пять колокольчиков в этой стороне, и так в каждой стороне» – т.е. в каждой из четырех сторон каждой дольки светят «триста двадцать пять колокольчиков», и это четырежды триста двадцать пять, что в гематрии – тринадцать сотен, и это свойство двенадцати границ, о которых говорилось выше, вместе с одним, обобщающим их. «Пока не воспламеняются четыре стороны мира» – то есть ХУБ ТУМ, в каждом из которых есть триста двадцать пять колокольчиков, «от вида каждой дольки» – т.е. каждая долька из четырех долек граната получает свечение этих тринадцати. И это скрытый смысл сказанного: «Как долька граната – твоя щека»[510].

---

[514] Писания, Иов, 33:31-33. «Внимай, Иов, слушай меня и молчи, (пока) я говорю. Если есть у тебя слова – ответь мне, говори, ибо я хотел бы тебя оправдать. Если же нет – ты слушай меня и молчи, и я научу тебя мудрости».

[515] См. выше, п. 433.

436) «„Четыре колеса, имеющиеся у четырех этих долек" граната, „получают благодаря кругообращению этот венец (атара). И когда получают его, они поднимаются кверху, пока не достигают колеса высшей дольки, издающего приятную мелодию днем и ночью", тогда „соединяются все эти дольки, и принимают этот венец (атара) и поднимают его. И звук этих колес слышен на всех небосводах. На этот приятный звук громогласно отзываются все воинства небесные, и все они расспрашивают друг друга, пока не произносят все вместе: „Благословенно величие Творца с места Его!"[516]»

Объяснение. Ибо выяснилось, что венец (атара), являющийся свойством ГАР Малхут, возносится, т.е. раскрывается, с помощью этих четырех долек граната, четырех видов келим де-ахораим, притягивающих свет Хохмы, как объяснялось выше, так как Хохма является основой ГАР, что в ней. И поэтому есть венец (атара), а есть возносящие этот венец, то есть дольки этого граната. И ты уже узнал, что Хохма раскрывается лишь благодаря совершению кругообращения в трех местах, т.е. трех линиях.[517] И она раскрывается только во время кругообращения, называемого движением.[518] И поэтому необходимы колеса, чтобы перевести свет из одной линии в другую, пока он не придет в Малхут. И эти колеса – это суды Малхут вместе с судами, называемыми тремя посевами, производимыми в трех точках – холам, шурук и хирик, как выяснилось выше,[519] потому что суды каждой линии перемещают имеющийся в ней свет в другую линию. Ведь в правой линии, исходящей от точки холам, есть суды вследствие подъема Малхут в Бину, вызывающие состояние катнут, поэтому этот суд отталкивает свет и переводит его в левую линию, исходящую от точки шурук. А суды левой линии, где пребывают тьма, огонь и застывание, не позволяющие Хохме светить, отталкивают свет и переводят его в среднюю линию, где происходит исправление единства линий, при котором свет Хохмы облачается в хасадим, и тогда

---

[516] Пророки, Йехезкель, 3:12. «И понес меня дух, и услышал я позади себя голос, шум мощный: „Благословенно величие Творца с места Его!"»
[517] См. Зоар, главу Ваехи, п. 507. «Звучание вращающегося снизу вверх колеса...»
[518] См. Зоар, главу Бешалах, п. 137, со слов: «И три эти линии не раскрывают Хохму иначе, как с помощью своих движений, т.е. когда свечение каждой из них раскрывается специально одно вслед за другим в месте трех точек: холам, затем шурук, а затем хирик...»
[519] См. Зоар, главу Берешит, часть 1, п. 9. «Высшая точка, Арих Анпин, посеяла внутри чертога ИШСУТ три точки: холам, шурук, хирик...»

Хохма может светить во всем своем совершенстве и великолепии. А суды средней линии, исходящие от экрана точки хирик в ней, которые не дают места для раскрытия в ней света Хохмы, – и поэтому суды средней линии отталкивают свет и перемещают его в Малхут, в которой находится место раскрытия Хохмы. А в самой Малхут эти линии совершают новое кругообращение посредством тех же самых колес, и, раскрывая Хохму и суды в ней, связывают ее с хасадим. И с помощью этого ты поймешь необходимость трех следующих категорий:

1. Это суть мохин, называемых венцом (атара), которые определяются в рош и тох, как мы уже говорили.

2. Носители мохин, и это келим де-ахораим, называемые дольками граната, ибо только они способны привлечь раскрытие Хохмы, и без них не мог бы раскрыться этот венец (атара), основой которого является свет Хохмы. Поэтому считаются дольки граната поднимающими венец, потому что приподнятая ступень указывает на свет Хохмы.

3. Это колеса, представляющие собой суды, что в келим де-ахораим, с помощью которых переходит свет этого венца (атара) с места на место, т.е. из одной линии в другую до Малхут, и так же – в самой Малхут, как уже выяснилось.

И это смысл сказанного: «Четыре колеса, имеющиеся у четырех этих долек», – четыре колеса, т.е. четыре вышеуказанных вида суда, имеющиеся в четырех этих дольках, представляющих собой три линии и Малхут, принимающую их, «получают благодаря кругообращению этот венец (атара)» – поскольку над ними кругообращается этот венец с места на место, как мы уже объясняли, и благодаря этому восполняется этот венец всеми украшениями, что в нем. И всё, что мы сказали о венце и о дольках граната, и о колесах, имеет место только во время зивуга с Зеир Анпином, и тогда Зеир Анпин светит двумя свечениями Малхут:

1. С левой стороны, т.е. светом Хохмы от левой линии Имы, о котором сказано: «Левая рука его под моей головой»[520].

2. После того как заканчивается это свечение, тогда Зеир Анпин светит ей с правой стороны, т.е. светом хасадим, о чем сказано: «А правая обнимает меня»[519].

---

[520] Писания, Песнь песней, 8:3. «Левая рука его под моей головой, а правая обнимает меня».

И это смысл сказанного: «И когда получают его, они поднимаются кверху», – т.е. вначале, когда колеса начинают перемещать венец, они поднимают свою ступень наверх, и это означает, что притягивают Хохму, называемую приподнятой ступенью. И это первое свечение Зеир Анпина, о котором сказано: «Левая рука его под моей головой»[519]. «Пока не достигают колеса высшей дольки, издающего приятную мелодию днем и ночью», – т.е. дольки граната, являющейся правой стороной, свойством Хесед, которое не прекращается, и это второе свечение Зеир Анпина, о котором сказано: «А правая обнимает меня»[519]. Тогда «соединяются все эти дольки» – т.е. Хохма левой линии облачается в хасадим правой, и обе они – в среднюю линию, и все три – в Малхут. «И принимают этот венец (атара) и поднимают его» – т.е. раскрывают в нем приподнятую ступень, являющуюся свечением Хохмы, во всем ее совершенстве и великолепии.

И ты уже узнал, что колеса являются состоянием судов, имеющихся в четырех местах, над которыми этот свет отталкивается и переходит с места на место, пока не восполнится. И это смысл сказанного: «И звук этих колес» – т.е. сила судов, называемых колесами, «слышен на всех небосводах» – то есть, что действия этих судов принимаются на всех ступенях. «На этот приятный звук» – который исходит от них со времени их кругообращения, «громогласно отзываются все воинства небесные, и все они расспрашивают друг друга», – т.е. из-за раскрытия судов каждой линии они спрашивают: «Где место величия Его?», пока не завершается кругообращение и не раскрывается место этого величия. И это смысл сказанного: «Пока не произносят все вместе: „Благословенно величие Творца с места Его!"»[515] – так как раскрылось место этого величия, т.е. Малхут.

437) «„Когда Царь", Зеир Анпин, „соединяется с Царицей", Малхут, „поднимается этот венец и устанавливается на голове (рош) Малхут". Иными словами, все эти действия происходят только во время зивуга Зеир Анпина с Малхут. „И тогда опускается" также „один высший венец" к Зеир Анпину, „обрамленный вокруг всевозможными драгоценными камнями, и завязью и цветком.[521] С помощью шести колес он входит в шесть

---

[521] Тора, Шмот, 25:33. «Три миндальных венчика на одной ветви, завязь и цветок; и три миндальных венчика на одной ветви, завязь и цветок: так на шести ветвях, выходящих из светильника».

окончаний мира, шесть орлиных крыльев возносят его. Пятьдесят виноградин по кругу" этого венца, „которые установила в нем высшая Има", Бина, „обрамлены драгоценным камнем", цвета которого – „белый, красный, зеленый, черный, синий, пурпурный. Шестьсот тринадцать светов с каждой стороны"».

438) «„Тысяча шестьсот башен в каждой стороне. И каждая башня" сделана „постоянными рядами"» – т.е. каждая башня окружена небольшим количеством домов, как в сказанном: «Небольшими рядами»[522]. «„Они возносятся наверх и наполняются от стола высшей Имы", Бины, „от ее елея помазания. И тогда высшая Има неслышно передает высшие подарки, и посылает и устанавливает их в венце. Затем изливает готоки святого елея помазания на голову Царя", Зеир Анпина, „а с Его головы опускается добрый высший елей на Его величественную бороду, а оттуда уже стекает на облачение Царя. Это смысл сказанного: „Как добрый елей на голове стекает на бороду, бороду Аарона, который стекает на край одежды его"[523]».

Объяснение. Известно, что до зивуга Зеир Анпина с Малхут у Зеир Анпина есть только лишь свойство хасадим. И свечение Хохмы есть в нем только в час, когда Зеир Анпин соединяется с Малхут, в которой находится место раскрытия Хохмы, и тогда он включает в себя Хохму, имеющуюся в Малхут, и опускается к нему венец от Имы, включающий также и Хохму. Как сказано: «Жена добродетельная – венец мужу своему»[524] – т.е. с помощью Малхут, жены Зеир Анпина, Зеир Анпин приобретает свой совершенный венец. И это смысл сказанного: «Когда Царь соединяется с Царицей», т.е. Зеир Анпин с Малхут, «поднимается этот венец», т.е. венец Малхут, который разъяснялся до сих пор, «И устанавливается на голове (рош) Малхут»[525]. А после того как Малхут получает свой венец, основой которого является Хохма, как мы уже говорили, включает также и Зеир Анпин ее Хохму, и приобретает также и он свой венец, в тайне сказанного: «Жена добродетельная – венец мужу своему»[523]. И это смысл сказанного: «И тогда опускается один высший венец» – тогда опускается также к Зеир Анпину высший венец,

---

[522] См. Вавилонский Талмуд, трактат Макот, лист 10:1.
[523] Писания, Псалмы, 133:2. «Как добрый елей на голове стекает на бороду, бороду Аарона, который стекает на край одежды его».
[524] Писания, Притчи, 12:4. «Жена добродетельная – венец мужу своему, а позорная – как гниль в костях его».
[525] См. выше, п. 437.

«обрамленный вокруг всевозможными драгоценными камнями, и завязью и цветком», – Малхут называется драгоценным камнем, и этот венец украшен всеми драгоценными камнями, т.е. свечением Хохмы Малхут, включенным в нее, и завязь – это свойство правой линии, т.е. хасадим, которые символизирует эта завязь, а цветок – свойство левой линии, т.е. Хохма, символизируемая цветком.[526] И говорит «вокруг», потому что Хохма приходит к нему только путем включения свойства Малхут. Поэтому считается, что она светит вокруг этого венца.

И сейчас он продолжает объяснять все части венца Зеир Анпина, как он выяснил выше все части венца Малхут, но здесь он начинает разбирать их снизу вверх, то есть начинает с колес, на которых вращается этот венец. И это то, что говорит: «С помощью шести колес он входит в шесть окончаний мира», и ты уже узнал суть этих колес, – что это особые суды в каждой линии, которые передают свет от одной линии другой, как уже объяснялось. И рассматривает здесь шесть колес соответственно шести окончаниям мира, и это ХАГАТ НЕХИ, т.е. три колеса – к трем линиям от хазе и выше, называемым ХАГАТ, и три колеса – к трем линиям от хазе и ниже, называемым НЕХИ. Потому что Зеир Анпин всегда включает ВАК. Затем выясняет принимающих этот венец, и это смысл сказанного: «Шесть орлиных крыльев возносят его», потому что средняя линия – это свойство орла, и у него есть шесть крыльев, соответствующих шести окончаниям (ВАК), укрывающих в нем Хохму, чтобы она не светила иначе, как путем средней линии, т.е. снизу вверх, и это исправление орлиных крыльев является основой получающего и возносящего этого венца, т.е. мохин, получаемых им от Имы, ибо вследствие того, что произвел это исправление в Име, вышли ГАР в Име, в свойстве «трое выходят благодаря одному»[527], которые приобретает также и Зеир Анпин, в свойстве «один находится в трех»[526]. Поэтому эти орлиные крылья являются основой получающих этот венец, и без них этот венец вообще не мог бы существовать. И это смысл сказанного: «Шесть орлиных крыльев возносят его».

---

[526] См. Зоар, главу Шлах леха, п. 158. «„Вокруг этого источника располагаются „завязь и цветок"– т.е. ГАР Хохмы, которые располагаются в виде окружающего света вокруг, и не светят во внутренних свойствах источника...»

[527] См. Зоар, главу Берешит, часть 1, п. 363. «Трое выходят благодаря одному, один находится в трех, входит между двумя, двое питают одного, и один питает многие стороны...»

Теперь он объясняет свечения, которые в сути венца, и вначале объясняет свечения пятидесяти врат Бины, получаемые им от Имы. И это то, что говорит: «Пятьдесят виноградин по кругу, которые установила в нем высшая Има», т.е. пятьдесят врат Бины, «обрамлены драгоценным камнем», у которого шесть цветов, и это «белый, красный, зеленый, черный, синий, пурпурный». Белый, красный, зеленый – это ХАГАТ, и также в Малхут есть три цвета, и это – черный, синий, пурпурный. Еще есть шестьсот тринадцать светов в каждой стороне из четырех сторон этого венца, т.е. ХАГАТ НЕХИ, и это шестьсот, так они нисходят из Бины, сфирот которой исчисляются в сотнях. И в них светят света двенадцати границ, т.е. трех линий, в каждой из которых есть ХУБ ТУМ, и еще одной (границы), включающей все их, итого – тринадцать. И это означает сказанное: «Шестьсот тринадцать светов с каждой стороны». После этого объясняет свойство рош этого венца, и это то, что говорит: «Тысяча шестьсот башен в каждой стороне»[528]. И это полторы сфиры правой стороны ГАР. Потому что ГАР – это три тысячи, а полторы сфиры, т.е. Хохма и правая половина Даат, – это тысяча шестьсот, так как Хохма – это тысяча, а в правой стороне Даат есть шесть сфирот ХАГАТ НЕХИ, и это – шестьсот. И эти башни поднимаются наверх, в Бину, в ее правую сторону, чтобы получить хасадим. И это означает сказанное: «И каждая башня – постоянные ряды» – т.е. она окружена домами вследствие включения в нее Малхут, «(и они наполняются от стола высшей Имы), от ее елея помазания» – хасадим Имы называются елеем помазания. «И тогда высшая Има неслышно передает» – потому что хасадим нисходят неслышно, без произнесения голосом, указывающим на Хохму левой линии, как объяснялось выше относительно колокольчиков.[529] И эти хасадим опускаются в трех местах судов, которые в Зеир Анпине, и это «сеарот рош (волосы головы)», «сеарот дикна (волосы бороды)» и «левушим (облачения)», как выяснилось выше в Идре (главы) Насо. И это смысл сказанного: «Затем ... на голову Царя, ... а с его головы ... на Его величественную бороду, а оттуда ... на облачение Царя».

439) «„После этого" – после того как венец получил все света, о которых мы говорили, „вернулся этот венец, и высшая Има украшает" Зеир Анпин „этим венцом, и простирает над ним",

---

[528] См. выше, п. 438.
[529] См. выше, п. 435.

Зеир Анпином, „И над Малхут одеяния величия в этом венце". Хасадим, облачающие Хохму, называются одеяниями величия.[530] „Тогда слышен голос во всех мирах: „Выйдите и посмотрите, дочери Циона, на царя Шломо в венце, которым украсила его мать в день свадьбы его"[531]. Царь Шломо – это Зеир Анпин, мать его – это Бина. „Тогда она рада всем подданным царя. И кто они? Это все те, что приходят со стороны Исраэля. Ибо не соединяются с ними", с зивугом Зеир Анпина и Малхут, „так как не находятся с ними никто, кроме Исраэля, которые являются приближенными в доме и служат им", т.е. поднимают МАН благодаря их Торе и молитвам, и пробуждают этот зивуг. „Поэтому благословения, исходящие от них", от зивуга Зеир Анпина и Малхут, „принадлежат Исраэлю"».

440) «„И Исраэль получают все" – т.е. все благословения, исходящие от свечения зивуга Зеир Анпина и Малхут, „И посылают часть от них остальным народам, и от этой части питаются все остальные народы. И мы учили, что между сторонами уделов правителей над остальными народами, выходит одна очень тонкая тропинка, ибо оттуда нисходит доля этих нижних", т.е. внешних и народов мира, „И оттуда расходится во многие стороны. И это – то, что мы называем выжимкой, исходящей со стороны земли святости"», т.е. Малхут.

441) «„И поэтому весь мир пьет от выжимки земли Исраэля. И кто она, земля Исраэля? Мы уже объясняли", что земля Исраэля – это Малхут. „И как наверху, так и внизу все эти остальные народы-идолопоклонники питаются только от этой выжимки. И не скажи, что только они, но даже нижние сфирот пьют от той же выжимки. И это означает: „На тропинке виноградников"[532] – то есть „тропинки из правителей остальных народов, благословляющихся от него"».

Объяснение. После того как подробно выяснил зивуг Зеир Анпина и Малхут, и большие свечения, исходящие от их зивуга, и что все это приходит в силу единства трех линий, говорит:

---

[530] См. «Предисловие книги Зоар», статью «Мать одалживает свои одежды дочери», п. 17.
[531] Писания, Песнь песней, 3:11. «Выйдите и посмотрите, дочери Циона, на царя Шломо в венце, которым украсила его мать в день свадьбы его и в день радости сердца его».
[532] Тора, Бемидбар, 22:24. «И стал ангел Творца на тропинке виноградников, ограда с одной стороны и ограда с другой».

«И Исраэль получают все»[533], потому что они слиты со средней линией, включающей три линии. Тогда как народы мира и все внешние, слитые с левой линией без правой, не могут получать от свечения этого зивуга. Но поскольку свечение этого зивуга приходит вследствие кругообращения в трех линиях, как мы объясняли выше, то в тот момент, когда это свечение переходит из правой линии в левую, и устанавливается в левой линии, тогда открывается тонкий канал от свечения левой линии, и этот канал называется тропинкой виноградников, и оттуда нисходят жизненные силы и питание внешним от левой линии. И поэтому совокупность свечения всего этого зивуга получают Исраэль, поскольку они слиты со средней линией, включающей всё, и потому что они подняли МАН и вызвали этот зивуг.[534] Но они невольно посылают часть этого наполнения другим народам и внешним, слитым только лишь с левой линией, то есть в тот момент, когда свечение зивуга переходит от правой линии к левой и устанавливается на мгновение в левой линии. И это смысл сказанного: «И посылают часть от них остальным народам» – то есть ту часть, которая исходит от левой линии во время этого кругообращения, «И от этой части питаются все остальные народы» – то есть могут в ничтожной мере наслаждаться от другого места, как мы уже объясняли. И этот канал, который открывается им от левой линии, является очень тонким, по той причине, что он – до единства в средней линии, и это смысл сказанного: «И мы учили, что между сторонами уделов правителей над остальными народами выходит одна очень тонкая тропинка», – то есть тот самый канал, который открывается им от левой линии, «ибо оттуда нисходит доля этих нижних» – поскольку оттуда передаются все жизненные силы и наполнение внешних и остальных народов. И это смысл сказанного: «И это – то, что мы называем выжимкой, исходящей со стороны земли святости», – потому что Малхут принимает в себя всё свечение зивуга с тремя линиями, в которых кругообращается это свечение. И только выжимку, т.е. малую часть этого свечения, которая с того времени, когда свечение переходит от правой к левой линии, как мы уже объясняли, – это посылает Малхут, которая называется землей Исраэля, остальным народам и всему миру, кроме Исраэля. И это смысл сказанного: «И поэтому весь мир пьет от выжимки земли

---

[533] См. выше, п. 440.
[534] См. выше, п. 439.

Исраэля»[535] – ибо только лишь Исраэль избран из всего мира, чтобы слиться со средней линией, и поэтому они берут всё свечение этого зивуга, а весь остальной мир – только выжимку, через тонкую тропинку, упоминаемую выше. И это смысл сказанного: «И это означает: „На тропинке виноградников"[531]» – так как эта тонкая тропинка называется тропинкой виноградников, то есть «тропинка из правителей остальных народов, благословляющихся от него», – так как правители народов мира называются виноградниками, как выяснится далее в изречении: «Поставили меня стеречь виноградники»[535] – то есть правителей остальных народов. И эта тонкая тропинка левой линии, от которой они благословляются, называется тропинкой, пролегающей в виноградниках.

442) «„Когда увидел этот ангел, что Билам вернул свою ослицу на ту тропинку", которая называется тропинкой виноградников, чтобы получить оттуда силу проклясть Исраэль, „как написано: „Чтобы вернуть ее на путь"[497], что указывает на путь внешних, являющийся тропинкой виноградников, откуда они получают всё свое наполнение, как мы уже говорили, „сразу же: „И стал ангел Творца на тропинке виноградников"[531] – то есть перекрыть тропинку, чтобы не смогли получать от нее помощь остальные народы-идолопоклонники, и эти нижние сфирот" внешних (свойств). И то, что называется тропинкой виноградников, „это идет согласно тому, что сказал рабби Ицхак, как написано: „Поставили меня стеречь виноградники"[536] – т.е. оберегать и благословлять во время изгнания остальные народы", называемые виноградниками. „А Исраэль, являющийся моим виноградником, „я не устерегла"[535], – потому что они в изгнании и не благословляются как подобает"».

443) «„Ограда с одной стороны и ограда с другой"[531]. Сказал рабби Аба: „Как мог тот ангел перекрыть тропинку" от внешних, ведь она обязана открыться во время кругообращения, как мы уже говорили? И отвечает: „Но это произошло потому, что он получил другую помощь, т.е. Творца и Кнессет Исраэль"»,

---

[535] См. выше, п. 441.
[536] Писания, Песнь песней, 1:6. «Не смотрите на меня, что я смугла, ибо солнце опалило меня. Сыновья матери моей разгневались на меня, поставили меня стеречь виноградники, а своего виноградника я не устерегла».

ГЛАВА БАЛАК И увидела ослица ангела Творца

Малхут. «Рабби Йегуда сказал: „Тора помогла ему, как написано: „С той и с другой (стороны) было на них написано"[537]"».

Объяснение. Вопрос был следующий: поскольку эта тропинка виноградников обязана раскрыться во время круго-обращения, как мог этот ангел перекрыть ее? И отвечает на это: поскольку после кругообращения Творец светит с одной стороны Своими укрытыми хасадим, а с другой стороны даже Кнессет Исраэль, Малхут, получает после кругообращения только хасадим.[517] И благодаря этой силе возобладал ангел над этой тропинкой и перекрыл ее. И это скрытый смысл изречения: «И стал ангел Творца на тропинке виноградников, ограда с одной стороны и ограда с другой»[531], – т.е. Творец ограждает с правой стороны свечение этой тропинки, чтобы оно не светило, с помощью Своих укрытых хасадим. И это – ограда с правой стороны. А с левой стороны ограждает Малхут свечение этой тропинки с помощью склонения к правой линии – к хасадим, что в Зеир Анпине. И с помощью этих двух оград ангел перекрыл тропинку.

А рабби Йегуда учит вышеназванные вещи из другого изречения, то есть из того, что написано о скрижалях: «С той и с другой стороны было на них написано»[536], и это означает – с лицевой и с обратной сторон. С лицевой стороны записи произведены свечением Зеир Анпина, а с обратной стороны – свечением Малхут. Иначе говоря, вышеописанным способом. И разница только в объясняемых изречениях.

444) «„В этот час, что написано: „И увидела ослица ангела Творца, и прижалась к стене"[538]. Что значит: „И прижалась к стене"[537]?" И отвечает: „Это как сказано: „Рушит стену"[539], где стена означает – защищающая стена. Также и здесь: „Стена"[538] означает – защита, то есть та самая сила, защищающая их. „И прижала ногу Билама к стене"[537] означает – ослица не предоставила ему вообще никакой помощи, но в беде своей

---

[537] Тора, Шмот, 32:15. «И повернулся, и сошел Моше с горы; и две скрижали свидетельства в руке его, скрижали с надписью с обеих сторон: с той и с другой (стороны) было на них написано».
[538] Тора, Бемидбар, 22:25. «И увидела ослица ангела Творца, и прижалась к стене, и прижала ногу Билама к стене, и еще раз ударил он ее».
[539] Пророки, Йешаяу, 22:5. «Ибо это день бедствия, и попрания, и смятения от Владыки, Творца воинств, в долине видения. Рушит стену с криком: „На гору!"»

отослала его к этой стене", т.е. к правителю, защищающему их. „И это то, на что она намекала ему тем, что прижалась к стене. Тогда: „И еще раз ударил он ее"[537] – с этой" левой „стороны"».

445) «„А ангел Творца прошел дальше, и стал в узком месте, где не было пути, чтобы свернуть вправо или влево"[540]. В тот час перекрыл" ангел „все пути и всю поддержку, чтобы не было у нее поддержки ни с какой стороны мира. Тогда: „И легла она под Биламом"[541] – т.е. не нашла даже места намекнуть на помощь, как намекнула до этого, чтобы он пошел попросить помощи у стены, как объяснено в предыдущем пункте. „Когда Билам увидел, что не может, что написано: „И воспылал гнев Билама, и ударил он ослицу палкой"[540], как мы уже учили,[542] – т.е. нагрузил ее и облек ее в силы сурового и тяжелого суда"», как объясняется там.

446) «„И отверз Творец уста ослицы, и сказала она Биламу: „Что сделала я тебе, что ты бил меня уже три раза?"[543] – т.е. это одно из тех явлений, которые были созданы в канун субботы, в сумерки. Сказал рабби Ицхак: „Какой выигрыш от этого Биламу или ослице, или Исраэлю, – от этих слов" ослицы? «Сказал рабби Йоси: „Что посмеялись над ним старейшины, которые были с ним. И когда пришли к Балаку, сказали ему: „Не этого ли глупца ты послал позвать?! Нет ничего серьезного ни в нем, ни в словах его". Таким образом, „этими речами ослица опозорила честь его". Рабби Хия сказал: „Если бы ослица не сказала этого, то Билам не отступил бы от своего. Но из сказанного ослицей он знал, что сокрушена сила его"».

447) «Рабби Аба спросил: „Написано: „И отверзла земля уста свои"[544], и сказано: „И отверз Творец уста ослицы"[542]. В чем отличие между землей и ослицей, ведь не сказано" о земле, „что Творец отверз уста земли?" И отвечает: „Но дело в том, что там Моше постановил о раскрытии уст, и земля раскрыла

---

[540] Тора, Бемидбар, 22:26. «А ангел Творца прошел дальше, и стал в узком месте, где не было пути, чтобы свернуть вправо или влево».
[541] Тора, Бемидбар, 22:27. «И увидела ослица ангела Творца, и легла она под Биламом. И воспылал гнев Билама, и ударил он ослицу палкой».
[542] См. выше, п. 429.
[543] Тора, Бемидбар, 22:28. «И отверз Творец уста ослицы, и сказала она Биламу: „Что сделала я тебе, что ты бил меня уже три раза?"»
[544] Тора, Бемидбар, 16:32. «И отверзла земля уста свои, и поглотила их и их дома, и всех людей, которые у Кораха, и все достояние».

их, выполнив повеление Моше. И не пристало Творцу выполнять то, что сказал Моше, – ведь Моше постановил и повелел: „И разверзнет земля уста свои"[545], – поэтому земля выполнила повеление" Моше, „как написано: „И отверзла земля уста свои"[543]. Но здесь не было того, кто постановил, а это было волей Творца, и поскольку это было Его волей, написано: „И отверз Творец уста ослицы"[542] – от Него это исходит и от Него существует"».

448) «Рабби Йегуда сказал: „Я внимательно изучил эту главу" уст ослицы. „А относительно этих речений кажется, что это не те речения, которые должны быть. Ведь если уж сказано: „И отверз Творец уста ослицы"[542], то речения должны были быть речениями возвышенными, речениями мудрости. И если, как сказали товарищи, что" Билам „хвалился, что его конь пасется на пастбище", и только поэтому он взял ослицу, „и" ослица „ответила и сказала: „Но ведь я же ослица твоя, на которой ты ездил издавна и до сего дня"[546]. В таком случае, „с этого она должна была начать, но она начала не с этого, а сказала: „Что сделала я тебе?"[542] Почему же Творец потрудился открыть уста ее именно этими словами?"»

449) «Сказал рабби Аба: „Из этих слов" ослицы „я изучил знание Билама; мы видим, о чем думал Билам, и что он не был достоин того, чтобы пребывал над ним дух святости, и я изучил, что ослица его не обладает силой делать зло или добро. И изучил я на примере этой ослицы, что нет силы у животных для пребывания над ними совершенного знания", и поэтому она не произносила мудрых речей. „Смотри, Билам даже речам своей ослицы, и этим глупым мыслям" своей ослицы „ничего не может противопоставить, не говоря уже о высшей мысли"», и заявляет при этом, что знает мысль Всесильного.

450) «„И сказала она Биламу: „Что сделала я тебе?"[542] Иными словами, сказала ему: „Разве в моей власти делать добро или зло? Нет. Ведь животные ведут себя лишь так, как управляют

---

[545] Тора, Бемидбар, 16:30. «А если (новое) творение сотворит Творец, и разверзнет земля уста свои, и поглотит их и все, им принадлежащее, и они сойдут живыми в могилу, то узнаете, что прогневили эти люди Творца».

[546] Тора, Бемидбар, 22:30. «И сказала ослица Биламу: „Но ведь я же ослица твоя, на которой ездил ты издавна и до сего дня! Разве было у меня обыкновение так поступать с тобою?" И сказал он: „Нет"».

ими". И хотя эта ослица находилась в большой беде, это было не в ее власти, так как Билам обременил ее тяжестью колдовства, и она была в его власти"».

451) «"И сказал Билам ослице: „За то, что ты издевалась надо мной"⁵⁴⁷. Ему бы следовало посмеяться над ней, а он ответил ей глупостью. Тогда посмеялись над ним, и он стал презренным в глазах старейшин", которые были с ним, "И узнали они, что он глуп. А на сказанное им: „За то, что ты издевалась надо мной. Будь в руке моей меч, тотчас убил бы я тебя"⁵⁴⁶, сказали" старейшины: „Этот глупец" хвастается тем, что "он может уничтожить народы устами своими, – как же он не может уничтожить ослицу, но ему нужен меч?" И ты учил, что нет в животных силы, способствующей установлению над ними другого духа", мудрости. "И если скажут люди: если бы животные могли говорить, сколь совершенное знание пришло бы в мир, – посмотри на эту ослицу, которой Творец отверз уста, и смотри, что она сказала"».

---

⁵⁴⁷ Тора, Бемидбар, 22:29. «И сказал Билам ослице: „За то, что ты издевалась надо мной. Будь в руке моей меч, тотчас убил бы я тебя!"»

ГЛАВА БАЛАК

И взял Балак Билама

452) «„И было утром, и взял Балак Билама"[548]. Сказал рабби Ицхак: „Балак был умудрен в колдовствах еще больше Билама, за исключением того, что не умел определять час проклятия" как Билам. „Пример с торговцем, который обвешивал"[549] Поэтому: „И взял Балак Билама, и возвел его на высоты Баала"[547] – тот исправлял его и поддерживал его во всем"».

453) «„Что значит: „И возвел его на высоты Баала"[547]?" И отвечает: „Однако он распознавал с помощью своего колдовства, в какую часть" Исраэля „он сможет включиться, и обнаружил, что Исраэль в будущем сделают высоты и будут служить Баалу, как сказано: „И последовали за Баалом"[550]. „И он увидел оттуда край народа"[547] – увидел великих народа и их царя, поклонявшихся ему. Как написано: „И взывали именем Баала"[551], и написано: „Если Творец – Всесильный, следуйте за Ним, а если Баал – следуйте за ним"[552]. Как только увидел Билам, что это случится с Исраэлем, сразу же: „И сказал Билам Балаку: „Построй мне здесь семь жертвенников"»[553].

454) «„Рабби Йоси и рабби Йегуда: один сказал, что в противоположность жертвенникам, установленным основателями, он приносил жертвы" на „семи жертвенниках, а другой сказал, что сделал всё это с мудростью, ибо обнаружил, что доля Исраэля

---

[548] Тора, Бемидбар, 22:41. «И было утром, и взял Балак Билама, и возвел его на высоты Баала. И он увидел оттуда край народа».
[549] Мидраш раба, глава Балак, 18.
[550] См. Пророки, Мелахим 2, 17:15-16. «И презирали они уставы Его, и союз Его, который Он заключил с отцами их, и предостережения Его, которыми Он предостерегал их; и последовали они за суетою, и стали суетны, и за народами, что вокруг них, о которых Творец указал им, чтобы они не поступали так, как те. И оставили они все заповеди Творца Всесильного своего, и сделали себе двух литых тельцов, и сделали они Ашэру, и поклонялись всему воинству небесному, и служили Баалу».
[551] Пророки, Мелахим 1, 18:26. «И взяли они тельца, которого он дал им, и приготовили, и взывали именем Баала с утра до полудня, говоря: о, Баал, ответь нам. Но не было голоса, и не было ответа. И скакали они у жертвенника, который сделали».
[552] Пророки, Мелахим 1, 18:21. «И подошел Элияу ко всему народу, и сказал: „Долго ли вы будете колебаться между двумя мнениями? Если Творец – Всесильный, следуйте за Ним, а если Баал, то следуйте за ним". И не отвечал ему народ ни слова».
[553] Тора, Бемидбар, 23:1. «И сказал Билам Балаку: „Построй мне здесь семь жертвенников и приготовь мне здесь семь тельцов и семь овнов"».

связана с семью ступенями", ХАГАТ НЕХИМ, „И поэтому сказал: „Построю-ка я семь жертвенников"».

455) «„Подобно человеку, у которого был один любящий, которого оставил ему отец его. И люди боялись ссориться с ним из-за этого любящего. Однажды пришел один человек, желавший затеять с ним ссору, сказал: „Что мне делать, ведь если я поссорюсь с ним, есть у него тот самый любящий, который связан с ним, и я ничего не смогу с ним поделать?!" Послал он подарок этому любящему. Удивился любящий: „Что нужно этому человеку от меня? Знаю я, что это из-за этого любимого мною сына", что желает навредить ему. Сказал: „Подарка этого я не приму – позовите псов, пусть сожрут его!"»

456) «„Так же и Билам собирался начать ссору с Исраэлем, но увидел, что не может из-за этого Высшего, любящего их. Начал он готовить для него приношение" – т.е. жертвы, которые принес. „Сказал Творец: „Злодей, что тебе нужно от Меня? Ты хочешь соединиться с сыновьями Моими?! Но ведь приношение твое отдано псам". Смотри, что написано: „И встретился Всесильный Биламу"[554]. И сказал рабби Шимон: „И встретился (ва-икар וַיִּקָּר)"[553] указывает на семяизлияние (кери קֶרִי) и скверну, – ведь приношение твое отдано им и не войдет ко Мне"».

457) «Рабби Аба сказал: „И встретился (ва-икар וַיִּקָּר)"[553] – это, как сказано: „Пред холодом Его (карато קָרָתוֹ) кто устоит?"[555] Тот был уверен, что благодаря этому его приношению сможет одолеть Исраэль. „И встретился (ва-икар וַיִּקָּר) Всесильный Биламу"[553] – т.е. стал холоден (кирер קִירֵר) к тому, что думает" Билам. И еще. „И встретился Всесильный"[553] – это как мы учили, что пробудилась над ним сторона скверны"».

458) «Рабби Эльазар сказал: „И встретился"[553] означает, „что Билам надеялся с помощью своего подарка причинить зло Исраэлю, а Творец отверг это приношение и отверг Билама со всеми его мыслями, и поверг его с этой ступени. Это означает: „И встретился (ва-икар וַיִּקָּר)"[553], как сказано: „Будут клевать

---

[554] Тора, Бемидбар, 23:4. «И встретился Всесильный Биламу, и сказал он Ему: „Семь жертвенников соорудил я и вознес по тельцу и овну на жертвеннике"».
[555] Писания, Псалмы, 147:17. «Бросает град Свой, как крошки, – пред холодом Его кто устоит?»

его (икру́а קִרְדָה?) вороны речные"[556]. Сказал ему: „Злодей, ты недостоин соединиться со Мной и предстать предо Мной, – приношение твое отдано псу!"»

459) «Сказал рабби Шимон: „Смотри, этот злодей был самым мерзким из всех. Ибо не найдешь ты во всей этой главе слов: „И сказал Творец Биламу", или: „И говорил Творец", ни в коем случае. Что написано: „И вложил Творец слово в уста Билама"[557] – подобно тому, как вставляют удила в рот ослу, чтобы не мог повернуть ни туда, ни сюда. Точно так же: „И вложил Творец слово в уста Билама"[556]».

460) «„Сказал ему Творец: „Злодей, ты думаешь, что через тебя будет произведено и осуществится благословение сыновьям Моим, или наоборот?! Они не нуждаются в тебе, подобно тому, как говорят осе"», – «не нужны ни жало твое, ни мед». «„Возвратись к Балаку"[556], и когда откроешь рот свой, это будет не в твоей власти, и слово не будет зависеть от уст твоих, но сказано: „И так (ко) будешь говорить"[556]. Ведь Ко", т.е. Шхина, „призвана благословить их. Ко даст благословение сыновьям Моим, и когда ты откроешь уста свои, она произнесет речи, которые исполнятся у сыновей Моих, тебе же этих речей Я не доверю"».

461) «„Посмотри сам, что так оно и есть. Когда явился" Билам „к Балаку, и услышал Балак все эти речи", которыми тот благословил Исраэль, „думал Балак, что они вышли из уст Билама. Сказал: „Проклясть врагов моих взял я тебя, а ты, вот, благословляешь"[558]. Сказал Билам: „Возьми все эти колдовства себе, чтобы ты смог воспрепятствовать здесь этой Ко", Малхут. „И если ты сможешь воспрепятствовать ей с помощью этого колдовства, то я сделаю бездейственными те слова, которые она произнесла"», – т.е. он отменит благословения, которые она произнесла, как мы уже объясняли.

---

[556] Писания, Притчи, 30:17. «Глаз, насмехающийся над отцом и пренебрегающий покорностью к матери, – будут клевать его вороны речные, и сожрут его птенцы орлов!»
[557] Тора, Бемидбар, 23:5. «И вложил Творец слово в уста Билама, и сказал: „Возвратись к Балаку и так будешь говорить"».
[558] Тора, Бемидбар, 23:11. «И сказал Балак Биламу: „Что сделал ты мне? Проклясть врагов моих взял я тебя, а ты, вот, благословляешь"».

462) «„Что написано: „Стань здесь (ко), у всесожжения твоего"⁵⁵⁹, – с помощью этого и с помощью колдовства воспрепятствуй Ко", Малхут, „а я встречу здесь (ко)"⁵⁵⁸ – сделаю бездейственными те речи", которые она произнесла. „Сказал ему Творец: „Злодей! Я сделаю бездейственным тебя". Что написано за этим: „И встретился Всесильный Биламу"⁵⁵³. И тогда эту речь вознесет голос ее в речах Ко, и это означает сказанное: „Возвратись к Балаку и так (ко) будешь говорить"⁵⁵⁶. Ко будет говорить, конечно"».

463) «„Смотри, вначале не сказано: „Стань здесь (ко), у всесожжения твоего"⁵⁵⁸, а сказано: „Стань у всесожжения твоего, а я пойду, может быть, явится Творец навстречу мне"⁵⁶⁰. После того, как увидел, что Ко произнесла эти благословения, тогда сказал: „Стань здесь (ко), у всесожжения твоего, а я встречу здесь (ко)"⁵⁵⁸", то есть как мы уже объяснили в предыдущем пункте.

464) «„Пойди, прокляни мне Яакова"⁵⁶¹. „Прокляни"⁵⁶⁰ – означает „собери"», как сказано: «Собрал я мирры с бальзамом моим»⁵⁶². «Рабби Йоси говорит: „Сбрось их с той ступени, на которой они стояли, как сказано: „В сторону выпущу"⁵⁶³, – то есть выстрел и посылание. Сказал: „Если сможешь сбросить их с этой их ступени", Малхут, „то ведь все они исчезнут из мира". „И пойди, призови гнев на Исраэль"⁵⁶⁰, означает – чтобы привел к гневу „высший" Исраэль, Зеир Анпин, „т.е. чтобы нашел гнев" и ярость „пред Ним, как сказано: „И Творец гневается каждый день"⁵⁶⁴».

---

⁵⁵⁹ Тора, Бемидбар, 23:15. «И сказал он Балаку: „Стань здесь, у всесожжения твоего, а я встречу здесь"».

⁵⁶⁰ Тора, Бемидбар, 23:3. «И сказал Билам Балаку: „Встань у всесожжения твоего, а я пойду, может быть, явится Творец навстречу мне, и что Он укажет мне, я объявлю тебе". И пошел он на возвышенное место».

⁵⁶¹ Тора, Бемидбар, 23:7. «И произнес он притчу свою, и сказал: „Из Арама привел меня Балак, царь Моава, от гор восточных, – пойди, прокляни мне Яакова, и пойди, призови гнев на Исраэль!"»

⁵⁶² Писания, Песнь песней, 5:1. «Пришел я в сад мой, сестра моя, невеста, собрал я мирры с бальзамом моим; отведал я соты мои с медом, пил я вино мое с молоком. Ешьте, друзья! Пейте до упоения, любимые!»

⁵⁶³ Пророки, Шмуэль 1, 20:20. «А я три стрелы в сторону выпущу (досл. брошу), как бы метя в цель».

⁵⁶⁴ Писания, Псалмы, 7:12. «Творец – судья справедливый, и Творец гневается (на нечестивых) каждый день».

465) «„Ибо с вершины скал его вижу"⁵⁶⁵. Сказал рабби Ицхак: „С вершины скал"⁵⁶⁴ – это праотцы, как написано: „Смотрите на скалу, из которой высечены вы"⁵⁶⁶. „И с высот Я на него взираю"⁵⁶⁴ – это праматери. Как с этой стороны", праотцев, „так и с этой стороны", праматерей, „они не могли быть прокляты"».

466) «Рабби Аба сказал: „Ибо с вершины скал"⁵⁶⁴ означает – „кто одолеет Исраэль, ведь они относятся к вершине всех скал и выходят из нее. И что представляют собой „скалы"⁵⁶⁴? – Это гвурот, и все суды в мире выходят из этих гвурот и относятся к ним. „И с высот Я на него взираю"⁵⁶⁴ – это остальные станы, относящиеся к ним", к гвурот. „Это народ, живущий отдельно, и между народами они не числятся"⁵⁶⁴. Это как сказано: „Творец отдельно ведет его"⁵⁶⁷». Объяснение. Малхут, называемая скалой, является началом (рош) всех судов в мире, и по имени ее гвурот они называются скалами. И Исраэль исходят от Малхут, и о ней сказал: «Ибо с вершины скал его вижу»⁵⁶⁴. А распространение Малхут в БЕА называется высотами. И оттуда – НАРАН Исраэлю.

467) «„Кто исчислил прах Яакова и число доли Исраэля?"⁵⁶⁸ Это уже объяснялось. Но рабби Йоси сказал: „Это две ступени – Яаков и Исраэль. Вначале", когда он в свойстве ВАК, он „Яаков, а затем", когда достигает ГАР, он „Исраэль. И хотя всё является одним целым, это две ступени, и высшая ступень – это Исраэль"», а ступень Яакова является нижней.

468) «„Кто исчислил прах Яакова"⁵⁶⁷. Спрашивает: „Что такое „прах" внизу"», на ступени Яаков? «Рабби Шимон сказал: „Это как написано: „Обратил в прах меч свой"⁵⁶⁹, т.е. Малхут,

---

⁵⁶⁵ Тора, Бемидбар, 23:9. «Ибо с вершины скал его вижу и с высот Я на него взираю: это народ, живущий отдельно, и с народами не будет считаться».

⁵⁶⁶ Пророки, Йешаяу, 51:1. «Слушайте Меня, следующие за правдой, ищущие Творца! Смотрите на скалу, из которой высечены вы, и в глубину рва, из которого извлечены вы».

⁵⁶⁷ Тора, Дварим, 32:12. «Творец отдельно ведет его, и нет при нем божества чужого».

⁵⁶⁸ Тора, Бемидбар, 23:10. «Кто исчислил прах Яакова и число доли Исраэля? Умрет душа моя смертью праведных, и пусть будет кончина моя, как его!»

⁵⁶⁹ Пророки, Йешаяу, 41:2. «Кто побудил от востока праведность, назвал ее спутником своим, передал ей народы и покорил царей, обратил в прах меч свой?»

„как написано: "Меч у Творца полон крови"⁵⁷⁰. То есть, Малхут называется мечом у Творца. „Прах" – т.е. то место, из которого создан Адам Ришон. Как написано: „И создал Творец Всесильный человека из праха земного"⁵⁷¹. И из этого праха выходит множество воинств и множество станов, множество ступеней, множество производящих суд, множество стрел, множество пращевых камней, множество копий, мечей и военного оружия, – все они исходят от этого праха. „Кто исчислил"⁵⁶⁷ – это, как сказано: „Есть ли счет воинствам Его?"⁵⁷²»

Объяснение. Малхут в целом называется «меч у Творца»⁵⁶⁹, и в ней есть десять сфирот. А Малхут де-Малхут называется «прах», и это смысл изречения: «Обратил в прах меч свой»⁵⁶⁸ – т.е. пробуждает мечом свойство Малхут де-Малхут в нем, называемую прахом. И из этого праха вышел Адам Ришон, но он был подслащен в Бине, и это означает: «Из праха земного»⁵⁷⁰. «Прах» – это Малхут де-Малхут, «земля» – это Бина де-Малхут, потому что Бина называется землей Эдома. И также вся действительность вышла из этого «праха», подслащенного в Бине. И это смысл сказанного: «И из этого праха выходит множество воинств и множество станов, множество ступеней (тафсин טַפְסִין)», – от выражения: «Взбирается (метапэс מְטַפֵּס) и поднимается»⁵⁷³, т.е. ступени.

469) «„И число доли Исраэля"⁵⁶⁷. „Доля Исраэля" – это хэй (ה)" де-АВАЯ (הויה), так как у Исраэля, Зеир Анпина, есть четыре буквы АВАЯ (הויה), где Малхут является четвертой буквой от него, и поэтому называется долей (досл. четвертью) Исраэля. „И это одно целое"» с прахом Яакова, тоже являющимся Малхут, только «прах» – это Малхут Яакова, а «доля» – это Малхут Исраэля. «„Доля Исраэля" – это как сказано: „Лежащим (ровец

---

⁵⁷⁰ Пророки, Йешаяу, 34:6. «Меч у Творца полон крови, тучнеет от тука, от крови баранов и козлов, от тука с почек баранов, ибо резня у Творца в Боцре, и заклание великое в земле Эдома».

⁵⁷¹ Тора, Берешит, 2:7. «И создал Творец Всесильный человека из праха земного, и вдохнул в ноздри его дыхание жизни, и стал человек существом живым».

⁵⁷² Писания, Иов, 25:3. «Есть ли счет воинствам Его, и над кем не взойдет свет Его?»

⁵⁷³ См. Вавилонский Талмуд, трактат Эрувин, лист 22:1. «Взбирается и поднимается, взбирается и опускается...»

רֹבֵץ) под ношей своей"⁵⁷⁴, и это в таргуме „возлежание (реви́а רְבִיעַ)"», а «доля (ро́ва רֹבַע) Исраэля»⁵⁶⁷ означает – «возлежание (ревица רְבִיצָה) Исраэля», т.е. «ложе Исраэля», и это Малхут, называемая ложем. «„Это как написано: „Ложе Шломо"⁵⁷⁵ – т.е. Малхут. „Другое объяснение. „Доля (досл. четверть)" – это, как четвертая часть Исраэля внизу", т.е. Малхут относительно Зеир Анпина, называемого Исраэлем, которая является четвертой его частью, „т.е. называется долей (досл. четвертью) относительно сфирот. Отсюда ясно, что Давид", Малхут, „является четвертой основой престола"», так как ХАГАТ Зеир Анпина – это три основы престола, Бины, а Малхут – четвертая по отношению к ним.

470) «Другое объяснение. „Кто исчислил прах Яакова"⁵⁶⁷. Прах – это все те, кто считается прахом, то есть" происходят от Малхут, называемой прахом, „как мы уже объясняли. „И число доли Исраэля"⁵⁶⁷ – то есть как написано: „Есть ли счет воинствам Его?"⁵⁷¹. „Доля Исраэля" означает, „как мы уже объясняли"». А отличие, которое здесь, оно только в изречении: «Есть ли счет воинствам Его?»⁵⁷¹, которое противопоставляет «доле Исраэля», а не «праху Яакова». «Другое объяснение. „Кто исчислил прах Яакова"⁵⁶⁷ – это заповеди, связанные с прахом, т.е. с посевом, посадкой и жатвой. И уже объясняли товарищи: „И число доли Исраэля"⁵⁶⁷ – это заповеди, связанные с животными, „как сказано: „Скота твоего не своди с другой породой"⁵⁷⁶».

471) «„И произнес он притчу свою, и сказал"⁵⁶⁰. „И рассказал", – не написано, что означало бы, что он говорил, в таком случае: „И произнес он притчу свою"⁵⁶⁰», что означает, что он был говорящим, а не другой. «Рабби Хия сказал: „Он возносил свой голос этому говорящему", т.е. Малхут, называемой Ко. „И это означает: „И произнес он притчу свою"⁵⁶⁰ – Билам", который вознес голос свой. „И сказал"⁵⁶⁰ – то есть эта Ко", она сказала. „Как написано: „И так (ко) будешь говорить"⁵⁵⁶ – т.е. Малхут, называемая Ко, она будет говорить. „И изречение – оно от нее"».

---

[574] Тора, Шмот, 23:5. «Если увидишь осла твоего ненавистника лежащим под ношей своей, то откажешься помочь ему? Помоги (ослу освободиться от ноши), помогая вместе с ним».

[575] Писания, Песнь песней, 3:7. «Вот ложе Шломо! Шестьдесят всинов вокруг него, воинов исраэлевых».

[576] Тора, Ваикра, 19:19. «Законы Мои соблюдайте: скота твоего не своди с другой породой; поля твоего не засевай семенем разнородным, и сдежда из смешанной ткани, шерстяной и льняной, да не покрывает тебя».

472) «„Смотри, когда понял Билам, что с помощью всего своего колдовства и всего приношения", т.е. жертвоприношений, которые он совершил, „он не может устранить эту Ко, как сказано: „А я встречусь здесь (ко)"[558], т.е. подразумевал – „устранит эту Ко. Сказал ему Творец: „Злодей! Ты задумал устранить ее – Я устраню тебя из рода твоего", т.е. что устранит его из корня. „Что написано: „И встретился Всесильный Биламу"[553], как мы учили"», что это как в сказанном: «Будут клевать тебя вороны речные»[555], – т.е. Он поверг его с его ступени.[577] «„Затем, после того как он увидел, что не может одолеть, сказал повторно: „И Он дал благословение – и не отменить мне ее"[578]. Следовало сказать: „И не отменить мне его". Однако: „И не отменить мне ее"[577], конечно, – то есть ту, о которой сказано: „Ко". „И так (ко) будешь говорить"[556]. И это Малхут, о которой он сказал: „Не могу я отменить ее"» в Исраэле.

473) «„Сказал Билам: „С двух ступеней я пытался подойти к ним. Хотел подойти к ним со ступени Яакова, и не смог. Хотел подойти к ним с другой стороны", со ступени „Исраэля, и не смог". В чем причина? Это потому, что ни то, ни другое имя не связывается со всякой нечистью. Это смысл сказанного: „Не увидел лжи в Яакове, не узрел нечестия в Исраэле"[579]».

474) «„Мы учили, что это две ступени – заклинание и ворожба. Им соответствуют" две клипы – „нечестие и ложь. Сказал Билам: „Ведь я, несомненно, обнаружил противоположность этих Яакова и Исраэля", ибо „ложь" – это клипа, „противостоящая Яакову, и она связана с колдовством, называемым заклинанием. „Нечестие" – это клипа, „противостоящая Исраэлю, и она связана с ворожбой. Когда он увидел, что не может одолеть, разумеется, сказал: „Не увидел лжи в Яакове, не узрел нечестия в Исраэле"[578]. И в чем причина? Потому что „Творец Всесильный его с ним"[578]».

475) «„И если скажешь: „С помощью этих" лжи и нечестия „я не могу одолеть, а с помощью ворожбы и заклинания – могу", написано: „Ибо нет ворожбы против Яакова и колдовства

---

[577] См. выше, п. 458.
[578] Тора, Бемидбар, 23:20. «Вот, благословение получил я, и Он дал благословение – не отменить мне ее».
[579] Тора, Бемидбар, 23:21. «Не увидел лжи в Яакове, не узрел нечестия в Исраэле, – Творец Всесильный его с ним и трубление Царя у него».

против Исраэля"⁵⁸⁰. И мало того, все высшие воинства, и все станы вместе взятые, не знают и не постигают законов высшего Царя, пока не спросят эти две" ступени – „Яакова и Исраэля. И что они говорят: „Что совершал Всесильный"⁵⁷⁹. Сказал рабби Эльазар: „Все эти речи произносил Ко", т.е. Малхут, „а он", Билам, „только возносил голос соответственно ей, и не знал, что они означают, и от него был слышен лишь голос"».

476) «„Вот, народ как молодой лев встанет и как лев возвысится"⁵⁸¹. Какой народ может сравниться с силой Исраэля. В час, когда настало утро, он встает и, словно лев, устремляет свои силы на служение Господину его, вознося многочисленные воспевания и восславления. Они занимаются Торой весь день", и ночью, „не ляжет, пока не съест добычи"⁵⁸⁰. Когда человек желает лечь на ложе свое, он благословляет высшее имя, и возводит его на царство наверху и внизу. Множество тяжущихся сторон соединяются перед ними в час, когда они открывают уста на ложе своем, произнося „Шма Исраэль". И они просят о милосердии пред святым Царем в многочисленных речениях милосердия"».

477) «Рабби Аба сказал: „Вот, народ как молодой лев встанет"⁵⁸⁰ – означает, что „в будущем этому народу предстоит подняться над всеми народами-идолопоклонниками, „как лев"⁵⁸⁰, могучий и сильный, и броситься на них. Всем львам свойственно лежать на своей добыче, однако этот народ „не ляжет, пока не съест добычи"⁵⁸⁰"».

478) «„Другое объяснение. „Вот, народ как молодой лев встанет"⁵⁸⁰ – принести жертвы и всесожжения пред Царем на жертвеннике. В час, когда жертва сжигалась на жертвеннике, там появлялся образ льва, нападающего на жертву и пожирающего ее"».

479) «Сказал рабби Аба: „Это был высший ангел Уриэль, и его видели в образе могучего льва, который набрасывался на жертвенник и пожирал жертвы. А когда Исраэль не очень-то

---

⁵⁸⁰ Тора, Бемидбар, 23:23. «Ибо нет ворожбы против Яакова и колдовства против Исраэля; в свое время рассказано будет Яакову и Исраэлю о том, что совершал Всесильный».

⁵⁸¹ Тора, Бемидбар, 23:24. «Вот, народ как молодой лев встанет и как лев возвысится, не ляжет, пока не съест добычи и кровью убитых не напьется».

были достойны, они видели образ дерзкого пса, набрасывающегося на него (на жертвенник). И тогда знали Исраэль, что должны совершить возвращение. И они совершали его. „Не ляжет, пока не съест добычи"[580], – это жертвоприношения, сжигаемые ночью, такие как жертва всесожжения. „И кровью убитых не напьется"[580] – ибо Творец ведет войны с их врагами"».

480) «Рабби Эльазар сказал: „Не ляжет"[580] – что значит: „Не ляжет"[580]?" И отвечает: „Но каждую ночь, когда человек следует заповедям Господина его, он не ложится на ложе свое до тех пор, пока не уничтожает тысячу сто двадцать пять видов всякой нечисти, – из тех, что пребывают вместе с ним. Рабби Аба сказал: „Тысяча – с левой стороны, как написано: „Падет слева от тебя тысяча"[582], как написано: „Возрадуются преданные в славе, воспоют на ложах своих. Величие Всевышнего в их устах, и меч обоюдоострый в их руке, чтобы свершить мщение над народами, наказание – над племенами"[583]. Это означает: „Не ляжет, пока не съест добычи"[580], и это означает: „Свершить над ними приговор"[584]"».

481) «Сказал рабби Хизкия: „В противоположность трем ударам, нанесенным им ослице его, и возложению на нее тягот колдовства, трижды благословились Исраэль". Рабби Хия сказал: „В противоположность ему благословляются Исраэль, чтобы поднимались Исраэль трижды в год, дабы предстать пред святым Царем"».

482) «„И увидел Билам, что угодно Творцу благословить Исраэль, и не обратился он, как прежде, к гаданию"[585]. Спрашивает: „Что значит „к гаданию"[584]?" Сказал рабби Йоси: „Потому что эти первые два раза он пошел на все свои колдовства и хотел проклясть Исраэль. Когда же узнал волю Творца, сказавшего ему: „Возвратись к Балаку"[556], ибо в твоих речениях не нуждаются сыновья Мои, им предстоит услышать другое

---

[582] Писания, Псалмы, 91:7. «Падет слева от тебя тысяча, и десять тысяч – по правую руку твою, к тебе не подступится».

[583] Писания, Псалмы, 149:5-7. «Возрадуются преданные в славе, воспоют на ложах своих. Величие Всевышнего в их устах, и меч обоюдоострый в их руке, чтобы свершить мщение над народами, наказание – над племенами».

[584] Писания, Псалмы, 149:9. «Свершить над ними приговор предписанный. Слава Он для всех благочестивых Его. Алелуйа!»

[585] Тора, Бемидбар, 24:1. «И увидел Билам, что угодно Творцу благословить Исраэль, и не обратился он, как прежде, к гаданию, но обратил к пустыне лицо свое».

речение, от Ко, – как сказано: „И так (ко) будешь говорить"⁵⁵⁶, т.е. Ко будет говорить, а не ты, Ко будет говорить, так как она властвует над всеми правителями колдунов и чародеев, и всякой нечисти, чтобы они не могли причинить вред сыновьям Его, – тогда он захотел навредить им сглазом"».

483) «„Смотри, когда этот злодей смотрел на Исраэль, он смотрел на эти две ступени, Яаков и Исраэль, чтобы навредить им своим колдовством, – одной или другой. Поэтому при каждом благословении благословлялись Яаков и Исраэль. „И увидел Билам, что угодно Творцу"⁵⁸⁴. Каким образом увидел?" И отвечает: „Он увидел, что при свете лика Царя не могут существовать никакие виды нечисти, и всё колдовство и ворожба не имеют никакой силы"».

484) «„Смотри, в этих двух случаях написано: „И встретился". „И встретился Всесильный"⁵⁵³, „И встретился Творец Биламу"⁵⁸⁶. И написано: „Но так (ко) будешь говорить"⁵⁸⁵. А теперь, когда он увидел, что нет гнева, и колдовства его бесполезны, тогда: „И не обратился он, как прежде, к гаданию"⁵⁸⁴. Когда он прекратил свои колдовства и отстранился от них, начал с помощью иного пробуждения восславлять Исраэль". Сказал рабби Йегуда: „Что это за пробуждение, которое здесь?" Сказал ему: „Это пробуждение одного духа в левой стороне, под влиянием которого устанавливается связь нечистых видов и колдовства его"».

485) «Сказал рабби Эльазар: „Я учил так: даже в этот раз", третий, „не пребывал над ним дух святости". Сказал ему рабби Йоси: „Но, если так, ведь написано: „И был на нем дух Всесильного"⁵⁸⁷, – а обо всех остальных этих случаях так не написано?" Сказал ему: „Так это. Смотри, написано: „Доброжелательный (досл. добрый глаз) будет благословлен"⁵⁸⁸. И это уже объяснялось – читай не „будет благословлен (йевурах)", а „будет благословлять (йеварех)". А Билам был с дурным глазом, и нет в мире настолько дурного глаза, как у него, ибо любое место, куда бы он ни взглянул своими глазами, становилось проклятым"».

---

⁵⁸⁶ Тора, Бемидбар, 23:16. «И встретился Творец Биламу, и вложил Он слово в его уста, и сказал: „Возвратись к Балаку, но так будешь говорить"».
⁵⁸⁷ Тора, Бемидбар, 24:2. «И поднял Билам глаза свои и увидел Исраэль, расположившегося по коленам своим. И был на нем дух Всесильного».
⁵⁸⁸ Писания, Притчи, 22:9. «Доброжелательный будет благословлен, ибо дает от хлеба своего бедному».

486) «„И поэтому сказано: „Каждый, кто проводит своего сына по рыночной площади и боится дурного глаза, должен укрыть платком голову его, чтобы дурной глаз не был властен над ним". И так же здесь, когда увидел Билам, что не может своими колдовством и ворожбой причинить вред Исраэлю, хотел взглянуть на них дурным глазом, потому что любое место, куда бы он ни посмотрел своими дурными глазами, становилось проклятым. Смотри, как желание его было направлено против Исраэля, – написано: „Но обратил к пустыне лицо свое"[584], как таргум: „И обратил лицо свое к тельцу, которого сделали Исраэль в пустыне, чтобы получить помощь с этой стороны для нанесения им вреда"».

487) «„Теперь смотри, что написано: „И поднял Билам глаза свои и увидел Исраэль"[586], – потому что хотел посмотреть на них дурным глазом. Если бы Творец в тот час не предварил исцеление, тот уничтожил бы их своим взглядом. И какое исцеление дал Творец в этот час Исраэлю? Это как написано: „И был на нем дух Всесильного"[586]. „И был на нем"[586] – говорит об Исраэле, т.е. что Творец простер над Исраэлем дух Всесильного. Это можно сравнить с тем, как человек простирает платок над головой ребенка, чтобы не были властны над ним глаза его (Билама)"».

488) «„Тогда тот заговорил: „Как прекрасны шатры твои, Яаков, жилища твои, Исраэль"[589]. Смотри, каждый, кто желает взглянуть дурным глазом, может это сделать, только восславив и признав то, что он хочет проклясть дурным глазом. И как он действует? Говорит, насколько хорошо это, насколько приятно, для того чтобы стал властен над ним дурной глаз. И так же тут сказал: „Как прекрасны шатры твои, Яаков"[588]. Насколько они приятны, насколько они красивы, насколько эти прекрасные насаждения, которые посажены возле них, напоминают прекрасные насаждения, посаженные Творцом в Эденском саду, – хорошо бы, чтобы и эти насаждения были у них рядом с этими жилищами"».

489) «„Это подобно человеку, у которого были красивые руки, приятные глазу. Прошел один человек с недобрым взглядом, посмотрел на эти руки, схватил их и начал восхвалять,

---

[589] Тора, Бемидбар, 24:5. «Как прекрасны шатры твои, Яаков, жилища твои, Исраэль».

говоря: „Как они прекрасны, как они приятны, посмотрите на эти пальцы – образец высочайшей красоты!" Затем сказал: „Как хорошо было бы, если бы эти руки обрамляли драгоценные камни, и были бы облачены в пурпурные одеяния величия, и чтобы пребывали они в Храме Его и могли служить там, и чтобы хранились в ковчеге Его!"»

490) «„Так Билам начал восславлять: „Как прекрасны шатры твои, Яаков, жилища твои, Исраэль"[588], – посмотрите, как они прекрасны, как приятны. А затем сказал: „Растекаются воды из ведер его"[590], что означает – „чтобы не было этого прекрасного насаждения, насаждения Торы, вне этих жилищ. „И семя его в обильных водах"[589] – т.е. он имел в виду, что оно находится между клипот, называемых обильными могучими водами, другими словами: „чтобы не выросло оно, и не умножился дух святости"».

491) «„Сказал ему Творец: „Злодей! Глаза твои не смогут причинить зла, ведь над ними простирается дух святости". Тогда сказал: „Всевышний выводит его из Египта"[591], что означает – ведь не смогут все жители мира причинить им вред, так как высшая могучая сила поддерживает их, и что она собой представляет? – „Всевышний выводит его из Египта"[590]. Но мало того, „величайшая мощь у Него"[590] – т.е. не сможет человек простереть руку на него, из-за возвышенности его. И поскольку находится он в высшей вознесенности, то „поглотит народы, врагов его"[590]. И нет того, кто бы мог причинить им зло"».

492) «„И даже в то время, когда он не распрямлен, не смогут они одолеть его. Как сказано: „Опустился на колени, прилег, как лев и как молодой лев"[592], – так же „не боится, потому что он могуч „как лев и как молодой лев"[591], даже когда он" в изгнании „среди народов. И он опустился на колени и прилег среди них, как лев, он будет отстаивать законы Торы и пути Торы.

---

[590] Тора, Бемидбар, 24:7. «Растекаются воды из ведер его, и семя его в обильных водах. Превзойдет Агага царь его, и возвысится его царство».
[591] Тора, Бемидбар, 24:8. «Всевышний выводит его из Египта, – величайшая мощь у Него. Поглотит народы, врагов его, и кости их сокрушит, и стрелы Свои обагрит».
[592] Тора, Бемидбар, 24:9. «Опустился на колени, прилег, как лев и как молодой лев, – кто поднимет его! Благословляющий тебя благословен, а тебя проклинающий проклят».

Есть у них правление от Господина их, так что даже все цари мира не смогут уничтожить их, и они подобны льву, который лежит над своей добычей, и никто не может поднять его. И об этом сказано: „Опустился на колени, прилег, как лев и как молодой лев, – кто поднимет его"[591]».

ГЛАВА БАЛАК

Аза и Азаэль

493) «Сказал рабби Эльазар: „Нет в мире более мудрого в нанесении вреда, чем злодей Билам. Потому что вначале он пребывал в Египте, и с его помощью египтяне установили связь над Исраэлем, чтобы те никогда не вышли из своего порабощения. И это означает сказанное им: „Как я смогу причинить зло им, ведь я сделал так, чтобы они никогда не вышли из египетского порабощения, но „Всевышний выводит его из Египта"[590], и не смогут одолеть его ни мудрецы, ни колдуны, что в мире"».

494) «„А теперь вот ухожу я к народу моему"[593]. Рабби Йегуда провозгласил: „Не выдай раба господину его, когда он спасается у тебя от своего господина. При тебе пусть живет он в среде твоей"[594]. Как дороги речения Торы, насколько дорога Тора Творцу, как дорога Тора, которую Творец дал в наследие Кнессет (собранию) Исраэль. Смотри, в час, когда они вышли из Египта, стало известно Биламу, что колдовства и ворожба его, и все связи", установленные ими, „не причинили никакого вреда Исраэлю. Начал он рвать на себе волосы, отправился в горы тьмы, и пришел к тем железным оковам"», в которые были закованы Аза и Азаэль.

495) «„Таков путь того, кто приходит к ним. Когда человек восходит на вершины гор, видит его Азаэль, – тот, что зовется прорицающим,[595] – сразу же говорит Азе. Тогда они громко взывают, и собираются к ним огромные ядовитые змеи, окружая их. И посылают они маленькое" животное, называемое „ои́мта, навстречу этому человеку. И мы учили, что оно как разновидность кошки, а голова ее – как голова змея, два хвоста у нее, маленькие передние и задние лапы. Человек, видящий ее, закрывает лицо свое. И он приносит один" сосуд с пеплом, называемый „микту́рта, от сожжения белого петуха, и бросает в лицо ей, и тогда она идет с ним"».

---

[593] Тора, Бемидбар, 24:14. «А теперь вот ухожу я к народу моему. Пойдем, я дам тебе совет. Что сделает этот народ твоему народу в конце дней».

[594] Тора, Дварим, 23:16-17. «Не выдай раба господину его, когда он спасается у тебя от своего господина. При тебе пусть живет он в среде твоей, на месте, которое он изберет в одних из ворот твоих, где лучше ему; не обижай его».

[595] См. выше, п. 424.

496) «„Пока он не достигает начала этих железных цепей, и это начало вбито в землю и достигает бездны, и там, в этой бездне, есть одно подножие, вбитое в нижнюю бездну, и к этому подножью прикреплено начало этих цепей. И когда человек достигает начала этих цепей, он трижды ударяет по нему. И они", Аза и Азаэль, „зовут его, и тогда он опускается на колени и кланяется, и идет, закрыв глаза, пока не приходит к ним. Тогда он садится перед ними, и все эти змеи окружают его с одной и с другой стороны. И он открывает свои глаза и видит их. Он содрогается, падает ниц и поклоняется им"».

497) «„Затем обучают его" Аза и Азаэль „колдовствам и ворожбе, и он находится у них пятьдесят дней. Когда приходит время отправляться в путь, этот" маленький зверек, называемый „онимта, и все эти змеи идут перед ним, пока он не выходит из этих гор, из этой беспросветной тьмы"».

498) «„И когда Билам пришел к ним", Азе и Азаэлю, „он сообщил им, что ему надо от них, и закрылся вместе с ними в горах. И он просил выступить против" Исраэля, „чтобы вернуть их в Египет. Творец же перемешал и привел в негодность все премудрости в мире и все колдовства, и они не смогли приблизиться к ним"», к Исраэлю.

499) «„Смотри, теперь, когда Билам увидел, что не может причинить зло Исраэлю, он вернулся и посоветовал Балаку сделать то, о чем тот не просил у него, с целью навредить Исраэлю. И совет его касался женщин мидьянских, которые были красивы. И если бы не Моше" рассказавший нам, „мы бы не знали об этом. Как написано: „Ведь они соблазняли сынов Исраэля, по совету Билама"[596]"».

500) «„Когда увидел Творец совет его, сказал: „Теперь ты неизбежно будешь повергнут сам из-за своего совета". Ибо он был убит при совершении возмездия над мидьянитянами. Что сделала сила, которая властвует над всеми колдовствами", т.е. Малхут? – „Как уже было сказано, показала ему конец всего". Спрашивает: „Разве есть у него право видеть, что случится в далеком времени?" Сказал рабби Ицхак: „Это было увидено и изречено тем, кто стоит над ними", Малхут, „И это уже

---

[596] Тора, Бемидбар, 31:16. «Ведь они соблазняли сынов Исраэля, по совету Билама, изменить Творцу ради Пеора, и был мор в общине Творца!»

объяснялось с изречением: „И произнес он притчу свою, и сказал"⁵⁹⁷.⁵⁹⁸ Кто сказал? – „Кому надо было сказать", т.е. Малхут, как объясняется там. „Какова причина? – Для того чтобы не осуществились все мерзости", исходившие от Билама, „по высшей воле, с помощью высшей мудрости Торы"».

---

[597] Тора, Бемидбар, 23:7. «И произнес он притчу свою, и сказал: „Из Арама привел меня Балак, царь Моава, от гор восточных, – пойди, прокляни мне Яакова, и пойди, призови гнев на Исраэль"».
[598] См. выше, п. 471.

ГЛАВА БАЛАК

Во времена царя Машиаха

501) «„Вижу его, но не сейчас"[599], – потому что часть сказанного осуществилась в то же время, а часть – по прошествии времени, во время царя Машиаха. Мы учили, что в будущем Творец отстроит Йерушалаим, и покажет одну постоянную звезду, сверкающую среди семидесяти бегущих" звезд, „в семидесяти сторонах, которые светят от нее посреди небосвода. И она будет повелевать и править семидесятью другими звездами, и будет светить и пламенеть семьдесят дней"».

502) «„И в пятницу, в двадцать пятый день шестого месяца покажется эта звезда. А исчезнет в субботу, по окончании семидесяти дней", т.е. скроется и не будет видна. „В воскресенье покажется она в городе Риме. И в этот день обрушатся три высоких стены этого города Рима, и великий храм", который там, „падет, и властитель этого города умрет. Тогда расширится эта звезда, чтобы показаться в мире. И в это время начнутся большие войны во всех четырех сторонах мира, и не будет среди них веры"».

503) «„А в центре мира, когда будет светить эта звезда посреди небосвода, встанет один великий царь и властелин в мире, и дух его превознесется над всеми царями, и он начнет войну с двух сторон, и одолеет их"».

504) «„А в тот день, когда скроется звезда, содрогнется святая земля в сорока пяти милях вокруг святого Храма, и раскроется под землей одна пещера. И из этой пещеры выйдет сильное пламя, чтобы предать мир огню. И из этой пещеры произрастет одна большая и высшая ветвь, которая будет властвовать над всем миром, и ей будет отдано господство. И высшие праведники стекутся к ней, и тогда раскроется Машиах всему миру, и ему будет передано правление"».

505) «„И к людям мира, в час, когда раскроется" Машиах, „будет приходить одна беда за другой, и умножатся враги Исраэля. Тогда пробудит над ними дух Машиаха, и уничтожит

---

[599] Тора, Бемидбар, 24:17-18. «Вижу его, но не сейчас, всматриваюсь в него, но не близко: взошла звезда от Яакова и вознесся скипетр от Исраэля, и сокрушит он пределы Моава, и разгромит всех сынов Шета. И будет разгромлен Эдом, и будет разгромлен Сеир, враги его, и Исраэль одержит победу».

грешный Эдом, и всю землю Сеира предаст огню. Тогда написано: „И Исраэль одержит победу"[598]. Это смысл сказанного: „И будет разгромлен Эдом, и будет разгромлен Сеир, враги его"[598], т.е. враги Исраэля. И это означает: „И Исраэль одержит победу"[598]. В это время Творец возродит" к жизни „всех умерших народа Его, и удалит от них смерть. Это означает сказанное: „Десница Творца одержит победу"[600]. „Не умру, но жив буду"[601], и написано: „Взойдут спасители на гору Цион"[602]. И тогда: „И будет Творец Царем"[603]».

506) «Сказал рабби Аба: „Ибо с радостью выйдете"[604]. Но когда Исраэль выйдут из изгнания, Шхина выйдет с ними, и с ней они выйдут. „Ибо с радостью выйдете"[603] – то есть со Шхиной, которая называется радостью. „Веселье – это Творец". Рабби Ицхак сказал: „Это праведник", т.е. Есод Зеир Анпина. „И это как написано: „Веселье и радость пребывать будут в нем"[605]» – и это Есод и Малхут.

507) «Сказал рабби Шимон: „Праведник", Есод Зеир Анпина, „называется весельем. И с того дня, когда Кнессет Исраэль упала в изгнание, перестали благословения нисходить в мир от этого праведника. И об этом времени избавления, что написано: „И будете вы черпать воду с весельем из источников спасения"[606]. „С весельем" – это праведник, называемый весельем. „Из источников спасения"[605] – это Аба ве-Има", т.е. Хохма и Бина, откуда черпает наполнение Есод. „Другое объяснение. („Из источников спасения"[605]) – это Нецах и Ход", от которых получает Есод. „И всё это" они получают „из этих глубоких восходящих источников" – Хохмы и Бины. „Тогда: „И скажешь ты

---

[600] Писания, Псалмы, 118:16. «Десница Творца вознесена, десница Творца одержит победу».
[601] Писания, Псалмы, 118:17. «Не умру, но жив буду и расскажу о деяниях Творца».
[602] Пророки, Овадия, 1:21. «И взойдут спасители на гору Цион судить гору Эсава; и будет Творцу царство».
[603] Пророки, Зехария, 14:9. «И будет Творец Царем на всей земле, в тот день будет Творец един, и имя Его – едино».
[604] Пророки, Йешаяу, 55:12. «Ибо с радостью выйдете и с миром водимы будете; горы и холмы разразятся пред вами песней, и все деревья в поле рукоплескать будут».
[605] Пророки, Йешаяу, 51:3. «Ибо Творец утешит Цион, утешит все раззалины его, и сделает пустыню его, как Эден, и Араву его, как сад Творца; веселье и радость пребывать будут в нем, благодарность и песнопение».
[606] Пророки, Йешаяу, 12:3. «И будете вы черпать воду с весельем из источников спасения».

в тот день: „Благодарю Тебя, Творец!"⁶⁰⁷ „Ликуй и пой, жительница Циона"⁶⁰⁸. Благословен Творец вовеки, амен и амен. Будет править Творец вовеки, амен и амен"».

Пояснение статьи. Вся эта статья направлена на выяснение изречения: «Вижу Его, но не сейчас, всматриваюсь в него, но не близко: взошла звезда от Яакова и вознесся скипетр от Исраэля, и сокрушит он пределы Моава, и разгромит всех сынов Шета. И будет разгромлен Эдом, и будет разгромлен Сеир, враги его, и Исраэль одержит победу»⁵⁹⁸. И вначале выясняет: «Вижу Его, но не сейчас»⁵⁹⁸,⁶⁰⁹ где «не сейчас» означает – не сейчас, а в скором времени. «Всматриваюсь в него, но не близко»⁵⁹⁸, – в далеком времени, и это время царя Машиаха. И это смысл слов: «Потому что часть сказанного осуществилась в то же время, а часть – по прошествии времени, во время царя Машиаха». После этого он подводит к объяснению: «Взошла звезда от Яакова»⁵⁹⁸. И это смысл сказанного: «В будущем Творец отстроит Йерушалаим, и покажет одну постоянную звезду» – Малхут, которая постоянна в своем зивуге с Зеир Анпином, называемым Яаков, «сверкающую среди семидесяти бегущих в семидесяти сторонах», – число семьдесят (аин) указывает на свечение Хохмы, которая называется «эйнаим (глаза)». И он говорит, что звезда состоит из правой и левой линий, и свечение правой линии в ней называется «семьдесят сторон», а свечение левой линии в ней называется «семьдесят бегущих», поскольку свечение левой происходит со скоростью и в спешке. «Которые светят от нее посреди небосвода» – т.е. они включены в среднюю линию Малхут, потому что об этом сказано: «Взошла звезда от Яакова»⁵⁹⁸. «Звезда»⁵⁹⁸ – это Малхут, а средняя линия – это «от Яакова»⁵⁹⁸, который является свойством средней линии. «И она будет повелевать и править семидесятью другими звездами», которые являются семьюдесятью правителями народов мира, представляющими собой левую линию, – они тоже будут получать силы от этой звезды. «И будет светить и пламенеть семьдесят дней» – т.е. семь сфирот ХАГАТ НЕХИМ, каждая из которых состоит из десяти, вместе семьдесят сфирот, называемые «семьдесят дней».

---

⁶⁰⁷ Пророки, Йешаяу, 12:1. «И скажешь ты в тот день: „Благодарю Тебя, Творец, ибо (хотя) и гневался Ты на меня, (но) гнев Твой утихает, и Ты утешаешь меня"».
⁶⁰⁸ Пророки, Йешаяу, 12:6. «Ликуй и пой, жительница Циона, ибо велик в среде твоей Святой Исраэля».
⁶⁰⁹ См. п. 501.

Ты уже узнал, что келим Малхут – они от Бины. И поэтому ей недостаёт своего собственного свойства, т.е. Малхут де-Малхут, называемого «манула». И она скрыта, и вместо нее используется Есод де-Малхут, называемый «мифтеха»,[610] таким образом, что в Малхут есть только девять ее первых сфирот, а ее собственного свойства, Малхут де-Малхут, недостает, потому что оно скрыто. И это смысл сказанного: «И в пятницу (шестой день)» – сфира Есод, «в двадцать пятый день шестого месяца покажется эта звезда»[611]. «Двадцать пять дней» – это Малхут, называемая Ко (כה 25). «Шестой месяц» – это Есод. То есть, свечение звезды должно находиться именно в Малхут, которая в Есоде, и это «двадцать пятый день шестого месяца», атара Есода, свойство «мифтеха», а не в самой Малхут, свойстве «манула», которая неспособна получать свет из-за установившейся над ней силы сокращения.[612] И это смысл сказанного: «А исчезнет в субботу, по окончании семидесяти дней», потому что «семьдесят дней» – это ХАГАТ НЕХИМ, в каждой из которых десять сфирот. И в окончании десяти последних сфирот, десяти сфирот Малхут, в конце которых находится сфира Малхут де-Малхут, называемая манула, свет скроется и не будет светить там, потому что манула скрыта и не получает никакого света.

И знай, что частное и общее равны, и так же, как в предыдущих избавлениях Малхут она выстраивается посредством трех линий, так же и в будущем избавлении все должно будет начаться в том же порядке. После того как Малхут подслащается в Бине, в правой линии, нет уже больше раскрытия Хохмы. И свечение Хохмы начинается в левой линии. Поэтому сказано: «В воскресенье (в первый день) покажется она в городе Риме». Иными словами, первое свечение Хохмы приведет к войне со свойством левой линии без правой, т.е. со свечением внешних свойств, называемым «город Рим». И тогда будет воевать с ними звезда, приходящая от средней линии. И с помощью силы экрана средней линии будет сокращен ГАР свечения этой

---

[610] См. «Предисловие книги Зоар», п. 42, со слов: «Поэтому сказано: „И хотя всё упрятано в этом чертоге, основа всего – в этом ключе"...», и п. 44. «В этих воротах есть один замок и одно узкое место, чтобы вставить в него этот ключ...»
[611] См. выше, п. 502.
[612] См. Зоар, главу Берешит, часть 1, п. 3, со слов: «В свойстве суда, т.е. в свойстве Малхут мира АК, прежде чем она подсластилась в Бине, в свойстве милосердия, мир не мог существовать...»

левой линии.⁶¹³ И это смысл сказанного: «И в этот день обрушатся три высоких стены этого города Рима» – т.е. падут ГАР левой линии, называемые «три высоких стены», «И великий храм», который является величием их власти, «падет» – то есть отменится, «И властитель этого города» – т.е. правитель их, «умрет» – будет отменен. «Тогда расширится эта звезда, чтобы показаться в мире», – тогда распространится власть Малхут, относящейся к средней линии, чтобы проявиться в мире. И об этом времени сказано: «Взошла звезда от Яакова»⁵⁹⁸. «И в это время» – то есть в то время, которое приведет к падению Рима, «начнутся большие войны во всех четырех сторонах мира» – войны, вызванные разногласием правой и левой линий,⁶¹⁴ а также войны средней линии, ведущиеся с помощью экрана де-хирик, «И не будет среди них веры» – до тех пор, пока Малхут, называемая верой, не будет пребывать среди них. Но затем, после того как покажется эта звезда и нанесет удар по городу Рим, как мы уже говорили, т.е. по левой линии без правой, тогда: «А в центре мира, когда будет светить эта звезда посреди небосвода»⁶¹⁵, – т.е. когда будет установлено исправление средней линии, в «мире», в Малхут, и в «небосводе», в Зеир Анпине, «встанет один великий царь и властелин в мире» – царь Машиах, «И дух его превознесется над всеми царями, и он начнет войну с двух сторон» – справа и слева, и это смысл сказанного: «И сокрушит он пределы Моава»⁵⁹⁸ – оба предела, справа и слева, «И одолеет их».

И то, что говорит: «А в тот день, когда скроется звезда»⁶¹⁶, – это в конце семидесяти дней, т.е. в Малхут де-Малхут, которая была скрыта в течение всех шести тысяч лет, и свет не приходил к ней, и она укрывалась в своем месте, как уже говорилось, «содрогнется святая земля в сорока пяти милях». «Святая земля» – это свойство Малхут, «сорок пять миль» – указывают на Зеир Анпин, представляющий собой АВАЯ с наполнением алеф (א), что в гематрии МА (מ"ה 45). И говорит, что имя МА, т.е. Зеир Анпин, передаст святые Гвурот Малхут, и она содрогнется «вокруг святого Храма» – т.е. вокруг Есода де-Малхут, являющимся местом святого Храма. «И раскроется под землей одна

---

⁶¹³ См. Зоар, главу Лех леха, п. 22, со слов: «Экран де-хирик, на который выходит средняя линия, происходит от свойства суда, имеющегося в Малхут...»
⁶¹⁴ См. Зоар, главу Насо, Идра раба, п. 214.
⁶¹⁵ См. выше, п. 503.
⁶¹⁶ См. выше, п. 504.

пещера» – то есть место скрытия манулы, Малхут де-Малхут, которая не получила до сих пор никакого исправления, «И из этой пещеры» – из места скрытия, «выйдет сильное пламя, чтобы предать мир огню», – т.е. сама манула, называемая сильным пламенем, которая до сих пор в каком бы месте не раскрывалась, сжигала и уничтожала все света в этом месте.[617] И тогда она получит свое полное исправление. И то, что говорит: «И из этой пещеры произрастет одна большая и высшая ветвь», что является скрытым смыслом слов: «И вознесся скипетр от Исраэля»[598], – то есть царь Машиах, который тогда получит свой венец от большого исправления манулы, «которая будет властвовать над всем миром, и ей будет отдано господство», – т.е. он получит совершенное царство, которое к этому времени достигает своего совершенства. «И высшие праведники стекутся к ней, и тогда раскроется Машиах всему миру, и ему будет передано правление», – это Машиах бен Йосеф. Но на этом еще не заканчивается всё исправление. И это то, что сказано: «И к людям мира, в час, когда раскроется, будет приходить одна беда за другой»[618], – поскольку он относится к левой линии, его исправление будет неполным, и придут беды в мир, «И умножатся враги Исраэля» – и это будет продолжаться до тех пор, пока не раскроется Машиах бен Давид, который от средней линии. И это смысл сказанного: «И тогда пробудит над ними дух Машиаха» – Машиаха бен Давида, «И уничтожит грешный Эдом», и это смысл изречения: «И будет разгромлен Эдом»[598], – т.е. уничтожит царство (малхут) Эдома, «И будет разгромлен Сеир, враги его»[598], т.е. враги Исраэля. И тогда написано: «И Исраэль одержит победу»[598].

---

[617] См. Зоар, главу Ваеце, п. 23. «„От силы света Ицхака" – святости, „И осадков вина" – клипот, из них обоих „выходит одна сложная форма", состоящая из добра и зла...»
[618] См. выше, п. 505.

Информация от издателя

Интернет-магазин каббалистической книги

https://kabbalah.info/rus/books/

Крупнейший международный интернет-магазин каббалистической литературы. Здесь представлен самый широкий и уникальный ассортимент научной, учебной и художественной литературы по каббале, включая каббалистические первоисточники.

Возможность заказать книгу из любой точки мира.

Обучающая платформа Международной академии каббалы

https://kabacademy.com/

Миллионы учеников во всем мире изучают науку каббала. Выберите удобный для вас способ обучения на сайте.

Наша онлайн-платформа позволит вам пройти обучение у лучших преподавателей академии, изучая уникальные каббалистические источники, общаться в онлайн-сообществе, получить индивидуальное сопровождение помощника-тьютора.

Международная академия каббалы

https://kabbalah.info/rus/

Сайт Международной академии каббалы – неограниченный источник получения достоверной информации о науке каббала.

Вы получаете доступ к уникальному контенту: библиотеке каббалистических первоисточников, к широкому спектру передач и архиву лекций. Сайт дает возможность подключаться к прямой трансляции ежедневных уроков основателя и главы Международной академии каббалы Михаэля Лайтмана для всех, кто занимается углубленным изучением науки каббала и исследованием каббалистических первоисточников.

Посвящается светлой памяти нашего товарища
Леонида Илизарова, главного организатора перевода
Книги Зоар, желавшего донести всему человечеству
идеи единства и любви к ближнему,
которые несет в себе Книга Зоар.

Выражаем огромную благодарность
группе энтузиастов из разных стран мира,
выступивших с инициативой сбора средств
для реализации этого проекта.

16+
СЕРИЯ: «ЗОАР ДЛЯ ВСЕХ»

Книга Зоар
Главы Хукат, Балак

Под редакцией М. Лайтмана, основателя и главы Международной академии каббалы

ISBN 978-5-91072-136-8

Руководители проекта: Б. Белоцерковский, Г. Каплан.
Перевод: Г. Каплан.
Редакторт: А. Ицексон, Г. Каплан.
Технический директор: Й. Левинский.
Дизайн и вёрстка: Г. Заави.
Корректоры: И. Лупашко, С. Пахомкина.
Выпускающий редактор: С. Добродуб.

Подписано в печать 05.02.2024. Формат 60x90/16
Бумага офсетная 80 г/м2. Печать цифровая. Печ. л. 19.
Тираж 500 экз.

Отпечатано с электронного оригинал-макета, предоставленного издательством в АО «Т8 Издательские Технологии»
г. Москва, Волгоградский пр., д. 42, корп.5, «Технополис Москва»
email: infot8@t8print.ru   www.t8print.com